# 基于网络信息的图书馆服务与大数据思维转型

江树青◎著

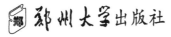
郑州大学出版社

**图书在版编目(CIP)数据**

基于网络信息的图书馆服务与大数据思维转型／江树青著. -- 郑州：郑州大学出版社，2024. 11.
ISBN 978-7-5773-0825-8

Ⅰ. G252

中国国家版本馆 CIP 数据核字第 2025D24S30 号

基于网络信息的图书馆服务与大数据思维转型
JIYU WANGLUO XINXI DE TUSHUGUAN FUWU YU DASHUJU SIWEI ZHUANXING

| 策划编辑 | 吴 昊 | 封面设计 | 苏永生 |
|---|---|---|---|
| 责任编辑 | 樊建伟 | 版式设计 | 王 微 |
| 责任校对 | 吴 静 | 责任监制 | 朱亚君 |

| 出版发行 | 郑州大学出版社 | 地 址 | 郑州市大学路 40 号（450052） |
|---|---|---|---|
| 出 版 人 | 卢纪富 | 网 址 | http://www.zzup.cn |
| 经 销 | 全国新华书店 | 发行电话 | 0371-66966070 |
| 印 刷 | 郑州宁昌印务有限公司 | | |
| 开 本 | 710 mm×1 010 mm 1／16 | | |
| 印 张 | 15.25 | 字 数 | 242 千字 |
| 版 次 | 2024 年 11 月第 1 版 | 印 次 | 2024 年 11 月第 1 次印刷 |
| 书 号 | ISBN 978-7-5773-0825-8 | 定 价 | 68.00 元 |

# 作者简介

　　江树青,男,汉族,1980 年 6 月生,硕士,副研究馆员,现任安徽建筑大学图书馆北区工作部主任。主持校级青年专项经费资助项目 1 项,主持安徽省高校图工委研究基金项目一般课题和重点课题各 1 项,主持安徽省级质量工程项目 1 项,参与安徽省哲学社会科学规划项目 1 项。独撰或以第一作者公开发表专业学术论文 10 余篇,其中 4 篇被 CSSCI 收录,1 篇被人大报刊复印资料全文转载。

# ✕ 前　言　✕

　　随着电脑科学技术的不断发展和完善,也带动了互联网、云计算等信息技术的飞速发展,引领全球进入一个大数据的时代。在很多行业中,数据已经成为行业中的主要生产因素,行业对于数据的采用和分析已经渗透到行业中的每一个领域。随着信息技术的不断发展和完善,大数据的优势已经在企业的生产、经营等过程中得到充分的体现。大数据打破了传统的思维模式,对现代文化的发展和创新具有积极的推动作用。图书馆是公共文化服务体系的一个主要组成部分,图书馆的主要功能就是对文献资料进行收集、整理、保存等,为科研机构、科研人员进行研究提供准确的、及时的信息资料等。大数据时代的到来也给图书馆的服务体系带来了很大的机遇和挑战,对图书馆的服务要求也越来越高。很多科研人员表示,在大数据时代的背景下,图书馆的服务体系必将发生改革和创新,这样才可以适应目前大数据时代的发展需求。

　　技术主导了图书馆资源载体的演变。进入 21 世纪后,数字技术和互联网蓬勃发展,大规模扫描和数字化形成了各种电子书刊,同时原生数字资源快速增长,不同类型的文献数据库以及其他数字资源层出不穷。在大学图书馆,虽然纸本图书在知识学习和传承中的作用仍然很重要,但是学术信息服务的资源主体是数字化的,这是不争的事实。互联网推动图书馆迅速实现了数字化和网络化,图书馆现代化建设走入了快车道。

　　本书研究视角独特,在网络信息下将图书馆服务与大数据管理结合起来进行了研究,凸显了大数据时代对图书馆的影响,重点研究了大数据时代下全新的管理思想与方法。全书共分七章,由图书馆概述、图书馆咨询与服务工作、大数据下的图书馆管理、大数据环境下新旧信息服务差异,以及思维转型下的图书馆知识信息管理、新型图书馆服务、图书馆服务创新等部分组成。本书符合图书馆事业与业务工作的要求，同时符合图书馆工作的实际需要，具有很强的实用性和可操作性。

著　者

2024 年 10 月

# 目 录

# 第一章
# 图书馆概述

## 第一节　图书馆的基本类型

为了明确各种图书馆的功能、结构和内容,我们需要对当前的图书馆类型进行深入的分析研究。

### 一、图书馆类型划分的意义

准确分类图书馆类型对于明确图书馆的工作目标至关重要,有助于确立具体图书馆在整个图书馆系统或社会信息系统中的位置和职责分工。

#### (一)有助于明确图书馆的根本目标

图书馆的主要任务是满足读者和用户对信息的需求,因此确定服务目标及其所需对于图书馆来说至关重要。

作为一个具体、独立的图书馆,有些问题关系到图书馆的工作目标。图书馆需要明确的问题如下:

(1)我要为哪些读者、用户服务?

(2)我的服务要达到怎样的水平?

(3)要满足读者、用户的哪些基本要求?

## （二）有助于实现图书馆的高效性

随着工业革命的社会分层与专门化，它不但推动了科技的发展，提升了管理的效益，还增强了劳动者的工作技能，节省了一系列的人力和物质资源。所以，作为整个社会大语言模型的一部分，对图书馆类型进行分类有助于提高其专业的服务质量和服务水准，也有利于优化图书馆资源的使用方式。

由于社会的读者种类多且各具特色，他们对信息的需要也各异，这使得单一图书馆的能力难以完全匹配他们的需求。所以，为适应各类读者的独特要求并扩大馆藏资料的覆盖面，我们必须明确图书馆的类型。

## （三）有助于图书馆之间的协作

不同种类的图书馆各自担负不同的功能和服务对象，共同构建了我们的文献信息资源系统。对图书馆进行分类实际上是为了社会信息资源的利用效益最大化。

划分图书馆类别不仅仅是对现有类别的归纳整理，更是推动图书馆各类别之间的协同合作，让每个类别都能发挥自己的专长并承担相应的责任，为特定读者群体提供专业的优质服务。在这个信息爆炸的时代，我们需要从全局角度出发来重新审视图书馆的分类方式，以便构建出一种功能分明、主次有别、相互补充的图书馆体系，以此覆盖并满足社会的各种信息需求。

政府需要满足全社会对文献信息资源的需求，同时保持社会信息系统的完整性。要达到这一目标，就需要科学合理地划分不同类型的图书馆，确定它们的位置分布，并促进图书馆资源的合作与共享。

图书馆类别的划分就是要清楚每种类型图书馆的独特性质和其发展模式，确定这些图书馆在社会信息系统中的地位、职责以及任务。通过此方法，我们可以为它们的资源配置、目标设计和服务路线提供相应的理论支持，从而充分利用各种资源。

## 二、图书馆类型划分的依据

影响图书馆类型划分的主要元素，就是用于区分图书馆的关键参考标准。在确定图书馆类型的基础上,首先需要理解现有各种类别图书馆的共性和明显差异。

### (一)图书馆的资金来源

无论何种形式的图书馆建设与进步,都需要依赖于财政支持,同时,它们也对经济有着一定程度上的依赖关系。原因在于,作为一个公共机构,图书馆具备非营利性质,它所产生的财务收益无法完全满足自身的需求。因此,基于不同的经费来源,我们可以把图书馆划分为几个类别。比如,私人图书馆通常由个人投资提供资金,而公立图书馆则主要依靠国家拨款,至于民办图书馆,他们的资金往往来自公众捐助。

### (二)图书馆的管理体制

决定整个图书馆的掌控权及经费分配、服务的目标群体与日常事务的监管,都涉及图书馆的管理结构问题。而这些不同类型的负责人所组成的管理模式也成为区分图书馆种类的重要标准。比如,某些图书馆是由研究机构负责管理的,同时也会受到他们所属学校的管理;公共图书馆则会接受政府部门的监督和管理。

### (三)读者和用户的需求

作为服务读者的机构,图书馆的主要任务就是满足他们的需求。所有的工作都是以文献资源使用者为中心展开,紧扣他们的资讯需要,并且依据特定的使用群体的需求去构建我们的资料库系统。在这个目标导向下,我们塑造了自身的图书资源特性,从而对图书馆的管理架构及服务方式产生了深远的影响,最终促使各类图书馆的出现。

### (四)图书馆的文献信息资源体系

在图书馆的成长过程中,会逐渐塑造出具有独特风格的文献信息资源系统。一些文献系统具有一定的特定对象,针对专业领域、用户、文献载体、语言或民族等方面不同,出现了各种类型的图书馆,包括自然科学图书馆、数字图书馆、综合型图书馆和民族图书馆等。

## 三、图书馆的类型

### （一）国家图书馆

国家图书馆是负责收集和保留国家相关文献复本的机构，它是承担法定存档职责的机构。目前，世界上大部分国家都设立了自己的国家图书馆，有的甚至不止一座。我国的国家图书馆坐落在北京，包括一个主馆和几个副馆，是亚洲最庞大的图书馆。它主要负责以下任务：

（1）将大量的、具有代表性的海外文献进行收集和更新，以此构建一个拥有丰富外文图书资源的国家级图书馆。

（2）国家图书馆积极参与全球性的图书馆组织活动，并在此中进行协作和交流。同时，也按照我国对外文化协定的规定，执行了国际书籍互换以及国际借阅工作。

（3）国家图书馆作为全国性的图书资源库，其管理方式对其他图书馆进行引导和推动合作。同时，它也是图书馆管理标准化、规范化以及数字化建设的领头羊。

（4）组织全国范围的学术探讨活动，为图书馆学研究提供最新的信息资源，推进我国图书馆学的发展。

（5）作为我国的图书资料信息核心机构，中国国家图书馆承担着全国图书资料信息的收集整理任务并负责编制发布国家级书籍清单、联合作业目录及馆内收藏目录。自1997年起，国家图书馆开始在国内范围开展图书馆间的计算机化协作编录项目，以协调全国各地图书馆的信息处理活动，共同构建在线联作目录，分享各自的书籍资讯和文献资料。目前，伴随着国家图书馆自动化的推进，各式各样的书籍数据库和主题型数据库正逐渐发展壮大且不断优化。

### （二）高等教育机构图书馆

高等教育机构图书馆是高等教育机构的文献资料信息保障中心，它是高等学校职能部门中的教学辅助单位,其主要任务是服务于大学或其他高等教育机构的学生、教职员工与研究员们,在具备高级教育资格的院校中提供支持服务。它的目标受众具有高度的专业知识,所以它在本质上、角色定位、收藏特点以及功能方面都区别于普通学校图书馆,尽管它是隶属学校的图书馆类型之一,但我们仍需把它视为独立的一种图书馆类别。

### 1. 教学任务

高等教育机构图书馆承担着大学的一部分教书育人职责,这也是其与其他类型的图书馆有一定区别的重要特征之一。教书育人的责任涵盖了除信息检索课程外的诸多方面,如协助校园规定,对学生实施政治意识形态的教育,推广党的方针政策及法律法规,组织读者的指导活动,同时作为实践基地向大学生开放实习场所,等等。

### 2. 基本特点

作为高校的文献信息资源中心,图书馆的主要属性包括学术与服务两方面。它不仅负责基本的信息管理任务,同时也是学校开展高层次研究活动的重要参与者。这意味着,除常规的服务职能之外,大学图书馆还会主动投入各类学科的研究项目中去。总而言之,它是以满足师生对知识的需求为主导功能的组织。

### 3. 基本类型

大学图书馆可根据其收藏内容被划分为两类:综合型与专业型。综合型的图书馆是高等教育机构图书馆的主要形式。为了满足高校的学科建设及研究需要,高等学校图书馆会选择购买相应的图书资料来构建自身的学科特色收藏,从而对教学和研究活动产生积极影响。如果学科特色很单一就会形成专业型的大学图书馆,反之就属于综合型的大学图书馆。

### (三)专业图书馆

专业图书馆是指为特定的专业、知识领域或者特别地域群体服务的独立型图书馆。这种类型的图书馆可以有多种形式存在,除了满足自身系统的信息需求并处理相关文献信息资源收集、管理与供给的服务,还要主动推进深入的研究及创新活动,以确保能持续供应出对科学工作者和决策者有用的最前沿资讯和发展趋势,从而不断使图书馆保持进步。

(1)医学图书馆和健康服务图书馆,是专门为医院或其他健康服务机构里的专业人士提供服务的图书馆。

(2)地区图书馆,是专门为某一特定地理区域服务的核心图书馆,并非国家图书馆网络组成的某个部分。

(3)工商业图书馆,是由任何工业或商业公司为了满足其员工的信息需求,由其上级机构主导的内部图书馆。

(4)专业学术机构和协会图书馆,主要职能是为了服务那些从事特定领域或专业活动的会员和工作人员,这类图书馆通常由专门的学术机构、研究团体、劳动组织以及其他相似的机构来负责管理。

(5)政府图书馆,是专门为政府机关、部门和办事处提供服务的图书馆。

(6)传媒图书馆,是为了服务于包括新闻机构、出版社、广播公司、电影制作商和电视台等各类媒体和出版单位以及组织的图书馆。

### (四)流动图书馆

流动图书馆通过使用公共交通工具并且配置相关设施,可以直接为公众带来书籍和其他资源的服务,并不需要人们亲自前往图书馆实体地点获取资料和服务。流动图书馆是一种在服务形式上与一般图书馆有着特殊性的划分,它是移动着的,只要身处其所在地区,就能享受这些便利。无论何种规模的图书馆,都可视之为自身的组成部分来推动其进步。

### (五)公共图书馆

作为一种面向特定社群的服务型图书馆,公共图书馆一般依赖政府资金来维持其运营费用。这一概念最早可以追溯到古罗马时代,并在19世纪末期的英国与美国开始流行。这类图书馆依据法律法规设立并获得来自当地税款的支持,对全体市民免费开放。自中华人民共和国成立以来,中国的公共图书馆取得了显著的发展,现已超过数千家。这些图书馆按照地域分布,多数情况下具有综合性质,同时设有专门的地方文献收藏区,以满足各类人群的需求,如各行各业的人士、各个年龄段的人群及不同知识水平的读者的需求。它们主要负责执行所在地的科研工作和普及教育任务。

此外,图书馆也涵盖了保存图书馆和储藏图书馆以及学校图书馆。其中,储藏图书馆主要负责存放其管理部门利用率较低的资料。学校图书馆则是指附属于高等教育水平以下的各种类型学校内部的图书馆。

# 第二节　现代图书馆概述

## 一、现代图书馆理念对阅读推广的作用

### (一)指导作用

图书馆阅读推广的主要目标是确保其服务能够满足读者需求,进而持续改善服务质量,使之与读者的期望相符合。以下几个方面体现了现代图书管理观念对于阅读推广的指导作用:

**1.以读者为核心理念**

为了实现有效的阅读推广,我们需要调动政府机构、图书馆和社会的力量,建立起一套完善的图书馆阅读推广体系,从而扩大其影响范围并保持持久的效果。对图书馆而言,所有的阅读推广项目都应把读者的需求放在首位,在内容的选取或呈现方式上,都需紧密贴合读者的需求。我们的目标是通过这些活动来提高公众对图书馆资源和知识的认识,同时也要消除一些常见的阅读误区,培养他们养成好的阅读习惯,让他们更熟练地使用图书馆的服务及获取知识的方法。

**2.以馆藏为基础理念**

图书馆的馆藏资料是保障其各项工作有效开展的基石,这些包括潜在和实际的力量。经过多年的发展与累积,通常情况下,图书馆的收藏会逐步展现出独特的风格。为了推动阅读活动的展开,我们必须把图书馆的馆藏视为核心,并基于其特色来设计和实施各种活动,以便能最大限度地引起读者们的兴趣。无论是举办演讲还是展示,都应以资源为基础对图书馆的馆

藏资料进行广泛宣传,其他的文化活动也应将推广馆藏资源使用方式作为核心。这是图书馆阅读推广和宣传的根本,如果忽略了这个环节就会偏离正确的工作路线,无法达到预期的阅读推广效果和目标。

### 3. 以服务为依托理念

在当代图书馆的服务中,阅读推广已然成为一项常规任务,它必须被纳入生活的每一个部分和工作中去,即把推广阅读的工作建立于图书馆的基础设施和服务之上,并在提供服务的同时推动其发展,创造有文化的气氛对于刺激读者的阅读兴趣至关重要。建设优雅的阅读环境可以有效地提升读者的品位。在开展阅读推广的过程中,图书馆应以各种方式展示和强化这些活动,从而打造出优质的阅读体验。随着计算机科技及网络技术的飞速进步,图书馆开始运用新的媒体和技术工具,成功融合了传统文化和现代阅读方法,主动创新阅读推广的内容和模式,通过多种多样的事件向公众推介和宣扬图书馆的服务,使读者能在享受服务过程中体会到阅读的力量。推进阅读推广的关键在于让服务成为主要支撑点,全面深入地嵌入服务的各个阶段,并且塑造出独具特色的阅读文化,形成全天候、全方位的阅读习惯,这样才能确保阅读推广始终处于各类业务的核心位置。

## (二)制约作用

### 1. 价值中立

各类书籍的管理者需要对不同类型的读书活动的性质做出符合馆内需求的选择决定。例如,当开展新书推荐活动时,可能会影响到读者对于内容的解读方式,这是不符合价值中立原则的。然而如果这个项目的目标是提升人们的阅读技能而非强制他们的观点或个性的话,那这就是一种合乎逻辑的活动模式并能达到价值中立的标准。故此我们应坚持公平的中立立场来设定这些特殊的群体作为重点对象提供相应的支持和服务。那些没有阅读能力或者是阅读意愿的人,只有在接受阅读推广服务以后,才会和普通读者一样享受到图书馆的其他服务。遵循价值中立原则可以确保所有读者的利益得到保护并且为特定的弱势群体提供了平等的信息获取机会,以保证他们在信息选择过程中的自主性。这种服务形式和价值中立理念并不冲突,而是一体化的。

### 2.活动选择

作为一类新兴的图书馆服务形式,阅读推广涵盖了各种不同类型的项目,包括传统的新书推荐、现今新型媒体环境中的图书馆营销活动,也包含了线下交流互动的活动方式等。现代图书馆观念能使我们在策划活动时更具明晰度,以确保服务的目标性和价值观得以实现。例如,有些图书馆工作人员把阅读推广视为工作职责的一部分,或者仅关注活动的参与者数量,导致活动规模持续扩张。然而,从图书馆的服务角度看,服务活动化更符合图书馆的精神。如纽约市立图书馆于2016年,共举办了超过九万次各类活动,这些密集且频繁的阅读推广活动主要针对特定的受众群体。虽然此类活动管理的复杂程度较高,对员工的能力有很高的需求,但它们通过这样的活动提升公众的阅读素养及阅读技能是每年单一的一次性阅读推广活动难以达到的效果。根据现代图书馆观念的角度观察,常规性的阅读推广活动更有利于推动图书馆的发展。

## 二、现代图书馆现状——以公共图书馆为例

作为向公众开放的图书馆,通常依赖于政府的财政补贴。相较于专门性的图书馆,它们的服务范围涵盖了从孩童至成年的所有普通人,这意味着它们提供的不仅仅是专业化的藏书(如小说、杂志和参考文献等),还包含各类公共资源、网络接入以及相关的教育活动。此外,这些图书馆还会搜集关于本地文化特点的相关资料,并在其中设立社区活动区域。

2019年,我国的公共图书馆总数为3196个,比上一年增加了20个(见图2-1)。公共图书馆从业人员总数为57 796人,比上一年增加了194人。其中,具有高级职称的人员6966人,占12.1%;具有中级职称的人员18 540人,占32.1%。

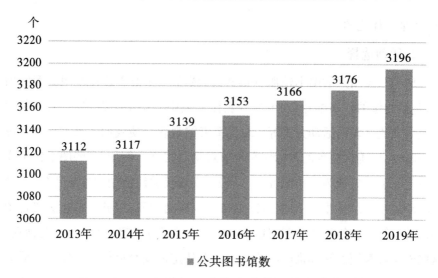

图2-1 2013—2019年我国公共图书馆的数量变化趋势

我国的数字图书馆推广工程的虚拟网络建设正在飞速进行中。全国范围内的数字图书馆网络已经实现了完全连接,以国家图书馆为主导,省级数字图书馆作为核心节点,覆盖所有公共图书馆的数字图书馆虚拟网络已经基本构建。截至2019年,我国数字图书馆资源建设总量为15 509.2 TB(见图2-2)。

图2-2 2012—2019年我国数字图书馆资源建设总量

2019 年,我国的公共图书馆实际拥有 1699.67 万平方米的建筑面积,相较于上一年度增长了 6.5%,平均每万人的公共图书馆建筑面积为 121.4 平方米,比上一年增加 7 平方米(见图 2-3)。计算机数量为 22.58 万台,其中 14.57 万台是供读者使用的电子阅览设备,这些数字与上一年度基本保持一致。

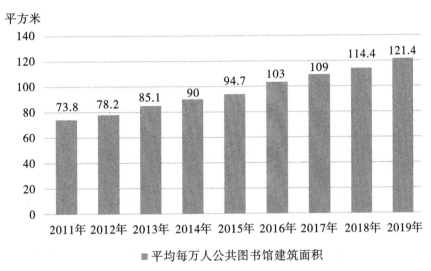

图 2-3　2011—2019 年我国平均每万人公共图书馆建筑面积

中华人民共和国文化和旅游部发布的《2019 年文化和旅游发展统计公报》显示,截至 2019 年底,全国的各类公共图书馆图书总藏量 111 781 万册,比上一年增长 7.3%,人均公共图书馆藏量 0.79 册,比上一年增加 0.05 册(见图 2-4)。同时,电子图书达到 86 557 万册,比上一年增长 7%。此外,阅读区域的人均座位也有所增加,大约为 119 万个,同比增长 6.6%。

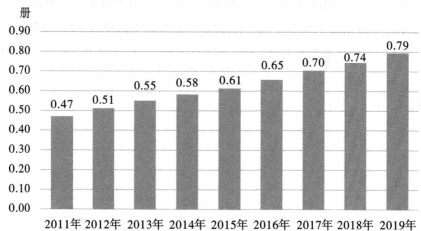

图2-4　2011—2019年我国人均公共图书馆藏量走势

2019年，我国的公共图书馆总共发放了8627万张借阅证件，并且总流通人次有90 135万（见图2-5）。公共图书馆将以提供文献、信息和知识服务为核心，汇集全球智慧，沉淀文化精髓，推广文化传承，倡导大众阅读，打造充满书香气息的社区环境，致力于成为人们阅读、交流与分享的重要场所。

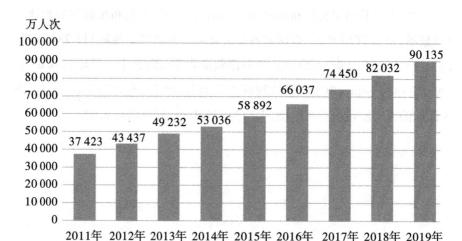

图2-5　2011—2019年我国公共图书馆总流通人次

将公众、图书馆资源和服务提供者、慈善与民间组织以及政府部门等多元化的群体连接起来，为他们提供一个公共交流平台和互动方式，为大众终身学习提供信息资源、空间和服务，推动大众对知识的追求、创新和综合素质的进步。

目前，我国的公共图书馆基础设施已经得到全面优化，其提供的文献资料也得到了充足保证，并且县区级图书馆的总分支机构体系已初步形成，公共图书馆的服务质量和标准化程度都有了明显的改善，同时，新的科技如互联网等也被更广泛地运用到其中，对于组织管理架构的发展也是持积极态度，并有针对性的人才培养计划实施，法律法规的支持力度也在不断加大，同时也鼓励更多的民间力量加入进来，使得民众对公共图书馆的服务体验有了稳定的上升趋势。

随着人们对知识文化的需求持续增长，公共图书馆的总访问量也逐年上升，2022 年其访问人数已达到 101 091 万人次。

## 三、图书馆的现代化建设的重大进展

从 20 世纪 80 年代开始，随着科技不断进步，我国的图书馆也开始了现代化进程。各种新技术如缩微技术、声像技术、计算机技术、网络技术、光盘技术、多媒体技术、数字技术等被广泛引入和应用于图书馆，导致我国图书馆发生了深刻的根本性变革。

自 20 世纪 70 年代起，我国的一些图书馆已经开始使用缩微技术。1984 年 7 月，文化和旅游部创建了一个全国家庭图书馆缩微复印中心，并在我国 14 个省份和城市中设置了缩微站点。此外，他们也向各个缩微站点提供了整套缩微设备以协助他们的工作人员，并且按照预定的时间表，对古代书籍珍藏、民国时期的新闻杂志等重要文献进行了有序的拍照处理。这些照片经过中心的审核后，合格的产品会被中心收藏起来。

自 20 世纪 80 年代起，图像与声音技术的广泛运用在我国各大图书馆已成为常态，大部分大型及中等规模的图书馆均配备相应的音频播放器材和音视频资源，同时还设立了专门的多媒体光碟阅读区域。

随着技术的普及，复制服务已经在各图书馆得到广泛应用，读者可以随时使用复印机复制资料。计算机在 20 世纪 70 年代中期开始应用，中国科学院图书馆、中国科技情报研究所、北京图书馆都成立了计算机开发和应用部门。此后，各地的图书馆相继建立了类似机构，包括北京大学图书馆、深圳图书馆等，他们致力于研发、引进和推广计算机管理、文献检索以及图书馆自动化等方面的工作。国内开发的有影响力的软件包括：深圳图书馆领头开发的微机多用户系统 ILAS 软件，北京息洋电子信息研究所等开发的 GLIS 系统，南京大学图书馆主导开发的汇文图书馆集成系统，北京大学图书馆等研发的 NLIS 系统，以及北京邮电大学图书馆推出的 MELINETS 系统。随着十多年的发展，我国图书馆已经从管理自动化逐步发展到网络化阶段，首先是局域网，如中关村地区图书馆信息网、军队院校图书馆网络系统、医学系统的文献信息网以及中国教育科研计算机网络等。这些网络系统的建设为图书馆间的在线互访提供了条件，目前已经发展到与国内国际主要信息网络互联，使图书馆能够在网络环境中进行管理和服务。截至 2015 年，我国县（区）以上的图书馆约有 5000 多个，其中已有 2000 多个图书馆使用计算机管理集成系统，有 5% ~ 10% 的图书馆已与国际国内通信网络互连，为读者提供在线文献信息服务。我国的互联网基础设施已经发展到拥有四个国家级的网络：分别是 CHINANET（骨干网）、CERNET（中国教育科研网）、CASNET（中国科学院百所网）和 CHIANGBNET（中国金桥网）。这些网络在 1997 年 4 月成功实现了相互连接，从而为我们国家的图书馆及其他机构的信息共享提供了优质的网络条件。

伴随着如大数据、云计算及物联网设备的广泛使用，我们已经步入了一个以数字化为主导的社会阶段——即所谓的"数字化"时期。而诸如线上教学、虚拟会谈、电子商务销售与大规模的数据管理等基于网络的服务模式已逐渐成为当前社会的普遍现象。因此，怎样抓住这个新的历史时机来促进对非物质文化遗产研究保存工作，并推进图书馆学教育改革和文化发展的研究是目前学者们热议的话题之一。

为了促进全国公共文化建设，进一步推进图书馆学教育改革，由陕西省社会科学信息学会主办、西北大学公共管理学院承办的"全国公共文化建设与图书馆学教育改革云端研讨会"于 2020 年 6 月 6 日至 7 日成功召开。来自不同机构的 17 位专家学者和 200 多名与会代表就公共文化、文旅融合、文化产业、非物质文化遗产保护、乡村振兴、图书馆学教育等热门话题进行了深入交流。

## 四、现代图书馆——高度信息化的图书馆

当前的世界正在经历着信息的快速发展阶段,这标志着人类社会的进步已经迈向了新的文明与知识领域。在我国推进四个现代化目标的过程中,全体国民急需正确理念和当代科技文化知识来增强和提升自身信息素养,希望持续有效吸纳优秀的文化知识,同时也需要源源不断的各种文明成果。显然,作为信息文献汇聚中心的图书馆,随着改革开放的深化以及精神文明和物质文明建设的进展,它的位置和影响力会越来越显著,并且为图书馆行业的发展带来了空前的良机。机会即是挑战,满足公众对信息知识需求的多样化是每个图书馆工作人员必须肩负的历史重任。

### (一)提高认识,转变观念

邹家华同志在关于中国特色信息化构建路径的研究中提到,"快速增长的数据技术极大地促进着经济发展与社会的变革",若能有效利用这一难得的机会来抓住信息化建设机遇并充分运用其带来的好处的话,那么就能促使我们的国家以一种超越常规的方式取得飞跃性的进展并能提升各个领域的工作效率。如今,随着数字科技不断进步且日益深入人们的生活方式之中,它已经成为各种行业中的重要驱动力之一——无论是工业还是服务业都受益于此,同时也是驱动我国经济社会持续健康稳定协调发展的关键因素之所在。因此,数字化转型不仅满足当下对于知识的需求,而且还为我们提供了一个机会去迎接新的挑战,并在竞争激烈的市场环境下保持领先地位。

对于图书管理员而言,他们需要适应并引领信息的潮流,积极提供优质服务的理念是必不可少的。首要的是摒弃旧有的模式:仅仅局限于开门关门的时间段内完成日常工作任务(包括书籍出借与归还)的方式是不够的。他们应该从等待读者出现的被动做法转变为引导读者由需求出发的主动出

击。例如,他们在借阅过程中设置了很多障碍,导致他们的职责并非完全根据读者的需求展开,反倒变成了让读者去迎合规则的要求。同样地,在他们对文献资源的信息化整理过程中也存在问题,过于侧重编写期刊索引这种一次性文档的方法使得大量有价值的数据未能得到有效应用,同时这也无法解决阅读群体普遍存在的知识匮乏的问题。因此可以看出,如果继续保持过去那种单一化的业务流程和服务标准的话,他们将面临严重的困境并且失去竞争优势。所以为了确保自身的持续发展及提升竞争力,他们就必须调整策略并将重点放在如何最大程度地使用现有数据上,以便更好地向公众展示潜质能力从而实现真正的"充分发挥潜力"的目标。

"充分利用资源,主动提供服务"应作为图书馆的核心任务,所有的工作应聚焦于此并以此旋转。唯有如此,他们才能够有效做好文献信息的开发与利用工作。根据读者的需求来提供相应的信息服务,达到图书馆各项工作充实并且读者的信息需求得到满足。此外,提升服务的深度与宽度也至关重要。深入了解各类读者对信息的多样化需求,充分利用图书馆所拥有的丰富的藏书资源,实施更高级别的信息处理。例如,他们可以展开收集、分析、评估、建议及搜索等工作,使得图书馆能成为人们的日常生活和工作中必不可少的部分,这是一个重要的转型,即把图书馆由"自我导向"转向"用户导向",这种变化将会带来现代化、创新性和全方位的服务体验。

## (二)实现图书馆管理现代化

实现图书馆管理现代化被视为至关重要的一环。这不仅涉及搜索引擎的智能化,还涵盖了诸如员工配置、项目策划、业务流程、财务预算、图书期刊、设施装备及研究活动等方面,通过应用系统工程理念与现代信息技术,持续优化图书馆间的互动关系,从而达到最优的图书馆服务品质。随着资讯科技的发展,图书馆需要拓展自身的服务范畴,例如,逐渐推进深度信息处理、数据利用及其相关服务,软件研发及其相关服务,主题式服务、咨询服务以及在线服务。这些都是依赖电子信息为主的现代信息化服务方式。在新形势下,提升图书馆的服务水准具有新内涵和更高标准。为了满足各类读者的需求,营造优越的服务氛围并提供高效且高质量的服务是图书管理员必须做到的事情。向教育工作者和学生供应他们所需的教育资源；为公司提供特定性和及时性的高质信息服务；为广大民众提升文化和生活品质，提供全面而多元化的信息服务。对图书馆工作人员来说是一个全新的挑战，他们应当熟悉新型的服务技巧，增强专业的知识储备和对现代管理技能的学习。

为了适应新时代的需求并紧随科技进步，图书馆有责任最大限度地利用电脑和其他先进工具，不断尝试创新与拓展，以提供更全面的服务及更多样化的途径。图书馆工作人员要勇敢迎接新的考验，积极捕捉发展机会，学习国内外的图书馆自动化成功的案例，掌握最新的技术趋势，以便能够迅速响应社会的发展变化，迈入更高层次的新阶段。

### （三）为读者提供优质信息服务

当代图书馆应具备深度信息化特征。为实现协助用户通过最高效的方式获得所需资料，图书馆需依赖丰富且多样的信息源来确保自身发展的同时，尽全力保持数据传输路径畅通无阻。当代图书馆主要职责在于收集整理并保管各类文本及记录数据等载体的管理工作和向读者提供各项相关支持和服务工作。我们在谈论对知识库的使用时特别注重创新性的发展策略——利用先进的技术工具提升读者的使用体验质量。信息由源头（source）、传递途径（channel）和接收端（destination）三部分组成，这是一种动态的过程，包括从起始点到终点的整个流程环节。现今科技进步为我们改革传统阅读模式创造出新的可能性和机遇。比如，开放式借书系统能大幅度减少时间和步骤上的消耗从而优化传递途径即"信道"，使得"信源"能够毫无障碍直接呈献给信息接收者即"信宿"，这也正是现代化图书馆加强整体运作效率的关键举措之一。而对于双向沟通而言，信息交流服务是其中一种重要的表达方式。首先，要建立一套有助于研究新颖科学理论体系并且推广使用的信息产品和信息服务制度框架；其次，要创建一整套方便人们消费这些新型产品或享受此类服务的规则条例。唯有当普通大众能负担起制造出的信息产品与提供的信息服务时，并有兴趣使用它们，才可能看到更多信息产品的产生及更高品质服务的提供。此外，为了达到人们的信息需求,必须同时拥有制造信息产品的意愿、能力以及二者的整合,这样才能实现普遍服务的关键所在。

作为现代化设施的一部分,图书馆应具备全面的数据处理能力以确保用户能够高效获取所需资料。制作二次和三次参考文献有助于提高文档组织的有序度并扩大信息的流通渠道。目前许多此类任务可通过使用已有的光盘数据库或者利用互联网搜索远程数据库完成。借助当代科技手段对图书管理系统的深度运用可以构建出自动化、网络化、数字化、一体化和智慧化的知识资源保障体系,从而向高等教育机构的研究者们提供高质量且高效率的参考咨询服务支持。

## 五、文献资源发展迅猛

### (一)文献资源的地位

在过去 30 年的发展过程中,文献资源在图书馆建设中的重要性逐渐提升。

第一,我国的文献资源建设已逐渐得到了相关部门的关注,在共同建设和分享文献资源的问题上,图书馆基本上已经取得了一致认识。

第二,全国和地域性的文献资源合作共享网络正在逐渐建立。一些网络组织已经讨论了合作原则并制定了合作规章制度,文献资源的共建共享已经取得了积极的进展。

第三,在全国范围内展开文献资源的调查工作,以便了解全国的文献收藏状况,为文献的合理调配和布局提供可靠的数据支持。

第四,在构建数据库和制定联合目录时开始强调标准化与规范化,并利用计算机技术把重心放在数据库群的构建上。

第五,经过多年的持续努力,文献资源的共享和建设已经获得了显著的成果,特别是在行业和地区性的文献资源保障系统的构建上,取得了重大的突破和进步。

### (二)图书馆文献资源建设

#### 1. 提升针对学科建设的文献信息资源的构建

建立以学科为基础的文献信息资源体系是图书馆资源建设任务的核心。

(1)强化对于重点领域的文献资料需求评估。我们需要清晰地界定图书馆的发展目标,理解核心领域的内容及其利用者关于文献种类、信息服务提供方式与品质等各方面的需求状态,同时也要深入剖析这些领域的等级、发展趋势、特性与优势,以此作为我们在构建文献资源过程中的决策依据,制定出合理的图书采购方案,持续优化图书馆的馆藏结构。要深入研究专业划分、学科设定以及发展规划,明晰应收集哪类学科的文献,确保重要领域全盘覆盖,其他相关的领域则挑选收录,从而构筑起完善的科学框架。

(2)为关键领域提供充足的资金支持是必要的。应增强对于重要领域的研究资料购买费用的支持强度。在财务保证方面,我们要实现以重点领域为主导,带动其他领域的发展,同时关注全局平衡与发展的情况。依据图书馆馆藏结构的实际需求,适当地调整财政投入的比例,制定出明确的目标和实施策略,以便于有效地推动核心馆藏相关信息的积累工作,并确保其每年都有稳定的增长比例。

(3)积极提升采访员的能力素养。随着教育领域的持续进步和扩展,对采访员的业务能力素质提出更高的要求。他们须能应对新的环境挑战并保持学习以充实自己的业务能力水平。同时利用图书馆工作人员的专业技能来优化所需的馆藏文献的信息获取方式,借助团队协作的力量与其他成员共同推动学科发展的进度及改善图书馆藏书体系的设计合理化程度。

(4)优化图书馆馆藏评估体系。馆藏评估体系包含了目标、准则、规范及实施方式,所有这些都是基于实际有效的参考依据。随着学校的学科发展进步,对评估体系标准的细分也需要相应地做出调整。利用读者的满足感、书籍的阅读频率、与特定专业的关联文献数量等因素来做全面性的评定,这能为我们针对学科优化发展的文献资源建设给予强力的支持。

#### 2. 完善课程设置研究

在学科建设的支持下,我们可以在相应的战略研究中强化课程设计,这有助于提升图书馆全局性的文献资源建设能力,并能建立更有效的文献资源保障系统。由于课程设计的范围得到扩展,每个学科通常涵盖了多种专业的学习内容及不同类型的课程,并且这些课程还可以进一步细分成选修与必修两种类型,因此在开展文献资源建设的过程中,有必要对购买书籍的预算做出适当调整,以满足教育需求和科学研究的需求,从而构建出合理的文献资源建设体系。

图书馆文献资源主要包含各类书刊资料,是一种高级、全面和完善的信息集合产品,构成了读者获取信息的主体部分。这些文献资料代表着人类智慧的结晶,也是读者们到图书馆寻求服务帮助的根本需求。所以,文献资源的质量与数量则直接影响着图书馆的发展前景。随着科学技术的持续提升,我们有理由相信,文献资源将会变得愈发丰富且优质。

## 六、图书馆法制建设和业务规范初见成效

### (一)"评估定级标准"的出台

近年来,为了促进图书馆行业的进步,各类公共和高校图书馆普遍进行了等级评定活动。同时,文化和旅游部也相应地制定了一套"评估定级标准"。这些评价体系对于各馆的工作起到了一定程度上的指导规范作用。每个环节都需按照统一设定的指标要求给出相应的分值。经过这样的等级评定,可以衡量各种类型的图书馆的表现情况,对图书馆各项工作进行及时有效的指导引领。

### (二)相关部门制定的规范、标准

现代图书馆工作的重要基础在于实施标准化和规范化。国内图书馆界也非常重视这一点,国家标准总局已经批准并公布了数十项关于书目著录、文献分类、主题表引、书目情报交换、磁带格式等方面的国家标准。

近年来,各层级和部门对图书馆发展的标准化问题给予极大的关注,无论是国家标准总局或其他相关部门,一直在积极推动标准化进程。各种法规、准则和标准的发布表明了图书馆建设所取得的进步。我们有理由相信,

在社会各界人士的共同努力下,未来我国必定能制定出一套更为全面的切实有效的图书馆法律法规。

## 七、文献信息服务出现新面貌

### (一)电子图书馆的出现

随着电子出版物的普及和互联网通信技术的进步,电子图书馆应运而生。其具备强大的储存容量、快速的数据处理能力和长期的保管效果,同时具有较低的运营费用和方便的信息共享功能。借助电脑网络操作技术,我们可以迅速检索到所需的书籍信息。

由于其显著优点,电子图书馆被广泛运用于各个领域和行业。众多政府机构也认识到建立电子阅览室的重要意义。因此,构建电子阅览室已成为政府部门图书馆建设的重要任务之一。此外,在公司内部办公区域,员工可以利用电子图书馆获取相关的在线资料;同样地,他们也可以在家里通过电子图书馆查找与公司文化和发展有关的信息和数据,从而提升公司团队的凝聚力。

### (二)"读者至上"的文献信息服务

秉持"读者至上"的原则构建图书馆服务与管理理念的核心,就是必须致力于实现读者利益最大化,以读者的满意度来评估自身的服务质量和工作表现。

当前,我国的图书馆已经在提供各种类型的文档信息服务上迈出了积极的一步,包括知识的传播和服务方式的创新等多个层面,这些都充分体现了我国图书馆在经济体制改革过程中的重要性和深远影响。同时,这也为图书馆带来了前所未有的利益与进步。这种转变的具体表现可以从下面几个方面来理解。

第一,建立了馆外图书流通点,通过将书籍送到农村,进行文化扶贫,并将书籍送到军营和工厂等地方,从多个角度全面扩大了图书馆的服务范围。

第二,现代图书馆持续推进网络服务的发展,并以积极的态度对用户进行培训,目标是将更多的用户带入一个全新的知识领域。

第三,许多图书馆现已全年开放,每周提供72小时的开放时间,极大地方便读者利用图书馆。

第四,文献服务的模式已经从以整本书籍或期刊为基础转变为以知识和信息为主要内容,提供针对性强的服务给用户。此外,图书馆也推出了如信息咨询、代查代译、专题报道、定题服务等多种业务形态,这表明图书馆服务正在逐渐向着更加深入和发展的方向进行。

第五,公共图书馆的大门对社会大众开放无限制,部分图书馆已经实现了无需证件就可以在室内阅览,并且办理借书证也不受任何限制。

第六,越来越多的图书馆组织各种富有活力和正面影响的读书和社会文化活动,比如举办不同类型的讲座、读书报告,展示优秀图书推介和新书展览等,以激发人们对阅读的兴趣。

第七,许多图书馆都实施了全面开放式的收藏管理方式,这使得读者能够尽可能靠近并接触到这些珍贵的书籍资料。图书馆的主要内容是以纸张为基础的信息,并且它们也积极融入了电脑科技和互联网技术的应用中,通过使用电脑技术构建适应其规模的大型数据库来存储及解析内部的文献资源。

对于读者而言,他们需要能够迅速且有效率的方式获取所需要的资料。因此,我们必须充分运用互联网技术构建网站及目录系统以实现馆藏书籍的高效归类工作;此外,我们也应提供电话、邮件等通信工具作为服务的补充手段。当读者向我们的相关业务人员提交他们的需求之后,我们会尽快并精确无误地回应其请求。随着这些技术的广泛使用,我们可以看到图书馆的功能得到了进一步提升并且读者的参与度也在不断提高。

在许可范围内,读者能够访问来自各个机构和地域的数据库资料,这有助于他们更全面且精确地收集所需信息。只需具备一些基础的电脑技能、信息搜寻技巧及外语能力,就能迅速定位到个人感兴趣的内容。利用互联网搜索引擎的多主题自定义查询功能,让信息搜寻变得更为普及而非仅为图书馆员的专有技术。每个人都可以在图书馆内查找自身需要的资讯,并且图书馆内的数据资源也在逐渐实现地区间的共享。此外,网络化的文献服务不但能满足公众的需求,还能进一步提升图书馆的管理水平。

# 第三节　网络环境下的图书馆发展与创新趋势

网络环境对图书馆产生了多方面的影响,包括信息用户、信息资源和信息服务。在网络环境下,图书馆越来越与信息系统联系紧密,呈现出以下几个方面的发展趋势。

## 一、智能化

### (一)服务智能化

传统的图书馆主要依赖于其内部收藏的书籍期刊,并侧重于借阅业务,对公众的访问时间有限制。然而,随着互联网的发展,服务的范围已经从线下扩展到线上,使得人们可以在网上获取来自不同图书馆的信息,如在线联机目录检索、馆际互借、远程登录、文献传输、专题讨论或者虚拟论坛、公告板、电子邮件、网上咨询、预定注册、用户定制播放、远程视频会议、图片与文字信息的提供等。这些都表明了信息创作、寻找及使用之间的边界正在变得越来越模糊,未来将会更加注重珍稀资料的高级智能化服务、个性化服务、网络信息导航服务以及用户培训等方面。

### (二)信息组织智能化

在过去,传统图书馆的信息组织方式主要依靠手工或机械操作,通常需要重复分类和编目工作。然而,在网络环境的推动下,信息组织变得更加自动化、数字化和高效化。自动分类、抽词技术以及自然语言检索等工具的使用,显著减轻了人力负担。通过数字化的手段对各种类型的信息进行存储和网络访问,利用数据仓库、超文本及多媒体等多种工具,可轻松实现信息的分类整理,包括全篇、主题或碎片化知识。此外,也可以构建大规模的资料数据库系统,从而实现了单次输入即可获得多样化输出的结果,同时也能在一处输入多个地方共享使用。

## 二、办馆思想逐渐开放

随着互联网日益深入我们的生活中,图书馆的环境受到了极大的影响,其运营理念从保守转向了开放。由于全球经济一体化与知识信息的社会化的推动,没有任何系统能够单独且隔离的存在。传统的图书馆仅专注于构建单一的书籍收藏系统,希望以此来完全满足读者们的所有需求,但实际上很难达到不同系统的图书馆之间协作的目标。

唯有建立全方位对公众敞开大门的理念,图书馆才能够充分发挥其实力。这不仅仅是指面向外部的开放,也涵盖了内部之间的互动与合作,尤其是不同领域的共享开放。随着当代开放思维及互联网技术的进步,图书馆之间真正的开放成为可能。借助网络环境,人们的思想已经转变至以信息为中心,他们更愿意主动获取并使用信息,更加关注图书馆的服务协同性和网络特性,理解如何有效整合、处理和创新信息资源的重要意义,并且明白图书馆应最大限度地运用内外的所有资源来满足读者的需求和服务。开放的目标在于共同成长,分享优势,共赢发展。而实施方式则是多样的,可以通过培育或引入开放型的员工,开展各类业务技能的合作,也可以通过组织诸如图书馆服务推广周、大型展销会、讲座等活动来推动开放进程。

## 三、馆员的素质提高

传统的图书馆馆员主要依赖于手动操作来完成基本任务,他们是图书和读者的中介者,只需要掌握一般性的文化和相关领域的分类、编目、借阅等相关知识即可胜任。然而,随着互联网的发展,每天有大量电子资料和在线资讯涌入员工视线,使得他们能够通过线上或线下方式与读者互动。此外,越来越多的图书馆馆员开始参与到与网络信息有关的工作中,因此,图书馆会增加一些新的职位如自动化系统的开发及维护人员,网络信息的构建、搜索和网络管理人员,数字化的信息转化人员,等等。这就要求这些图书馆馆员除了要熟悉图书馆学的理论外,还需要了解情报学、语言学、计算机、网络和版权等方面的基础知识。因此,网络环境推动图书馆对工作人员重新配置,强调提升他们的综合素质和业务技能水平。

## 四、馆藏向共建共享转变

从独立发展的模式转向共建共享的策略是图书馆收藏的发展趋势。传统的图书馆主要关注纸张资料的收集,每个机构都各自建立自己的收藏系统并专注于增加其书籍或文献的总量。然而,随着互联网时代的到来,图书馆收藏的内容变得更为丰富多元,涵盖了纸质和数字资源,既有实际存在的实体物品也包含虚拟信息资源。同时,我们也可以通过多种方式来获得这些信息,如线上购书、捐赠接收等方式,甚至可以通过网络协议取得信息的访问权等。此外,由于网上文献采访的方式能够有效减少重复性和缺失情况的发生,从而构建出一种协同配合、互相补充且优化的高效信息资源保障机制。

## 五、用户的范围扩大

互联网平台拓展了图书馆信息的读者群体并提升了他们的技能水平。传统的图书馆主要面向特定的阅读人群,他们通常只能使用馆藏文献及馆内实体设施。然而,在网络环境下,这些限制被打破,不仅线下访问图书的读者可以参与其中,而且那些通过网络搜索或者获取图书馆文献的读者也被视为信息用户的一部分。大量的珍贵书籍和优秀的作品可以在线上找到,使得人们无论身处何地都可以接触到图书馆的服务,从而增加了他们在图书馆中寻找所需信息的可能性。同时,这种互动过程也有助于增强人们的信息意识、检索技巧、专业素质等方面的能力。

## 六、注重管理上的创新

对于图书馆的管理来说,注重的是创新。传统的图书馆管理主要依赖于经验和封闭式的方式,其业务组织的架构是基于线性的形式,并根据书籍在图书馆内移动的过程设立了采集、分类、借阅、信息查询等部门。然而,在互联网的环境下,这种管理方式呈现出了一些新的特性。首先,管理人员有能力随时获取最新的信息,并且可以通过电子邮件进行管理信息和经验的交流。这使得各类数据的统计更为精确和方便,从而提高了管理的强度;其次,随着信息技术的使用和图书馆职责的改变,组织结构可能会被撤并和调整;再次,执行了扁平化管理方式,使得管理级别和管理人员的数量减少,从而提高了管理的灵活性和效率;最后,新增了管理部分内容,例如硬件的持续运作、数据库的维护更新以及网络和应用系统的安全等都需要考虑。

　　总的来说,图书馆行业的能力正在稳步提升。在信息资源共享的前提下,各馆间已建立了协同关系并就相关问题进行了深入探讨,例如,制定通用标准化的接口技术和通信协议、编目规则、数据库结构等。此外,图书馆已经开始与包括信息组织者、网络开发公司等各类涉及信息的社会团体展开广泛合作。同时,与图书馆业务密切相关的法律也在逐步健全,比如《著作权法》《信息安全法》《图书馆法》等。经过长期的研究与实践,我国图书馆的发展状况呈现出较为良好的态势。然而,我们也应意识到图书馆在进步过程中仍面临挑战,工作规范化程度也有待进一步加强,甚至可能还隐藏着一些尚未被发现的问题。因此,为了迎接未来图书馆发展的挑战,我们必须保持积极进取的态度。

## 第一节　图书馆参考咨询建设与档案管理

### 一、图书馆参考咨询建设

#### (一)图书馆参考咨询服务体系的特征和模式

**1. 公共图书馆的特征**

第一,服务对象针对性。公共图书馆参考咨询服务体系主要是为各层级的党政组织及相关的研究机构提供支持的服务网络。对于政府部门来说,其核心职责在于辅助做出决定,因此,若公共图书馆所提供的参考信息有误,可能会导致社会的重大损害或政府部门的巨额亏损,甚至可能破坏公众的生活秩序。随着社会环境的转变,政府做出的决策需要更具针对性和多元化,而非仅凭个人经验和直觉来做出判断,这就要求他们能够利用其他机构和组织的建议作为依据,以增强决策的准确度。

第二,知识服务系统性。通过提供决策建议来实现对人类真实需求的满足,这是一种创新的服务方式,其核心是依赖于"信息服务"来达到这一目的,这种方法使得工作的体系更加完善,能够根据用户的需求去挑选和处理信息,从而形成了一个整体性的决策信息系统。

第三,信息时效性。唯有确保资讯的即时更新和传递,我们才有可能满足对所需讯息的需求并为决断者提供有预见性的参考资料,这些资料能在一定时间内产生效果。

第四,决策咨询信息可靠性。目前,信息资源的来源范围正在不断扩大,各种信息层出不穷,为了提升决策的品质,公共图书馆的所有信息都需要进行筛选,以保证信息的真实性。

### 2.公共图书馆的模式

当前图书馆的决策服务模式正在从单一向多样化的方向发展。

(1)传统的参照咨询服务方法。当馆员与用户互动的时候,他们通常会通过电话或直接对话的方式来沟通。这种面对面的咨询形式最早被使用,它可以使馆员向外部的图书馆用户提供资讯服务,其优势在于交谈过程中的便利性,但也存在着信息的延迟风险。而电话咨询则是针对那些无法亲自到访图书馆的用户提供的参照咨询服务,它的特色就是广泛的使用,但是需要相关的软件技术作为支撑。

(2)虚拟的决策咨询服务模型。这种方法可以通过互联网或者计算机技术来实施。其中的一种实践途径就是通过电子邮件沟通,图书馆可以在其网页中添加电子邮件链接,让用户可以直接与专业的决策团队互动以获取信息和交流。其次,我们可以创建虚拟的信息查询系统,它主要是提供视频咨询、实时聊天及同时查看的服务。此外,还有一种是常见问题问答形式,即对图书馆服务的步骤、专题检索以及寻找资料等问题的回答。

### (二)图书馆参考咨询服务实现的主要环境

信息资源、技术平台和技术人员是保证公共图书馆参考咨询服务实现的主要环境。

第一,信息资源数字化。信息资源依据其载体种类可划分为纸张型资源与数字化资源两类。对于纸张型的资源,可以通过购置等手段予以获取。数字化资源可以通过采用知识库构建方法来实现,并依据图书馆的实际情况实施,以确保信息的实时更新及完整覆盖。

第二,技术平台共享化。这意味着它应该具备几个关键因素:一是能够让使用者之间建立在线互动,创造出虚拟对话环境,为他们提供数字信息及网络数据库的服务;二是应具有便捷性和高效性,通过专业的参考工具快速查找所需的信息资料,并对之进行归类整理,从而使用户更易于理解和利用;三是要能促进公共图书馆和国家图书馆间的协作,以提供必要的技术援助,同时鼓励各机构联合起来提供参考服务。

第三,技术人员专业化。这部分主要是指那些提供专业技术服务的参考咨询员需对图书馆的文献信息资源有深入了解,能够迅速地为客户找到所需的信息,并对之进行归类与整合以生成系统的解决方案;同时,他们也应熟练运用最新科技手段及操作技能,实现图书馆内的虚拟交流对话,熟知各类信息资源的处理技巧,从而推动参考咨询业务的有序进行;此外,他们还须持续学习,定期调整工作模式和思维方式,以适应时代的进步需求。

### (三)构建公共图书馆参考咨询服务体系

#### 1. 资源建设

资源建设的过程中,着重于建立互联网数据资料库、图书管理系统及其他相关信息资源库。依据馆藏资源特色深入发掘适合当前社会发展的独特资源,为公共图书馆提供服务,同时增强同其他图书馆之间的交流互动联系,以实现资源的共建共享,防止重复投资。在构建在线资源的时候,需要合理地分配这些资源,通过资源融合和优化的方式来充分发挥它们的作用。通常情况下,普通公共图书馆会采用竞标购买、自行购买或创建数据库等方法提升数据库的信息品质,以满足客户多元化的信息需求。此外,也可以借助信息的融合,打造出统一标准、统一检索和统一使用界面,从而提升信息资源的整合程度。

#### 2. 技术应用

通过技术手段,可以确保参考咨询工作的有序有效开展,提升决策质量,提高工作效率。一方面,可以利用导航数据库技术,让专业决策资源通过网上查询相关信息,并及时分享链接,方便用户查找所需信息资源;另一方面,运用数据库挖掘技术,决策人员可以在网络上进行有效知识挖掘,并进行二次构建,以便用户查找信息。另外,开通搜索数据库的搜索引擎技术,可以帮助决策人员快速获取所需决策信息。同时,还可以将多种先进技术运用在决策信息查找中,推动参考咨询服务工作的开展。

### 3. 加强人才建设

图书馆工作人员需要掌握最新的现代化技术,并且具备良好的图书馆检索能力和相关领域知识,以确保参考咨询人才队伍的稳定发展。同时,应积极做好公共图书馆的人才引进和培养。首先,根据图书馆的发展需求,不断引进高级别的专业人才,注入新鲜血液对工作团队进行优化;其次,需要构建合理的人员配置,制定出适当的人才培养计划,激励员工树立终身学习和持续学习的理念,通过多种途径增强他们的学习能力。

### 4. 建立反馈评估

对于图书馆的评价主要是由两个方面构成:首先是"服务成果",通过衡量服务的最终效果来确定其能否达到人们的真实信息需求,并且要对其信息的完整性和精确度做出评分;其次是"服务流程",它关注的是用户对相关服务环节的感受,可以通过对服务的态度、友善程度等方面的打分来做出评价。唯有真正理解服务反馈工作的重要性,我们才有可能提升服务水平,避免出现服务信息延迟的问题。

## (四)图书馆决策咨询服务体系建设的服务分析

### 1. 多元化与主动性结合服务

现阶段的图书馆信息资源和载体的形式已发生重大转变,正朝着多元化的方向演进,而咨询方式方法也在展现其多样的特性。这表明了咨询服务的原创性。通过采取主动策略,精准优质服务可推动图书馆的参考咨询服务迈向新的局面。此外,图书馆还可以充分运用自身的优势,积极地整合各类资源。

### 2. 一对一与个性化服务

目前,图书馆的服务模式已逐步由一对一转向多元化,这不仅扩大了其参考范围,也加深了其参考深度。为更有效地回应用户对于决策资讯的需求,我们可以推行个性化的信息服务,以确保用户能获取到所有必要的信息。因此,在执行"一对多服务"的过程中,我们需要重视并践行个性化服务,打造丰富的信息服务生态,以便给用户提供个性化的服务体验。

为各层级政府机构提供参谋建议的服务部门,图书馆在新形势中需要运用信息科技与资源建立智能化服务平台,通过专业的判断力向客户提供多元化且具有个性的服务,以突破传统的服务方式所面临的问题,打造出一套科学的决策咨询系统,推动公共图书馆的发展并提升其品质。

## 二、图书馆参考咨询档案管理

图书馆馆员在读者利用文献和查找知识、情报时提供的帮助服务称为参考咨询。通过辅助查询、回答疑问和发布特定的研究报告等多种方式,为读者提供了实际的事实、数据和文档线索。参考咨询服务则被视为图书馆运营的核心业务,因为它们反映了图书馆服务的进步趋势。所谓的参考咨询档案就是对图书馆参考咨询活动的所有原始信息的汇总,其中包含了诸如询问问题、所属学科范围、搜索途径和策略、检索的关键词和主题、资料出处(包括数据库、馆内收藏和互联网资源等)以及检索的结果等相关信息。作为一个文献档案,参考咨询档案自身就具有极高的价值,因此加强对这些档案的收集和管理对于图书馆的工作推进是有益的。美国图书馆从 19 世纪末就高度重视参考咨询原始材料的累积,也正是如此,形成了现代图书馆参考咨询工作的业务。例如,美国图书馆专家 J. N. Larned 在参与参考咨询任务的时候,他就把读者的疑难问题和他们的解决方案编写在了 *History for Ready Reference Volume Ⅱ* 这本书中。直至 1937 年,他所在的水牛城图书馆仍将这本书视为一种重要的咨询参考资料。这表明,对参考咨询档案的整理、管理及保存工作对图书馆的服务质量有着深远的影响。尽管如此,由于各种因素的存在,图书馆中关于参考咨询档案的管理依旧有待改进,因此,如何优化这一过程以更好地满足读者的信息需求,是一个亟须深入探讨并加以解决的关键问题。

### (一)业务发展现状

#### 1. 依托丰富馆藏资源,打造服务品牌

国家图书馆有着庞大的馆藏资源,它被指定为主导全国所有公共与私

人书籍收集的管理中心。截至 2017 年年底,该馆共存有超过 3768 万册(件)的纸质文献资料及其相关物品,同时还保管着 1603TB 的数据信息内容。此外,已经购买并整合了一系列的中英文数据库共计 255 个。国家图书馆参考咨询部致力于深入发掘这些宝贵的知识财富以满足读者的个人需求——尤其是在国家级的重要活动中或科学技术项目的实施过程中起到了关键性的指导功能。这使得他们在政策制定者或者企业管理层等领域获得了高度赞赏并且赢得了广泛的社会信任感。例如,央视于 2015 年献礼中国抗日战争暨世界反法西斯战争胜利 70 周年的纪录片《东方主战场》、2016 年纪念红军长征取得胜利 80 周年制作的纪录片《长征》都使用了很多来自国家图书馆参考咨询部的支持创作的信息素材。与此同时,国家图书馆竞争情报服务也在逐步扩展范围,业务上从最初的剪报服务到涵盖专题咨询、舆情监测分析、竞争情报收集分析等多种形式的服务内容。国家图书馆和文旅部办公厅合作实施了"文化领域的舆情咨询系列项目",并向文旅部的高层管理人员提供包括文化领域的舆论监控报告、文化工作媒体宣传影响评价等多种服务。国家图书馆的深度参考咨询服务树立了不少经典案例,这些服务典范保持着良好的声誉,持续发酵,并辐射到全国各地。

**2. 与时俱进,丰富服务内容和方式**

在新科技驱动的网络时代中,图书馆需要保持其服务的先进性和适应能力以应对变化的市场需求和客户期望。比如,针对深度研究型查询的服务上,由于整个社会的专利权维护观念日益普及化且涉及越来越多的侵权案例,因此我们必须寻找一种有效的方式来降低民众获取相关文件所需的高昂成本及困难程度。为此,图书馆及时推出了检索证明服务。通过充分运用丰富的馆藏资源,图书馆已成为解决知识产权事务纠纷所搜集关键证据材料的重要第三方机构,此项业务量逐年上升。此外,对于公共的基本参考咨询服务,图书馆借助信息技术,服务方式方法越来越现代化,以此提升他们的体验感。比如,RFID 自助式证件办理机的使用就极大地方便了读者,减少了读者等待的时间。在解答一般的咨询问题方面,除了咨询台的综合人工服务或电话咨询等方式之外,图书馆将众多的知识数据库进行了整合并且建立了一个完善的数据共享平台以便于大家随时随地的在线提问或者网上实时咨询。

### 3.开放分享,积极开展参考咨询服务的协作

近年来,国家图书馆主动与业界的图书馆进行参考咨询服务的协作,并且在此基础上进一步发展。自2018年起,开始组建业务协同小组,借助数字化图书馆推广计划来融合行业内的现有合作方案,并强化对参考咨询网络的构建与宣传。全国图书馆参考咨询协作网络致力于推动协作联手和经验共享,为所有参与参考咨询工作的图书馆工作人员提供了一个沟通的渠道。该网络采用多种方式如现场培训研讨会、实际考察学习和在线分享优秀案例等,旨在提高图书馆参考咨询人员的职业技能,增强他们的服务观念,从而在全国范围推进参考咨询服务的标准性和规范性。利用国家图书馆提供的参考咨询服务协作机会,可以充分发挥其丰富的馆藏资源优势,分享服务经验,进而提高服务质量和服务效率,最终达到资源分配效果的最优化。

## (二)发展瓶颈

### 1.创收压力大,业务发展存在失衡的危险

随着信息技术的不断进步和文化事业的蓬勃发展,国家图书馆在丰富馆藏资源的支持下,用户咨询服务量和委托项目数量持续增加,创收额度也相应上升。然而,这种创收任务的增加也带来了一些问题。作为公益性事业单位,图书馆得到的拨款有限,一些部门不得不通过各种方式进行创收以弥补资金短缺。近年来,国家图书馆的检索证明服务业务量持续创新高,虽然该项服务对咨询馆员的专业能力要求不高,工作流程较为程式化,为了满足用户需求,咨询馆员经常忙碌于处理这项服务,无暇从事其他服务工作。相比之下,传统的社科咨询业务需要丰富的知识储备和较多的智力劳动,尽管耗时较多但收费标准相对较低。然而,随着检索证明服务量的增加,传统社科咨询业务受到影响,创收来源单一化,咨询业务难以获得创新拓展,咨询馆员的咨询能力也得不到提高。

### 2.社会信息化程度高,对咨询馆员提出更高要求

伴随着网络技术的进步和社会大众共享意识的提升,人们获得信息的途径日益多样化。社会的数字化进程不断深入,不仅各类在线搜索工具和

服务站点方便了人们的资料搜寻工作,同时,个人信息素质的提升也使得他们自我寻找与获取资讯的能力得到强化。在此种社会氛围中,图书馆坚持以公平、公开、共有的原则面向公众提供服务,如国家图书馆实施着"全年候"开放政策,允许访客无限制地使用其所有数据库资源或者通过远程连接来访问一部分的数据库资源。所以,对于图书馆的有偿咨询服务,访客们有着更为严苛的要求和期待。而国家图书馆的参考咨询部门所接纳的服务请求,是在客户已经进行了初次搜索或被授权由其他图书馆进行调查之后仍未解决问题的情况,这无疑是对咨询人员的专业技能、解析搜索技巧提出了一项更高的挑战。

### 3. 知识产权保护意识提高,服务规范性的要求增加

依托于丰富多样的国家图书馆馆藏资源,参考咨询部的核心功能包括满足客户需求提供的文献复制与文献传递服务和通过专家团队的专业解读来深度解答问题。尽管复制服务方便了顾客,然而如果缺乏严谨的管理措施,可能会违反版权保护的原则。随着我国对侵犯知识产权行为打击力度的日益加大,作为国家级公共文化服务机构,国家图书馆需要在遵循《中华人民共和国著作权法》的前提下,妥善处理好向公众提供参考咨询的服务工作,这已经成为一项必须高度重视的工作。

## (三)解决策略

### 1. 重视深层次参考咨询服务,增强核心业务技能

图书馆服务的核心是满足读者对信息的深层次需求,因此,图书馆应该全力做好参考咨询服务工作。

(1)结合业务外包和劳动租赁的方法来缓解咨询馆员的负担。近年来,图书馆的外包任务不断扩张,甚至延伸至参考咨询的服务范畴。对于那些步骤明晰、规则清楚且执行能力较强的业务,图书馆可以采用外包的形式以降低咨询馆员的工作负荷,让他们能够专注于关键业务,优化参考咨询服务,从而增强他们的核心竞争优势。在这个过程中,咨询馆员更容易体验到成就感和自我价值,同时也能促进他们职业技能的发展。目前,劳动租赁已经在图书馆的参考咨询服务中广泛使用,特别是涉及复印、证件管理、综合

咨询台等工作,其中大部分都是由派遣员工完成。利用这种方法补充人力,既有助于减少咨询馆员的工作压力,也有益于参考咨询个性化的实施和服务知识的推广。无论选择哪种方式(如业务外包或劳动力租赁),图书馆都需加强对职工的专业训练和监管,增加审查强度,设定合适的评定体系,确保服务品质。

(2)提升办公室的信息化与智能化建设。通过优化设备配置并增强其性能,可以有效地提升工作效能。比如,主要收入来源于文献查阅及论文引用的参考咨询服务的图书馆,由于提供的证明文件通常附有大量的附加材料,这使得工作人员必须花费大把时间去盖上公章和骑缝章。为确保此种工作的标准化,国家图书馆开始实施相关措施。电子签章系统在2018年9月9日正式启动,使得证明报告的电子签章和存档成为可能,这极大地提升了工作效率,并减轻了咨询馆员的工作压力。

**2. 提升咨询人才队伍的建设,重视对咨询馆员专业技能的培育**

参考咨询属于深层次服务,对咨询馆员的要求较高。这意味着咨询馆员必须深入掌握文献信息的内涵并精通本机构收藏的信息资源及其在线网络资源。同时还需熟练运用各种参考工具书与检索引擎来获取所需的数据或研究材料。特别是在当前的新科技时代中,公众普遍拥有强大的电脑技能且能有效利用网络搜寻数据的能力使得这种高级别的协助工作面临巨大的压力。为了应对这一情况,应注重参考咨询人才队伍建设,加强咨询馆员业务能力的培养。首先,应提高他们在行业内外的交流频率以便更好地把握最新的发展趋势,并在国内国外借鉴成功案例;其次,可以定期举办由业内权威人士主讲的专业讲座或者研讨班以此扩大更多人参与学习的可能性和范围;最后,可安排一些资深咨询馆员传授实际工作经验并且提倡内部人员的互相沟通,共享心得体会,促进共同发展进步。

**3. 持续推进参考咨询协作,实现信息共享**

依靠于数字化图书馆普及计划,国家图书馆积极地充当领导角色,并在参考咨询服务协同领域取得了重大突破。设立业务协作小组使得参考咨询协同业务有专人负责,同时,国家图书馆也在逐渐整合行业内已存在的合作方案,并强化对参考咨询协同网络的建设和宣传力度。然而,作为主导者的国家图书馆所推动的全国参考咨询协同网仅局限于图书馆间的互动,并不直接向公众提供服务。与此形成对比的是,日本图书馆参考咨询协同工作的主要成就之一就是创建了日本图书馆协作参考咨询数据库,这个数据库是以日本国立国会图书馆为中心,包括日本公立图书馆、高校图书馆及特种图书馆等多方共同构成的信息查询核心,通过收集整理来自各个图书馆每天的参考咨询纪录来搭建出联通的数据库。所有参加的图书馆都会把他们独立完成的参考咨询实例输入数据库中,从而实现资源共享,其他人可以通过搜索关键字获得这些实例的相关信息。此外,国家图书馆也可以利用全国参考咨询协同网在国内范围展开参考咨询实例征集活动,打造一个让图书馆之间相互沟通、分享的平台。

### 4. 严格按照相关法律规定提供服务

根据《中华人民共和国公共图书馆法》的规定,公共图书馆必须遵循相关的知识产权的法律和行政法规规定,要依法保护和利用文献信息。涉及知识产权保护的法律和行政条例主要包括《中华人民共和国著作权法》《中华人民共和国著作权法实施条例》《信息网络传播权保护条例》等。图书馆在严格遵守相关法律法规的情况下,应开展参考咨询业务,为用户提供文献复制服务、文献提供服务、馆藏文献证明服务等。

(1)加强对相关法律法规的学习培训。很多咨询馆员并没有法学背景,对知识产权保护的理解也不够深入。如果他们缺乏这方面的法律认识,就可能会出现过度复印等问题。图书馆应该加强对相关法律规定的培训,以提升咨询馆员的法律意识。

(2)设定清晰且统一的标准政策。现行中,图书馆对复制品的规定限制为不超过整本书的三分之一份额。任何人在获取相关的文本信息之前必须签署一份《中国国家图书馆文献提供中心版权声明》。此声明表明:由国图提供的服务仅用于个人的自学或者科研用途及学校的教育课程等领域内。若有人超越了《中华人民共和国著作权法》所设定的合法利用范畴而导致侵犯知识产权的行为发生,就须负相应法律法规的责任。

(3)强化公众的认知和教育。为了方便读者自行打印资料,很多图书馆已经在阅读区域安装了自动打印机。同时,他们也应该采取一些措施来提高大众对知识产权保护的认识,例如,在打印机的附近放置有关著作权的提示信息,并定期举办关于此主题的教育活动。这样可以有效地减少因过度复制而引发的问题。

# 第二节　图书馆咨询服务的转型

## 一、概念界定与内容比较

### (一)传统咨询服务与信息咨询服务的概念

#### 1. 传统咨询服务

在图书馆业务工作范畴中,传统的咨询服务是指图书馆咨询馆员借助图书馆的资源,协助读者查找所需文献信息,读者和大众能够在浩如烟海的信息中获取有价值的信息内容,进而实现娱乐、学习、研究等各种目标。

#### 2. 信息咨询服务

信息咨询服务是指在互联网环境下,图书馆咨询馆员通过网络与用户直接交流,充分发挥馆内网络信息及数字化资源,协助用户找到所需的信息,解决实际问题或疑惑。这种方式也可被视为数字参考咨询或是虚拟参考咨询。信息咨询服务是于 20 世纪 90 年代开始出现且不断发展的新兴参考服务,它融合了传统的参考咨询服务的理念,并应用电子商务线上客户支持的实践经验,借助参考咨询的服务平台,包含网络上的数字讨论区、实时对话和互动式问答,以及专业的顾问服务等,来满足用户对各类数据的需求,建设全面的数据库系统,以便用户可以随时随地查阅和使用这些资源,提高整体资源的使用效益,减少时间和成本。

### (二)传统参考咨询与信息服务方式的比较

参考咨询是指图书馆员面对读者的问题进行相关分析和解决的交流方式。传统参考咨询服务和信息咨询服务区别如下:

## 1. 信息咨询服务对象多元化

信息咨询服务对象不只局限于教育和科研机构,而是延伸至社会各个层面,涵盖所有利用信息的个人和团体,致力于满足读者多样化的需求。

## 2. 信息咨询服务方式的深化

传统咨询服务只限于读者与馆员面对面交流,但信息咨询服务则可通过远程和网上咨询为读者提供服务,使读者无须亲临图书馆,打破了空间和时间的限制,实现了无墙图书馆的目标。

## 3. 利用信息咨询服务能为读者提供大量的信息来源

网络涉及的领域众多,图书管理员可以通过利用网络虚拟馆藏向读者提供全面、快速、深入、精准的信息,克服了纸质文献资源的局限性。在社会不断发展的情况下,仅依靠纸质文献资源将难以满足读者的阅读需求。纸质馆藏和数字馆藏各有不同。首先,数字化文献资源的数据量庞大且功能完善,包括了传输、存储与下载等多种能力;其次,数字资源更新的频率高,展现出灵活性和动态特性;最后,传统的纸张书籍需经历打印复制才能被广泛传播,然而数字化文献无须打印复制即可快速在网上传播。数字资源种种优点都是纸质书本所缺乏的。尽管如此,我们不能忽视纸质图书的重要性,因它们构成了数字化版本的基础。简而言之,数字文献不过是对纸质文献的一种信息化表现形式,因此两者之间存在互补、互相依赖及共同进步的关系。这也表明图书馆工作人员应认识到随着馆藏体系的变化,现有的参考咨询模式已不再能满足图书馆的需求,他们必须调整自己的观念来适应社会的变迁。

## 4. 信息咨询服务检索设备的先进化

以往的参考咨询服务模式较为死板且被动,主要依赖手动搜索工具以解答用户提出的疑惑。具体表现在:工作人员会针对问题寻找并查阅相关文档资料予以回答;或者协助引导用户自行搜寻所需资源。然而,这类传统保守的服务仅能处理部分特定问题的查询,但信息参考咨询则借助互联网技术解决了这一难题,减少了许多复杂的过程。例如,电子书的推出广受大众欢迎,其小型化、高容量的存储空间及便携性等特点使得读者能够随时随地在线寻求答案,同时,图书馆员可以通过 QQ、E-mail 或微信与读者互动,这种简易高效的搜索方法大大缩短了读者的等待时间,更全面地满足各类读者的阅读需求。

**5.信息参考咨询要求馆员具备广而精的知识**

与传统的参考咨询相比,信息参考咨询对图书馆工作人员提出了更高层次的需求,他们须具备特定领域的知识并能作为该领域信息的引导者,以提供包括古代、现代及全球范围内的各种相关知识发展史和当前状况的数据。

总而言之,随着网络资源的持续创新和各类数据库的大规模使用,这必将会加速图书馆的进步改革,因此,我们有必要让图书馆的参考咨询服务由旧模式转向新模式。

# 二、图书馆信息咨询服务所处的社会背景

## (一)知识经济对图书馆的影响

在 21 世纪 90 年代末期,知识经济成为驱动全球经济增长的核心力量。这使得图书馆能够充分展示其服务的价值与影响,并进一步提升了社会的收益。作为一种源于人类为了自我生存及进步所产生的社会经济活动中的产物,知识最终会在更高的层面上为人类的社会发展需求提供持续的智力支持。这种由知识经济驱动的社会变革引领我们进入一个全新的历史阶段。

## (二)网络对图书馆信息咨询的影响

随着信息传输技术方式的发展,知识的保存和传递发生了变革,人们在全球范围内访问并分享所有图书馆所收藏的信息资源。这种转变不仅实现了资源的共享,还为图书馆提供了全新的发展机会与挑战。首先,由于互联网技术的进步及其对各领域的深入影响,图书馆的服务质量得到了显著提升。这使得图书馆不再受限于实体书籍的数量,也让馆员与用户之间的沟通变得更加直观、清晰且有针对性。与此同时,大量的公众开始能够通过网

络获取所需的信息,如果图书馆仍坚持传统的方式提供服务,那么就会导致大量信息用户的流失。

## 三、图书馆发展信息咨询服务的基础条件

### (一)丰富的馆藏

在这个知识信息爆炸的时代,单个图书馆的财力有限,无法购买呈指数级增长的知识资源。然而,随着文献保障体系的构建,文献传递、馆际互借和资源共享成为可能,极大地丰富了图书馆提供信息咨询服务所需要的信息来源。

### (二)信息处理技术

信息处理技术的应用已经由传统书籍编码与标注扩展至目录制作、文献记录等领域,并逐步构建出一套完整且系统的数据整理理念及其实际操作方法。这得益于有强大的数据库管理能力并且不断更新的硬件设施以满足读者的需求——快速而精确的数据搜索功能是读者的期望所在。

### (三)高素质专业人才队伍

自动化和电子化的工作模式将逐渐取代传统的工作方法,图书馆馆员必须具备这种能力。精通电脑操作并掌握基本网络知识是必要的,培养跨领域或者多领域的复合型和创新型馆员,有助于更有效地应对新一代的信息环境需求。对于高质量的专业团队来说,成员需要有卓越的个人特质。这些特质包括对工作的热情、个性和习惯等,它们构成了个人的稳定特性。高效的工作表现、反应速度、精准度和逻辑思维能力都是必不可少的。具体表现如下:

(1)以读者需求为核心。紧跟读者的需求,设想读者的期望。只有在与读者进行深入交流后,图书馆馆员和读者才能建立起相互之间的信任和理解。

(2)必须对工作保持热忱和兴趣。兴趣是成功完成任务的根本。如果没有兴趣,就很难全身心地投入工作中去,也很难全力以赴地完成任务。只

有当图书馆馆员对自己的职责感到热爱时,才会愿意投入工作中,并且愿意在工作中投入大量的时间和精力。

(3)需要坚定的毅力和决心。信息参考咨询并非易事,尤其是在科技进步和服务的扩展、内容的深化以及技术的日益复杂化等影响下,对咨询人员来说,面临着巨大的压力与挑战。只有做好充足的精神准备,有足够的毅力和决心,才能有效应对各类潜在的问题。

## 四、向信息咨询服务模式转型的具体方案

### (一)建立一个完整的咨询数据库

当用户希望获得图书馆工作人员的支持时,他们首先会在数据库存储的信息中寻找所需询问的事物。若能找到答案,则可以节省很多时间和环节。所以,为了满足这一需求,构建一个易于查询的数据资料库是首要任务。显示界面简明清晰、常见问答内容丰富的咨询数据库会受到用户的青睐。此外,我们也应创建这样一个相似的数据库,图书馆工作人员在此基础上提供咨询建议并将其成果与相关内容一同展示出来,这样既可缩短时间,又避免了重复劳动,最终给用户带来了便捷的服务体验。

### (二)建立实时的信息参考服务模式

图书馆馆员可以在图书馆官网上设立实时资讯平台及链接,用户可以通过点选的方式直接与馆员展开即时交流,进而提高资讯查询的效果。尽管这种线上对话的形式确实需要投入人力和资金成本,但对用户而言,这无疑是一种更有效率的信息获取方式。一是用户可以在家庭或办公室中实现即时的交流和检索图书资料,这既简易又快捷;二是这种方式能保证询问过程的一致性和连续性,避免因接听电话而受到干扰;三是实时的资讯查询服务有助于推动资讯知识的及时分享,使馆内员工及管理人员可以同步查看同一份网页内容,同时也为他们提供了便捷的管理指引,以便更快解决疑问。

### (三)强化信息网络建设

为确保资讯信息的快速传播与便利使用,解决因网络故障而导致的资

讯失误问题是不容忽视的。借助信息科技的进步及拓展,创建一个全面且多元化的信息化网络系统,让用户能立即获取对他们有益的信息,打造出一个数字化的参考服务平台,使得各种资料信息可以清晰地展示出来并公之于众,无论身处何地的用户都能从数字媒介中获得所需的信息,进而提高整体社会的运作效能。

### (四)加大对于信息参考咨询的教育和普及

在互联网环境下,处理繁杂且不断变化的数据源,应思考如何运用科技工具来降低读者的搜索负担并提高整体信息的查询效率。这不仅是图书馆的管理者所面临的问题,也是必须解决的关键问题。为此,参考咨询部可依据实际情况,组织针对性的培训课程或研讨会,编写特定数据库的使用说明书及用户指导手册等,以方便读者操作,同时也有助于充分发挥图书馆信息查询的服务能力。随着网络信息化程度的加深,图书馆也需跟上时代步伐,传统的信息咨询服务方式已无法满足大众对资讯的需求,故须逐步转向信息咨询服务的新模式,构建完善的咨询数据库,实施实时信息参考服务,增强信息网络建构,加大对信息咨询教育推广力度。唯有如此,方能满足公众对信息资料的需求,进而提高图书馆信息咨询服务水平。

## 五、智库理念下图书馆参考咨询服务的转型与构建

### (一)智库理念对图书馆参考咨询服务的影响

#### 1. 在形势变化的背景下图书馆需要加强智库研究

随着全球一体化的发展,各国信息交流日益频繁,因此引发的文化、政治矛盾增加,国际关系处理和公共管理面临着更大挑战。对于业务管理的执行者来说,他们越来越注重构建知识库来解决问题,特别是那些复杂问题。然而,由于信息科技的高效进步,数据和信息量正在快速增加,为了提升大量信息的处理能力,公司和社会组织都急需获得知识库的支持。同时,多种新型媒体工具的使用使信息传播变得更为方便快捷且精确无误,这给图书馆带来了新的信息提供方式,并对其参考咨询服务的质量提出高标准

要求。鉴于互联网时代的智库建设的强烈需要,必须深入了解目前严峻的市场环境,透过全面的研究确定目标,以便推动参考咨询服务的升级。

**2.图书馆丰富的馆藏资源是智库建设的基础**

馆藏文献资源不仅是开展学科研究的工具,也是建立专业化智库和提供科学决策的必备条件。随着我国信息化水平的提升,各地图书馆实现了信息互通,促进了学术交流与信息共享,进而提升了用户的服务体验。此外,图书馆注重采集、整合和加工数据资源,致力于通过挖掘大量信息来提供更有价值的参考咨询服务,为打造专业智库奠定了基础。

**3.用户需求的变化推动图书馆理念转变**

智库理念的兴起与发展,不仅改变了公共决策和咨询模式,也改变了智库用户获取信息的方式。如今,人们能够通过移动网络轻松获取大量信息,传统图书馆的服务功能渐趋式微,更多用户希望获得专业化信息,因此对智库的参考咨询服务需求也日益增加。智库用户要求图书馆能够快速整合资源,提供更准确真实的参考咨询服务,同时希望图书馆能及时创新参考咨询模式。因此,作为智库建设的辅助机构,图书馆需要根据实际情况寻求转变的发展道路,通过针对性较强的资源整合,为智库建设提供保障,更好地满足智库用户的信息需求,体现图书馆参考咨询服务的价值。

## (二)基于智库理念的图书馆基本信息服务内容

图书馆具有搜集、传递、整合信息资源的功能,实质上是特色智库的资源供应机构,在智库研究中发挥着独特且无法替代的作用。从智库用户需求的角度来看,图书馆可以提供的基本信息服务模式包括智库成果的采集、个性化的资讯推介、智能搜索及解析等。

**1.智库成果的采集**

智库建设的成功取决于是否能够迅速获得大量且精确的信息数据。近些年,从世界各地搜集和获取更多的知识资源已逐渐成为图书馆研究的一个焦点。比如,兰德公司的 RAND Review 是国际知名的智库之一,其每日产出的智库报告涵盖了大量的研究材料,这使得学者们可以通过这些一手素材来深入挖掘复杂问题的背后隐含的信息内容。而图书馆作为一个重要的支撑机构,除了要依据智库的需求去收集相关文献外,还需特别留意智库报告的收录工作,特别是要及时捕捉到那些揭示当前社会热议话题的研究成果,以确保智库的长久稳定运营。

### 2. 个性化的资讯推介

图书馆借助各类数据处理设备工具,收集并解析各式各样的用户资讯习性、资讯行动及资讯喜好,然后依据不同的用户特性来设计定制化的服务策略,向他们供应能满足个人需要的信息服务,这便是个性化的资讯推介。图书馆把智库用户当作服务的对象,依照他们的资讯需求和个人特色,供给适合他们口味的信息工具、资讯取得途径和资讯资料。经过资讯素质的教育,使智库的使用者熟悉图书馆收藏的资源分类、分布和内容编排的方式,理解各种资讯资源的整理处理的方法,熟练运用各种资讯系统,这样就能更好地为智库的发展提供助力。另外,图书馆应用资讯推介的技术,对智库使用者的基本特质进行剖析,建立智库使用者需求模式,将图书馆的资源与使用者的需求相配对,从而提升资讯服务的效能。

### 3. 智能搜索及解析

在这个网络化世界中,信息的数量以惊人的速度增加,这不仅使我们能轻松地获得大量的资讯,也产生了各种形态的数据资料,让信息生态更加繁杂。对智库的使用者来说,现阶段并非找不到获取资讯的方法,而是在于如何更有效率地搜寻、筛选并整理这些资讯。同时,在智库的发展过程中,需要使用者理解资讯的源头,透过深入研究庞大的数据来挖掘出更多的可信赖、实用且高质量的内容,从而彰显其信息资源的实际应用价值。图书馆工作人员因接受了专业的训练并且有着长时间的服务经历,具备深厚的信息处理技巧,熟知各类数据库的特点、查询手段及其逻辑特性,同时也精通各类型数据资源的分析策略。因此,他们可以给智库创建者提供协助,让他们更容易找到更有价值的信息,把众多数据转化为情报或知识,进而更好地推动智库知识的形成与传播。

### (三)基于智库理念的图书馆参考咨询服务转型方向

图书馆凭借其稳定的馆员团队和丰富的馆藏资源,并有众多跨领域的知识精英为其提供支持,因此在建立智库的过程中具有无可比拟的优越条件。目前,图书馆正通过应用智库理念来优化基本的服务,进一步提高参考咨询服务的质量。把创建参考咨询智库视为发展重要策略,为参考咨询服升级转型做好稳固的支撑。

### 1. 建立参考咨询数据库是关键的第一步

数据储存体系对于智能化的查询和回答系统的形成至关重要,它同时连接了图书管理人员及使用者之间的互动关系。其核心部分涵盖:搜索引擎功能(用于知识检索)、客户端接口(以满足用户需求)、提问-回应流程控制处理模块、专家协同模块等。其中知识检索平台负责对各种类型的数据源加以整理归纳以便更有效地利用这些信息来源;提问-回应流程控制处理模块在于记录问题与相关解答,形成问答档案,把来自不同渠道的相关问题的询问及其对应解决方案都一一保存下来供将来查阅或再次访问之用,提升效率和提高质量;专家协同模块为客户选择最优的专家解答疑惑,更好地获得专业指导,同时为智库建设提供专业建议和人才支持服务。

### 2. 对数据库资源的持续更新和优化

为了展现自身独特的资源优势,图书馆需要建立各种类型的数据库,并且不断地创新与转换各种文献资料。此外,作为一个主要的信息参考服务中心,图书馆会通过多种途径来搜集信息并对之进行有秩序的管理,从而进一步丰富和扩展数据库资源,这不仅可以方便读者在庞大的数字世界里找到他们所需的有用信息,还可以为其提供的智慧决策提供必要的资源准备,进而提高信息的有效使用率。比如,上海海事大学的图书馆就结合了多个开放的信息网站,购买了一系列如 PortsOnline、航运咨询报告等具有海事特征的信息资源,创建了一个拥有独特海事元素的数据库。与此同时,还把海事法律、航运物流、船只安全等方面视为建设的核心内容,通过网络平台、海事快讯等多种方式全面采集国内外的海事最新资讯,以此为他们的信息参考工作提供重要的情报支援。

### 3. 构建组织架构和管理体系制度

图书馆的参考咨询服务如果没有适当的管理体系制度和健全的组织架构,很难对用户行为进行有效控制,这必然会对参考咨询智库的运作产生负面影响。为了提升执行效能并且优化参考咨询的服务品质,图书馆必须尽早建立合适的组织架构及运营策略,积极投入智能库的研究中去,寻找出有效的路径来实现智能库的发展和服务。同时,需要明晰各个员工的责任范围,制定合理的管理规定,以便于更好地控制智能库的使用者,激励他们进一步研究。在我国提倡全力打造有特点的智能库的大环境下,一些图书馆得到了政府部门的支持,也有能力联合其他文化单位一同推进智能库的研究工作。然而,创建智库并不容易,图书馆需严肃考虑其自身的优势所在,用严谨的规定规范员工的操作行为,并利用印制刊物、发布文章等手段,增强公众对于参考咨询服务的认识,从而吸引更多的支持者加入其中。

### (四)基于智库理念的图书馆参考咨询服务拓展策略

通过构建信息查询与建议服务的知识库并建立有效的管理系统,为我们提供了一个新的视角来看待参考咨询服务的未来发展。因此,为了实现对参考咨询服务的全面拓展,图书馆必须以智库的角度精确地确定其位置,并且要顺应市场的变化,从而提升其服务能力。

#### 1.构建图书馆智库系统

很多机构在扩展新的业务活动的同时,往往难以平衡其他的业务,因此有必要明确自身的核心竞争力并挑选最具竞争力的领域。作为协助公众做决定的专业机构,智库涵盖了诸如国际事件处理和公关管理的多个层面,不同类型的智库在员工组成、生产模式及研究主题上有所区别,图书馆应当优先寻找擅长且熟悉的领域来开展智库工作,持续追踪相关的研究结果以发掘新型的知识和服务方法。对于图书馆参考咨询服务的智库建构来说,诸多要素会影响到它的形成,例如法律法规、文化和客户需求等。当确定将智库转变的服务参考咨询作为方向时,需要全面考虑到这些因素,从服务目标、人力资源和法规体系等方面进行深入评估,配合当地的社会经济环境制定策略,建立健全的管理结构,扩大智库研究范畴,从而更有效地实现参考咨询服务的功能。

#### 2.提升服务的多样性

在网络化的环境下,为读者提供多元的服务是图书馆转变和发展的重要基础。通过对书籍资料的个性化配置、教育的辅导与支持、商务信息的收集及举办各种丰富多彩的活动,有效地扩大参考咨询服务范围。传统上,图书馆提供的参考咨询主要集中于图书借阅方面,随着服务形式的变化,需要从被动的接受读者的提问转向主动搜集读者需求,并持续优化参考咨询的方式和服务内容。此外,图书馆还可以引入如微博、微信等新兴媒体平台来满足智库研究服务的实时需求,并提高其效能。比如,上海图书馆就借助自己的公众号向公众提供各类资讯与学习辅导的服务,而无须任何宣传手段,短时间内,已有超过 2 万人享受到了这项无偿的信息咨询服务。

### 3. 借鉴市场营销理论

随着全球经济文化的融合持续深化,大量的外国公司或者独立公司进入我国,这不仅推动了国内企业的成长,同时也加剧了市场竞争。许多公司为了能在这种严峻的市场竞争中保持稳定地位,必须依据对市场趋势的研究做出明智的选择,并积极扩大其市场占有率。同样地,对于智库观念的影响,如果图书馆想要扩展参考咨询服务的领域,就必须应用市场营销的原则,面向各行各业的人群提供更广阔的参考咨询服务,从而使馆藏的信息资源得到最大化的使用。作为一个信息资源中心,图书馆应当把用户的需求放在首位,充分发挥出参考咨询智库的功能,并且运用市场营销原理去扩张服务范畴。因为一个完整的产品销售流程包含着寻找潜在消费者、宣传产品和服务的内容等方面,所以图书馆要能吸引更多的顾客,就要在每一个阶段都做足市场营销的工作,使得智库概念被大众所接受,以此获得更多的支持者。智库是一种国家软实力的象征,它可以成为公共管理的有效手段和政府决策的关键辅助工具。图书馆通过实施智库理念来发展参考咨询服务,探寻新的参考咨询服务方式,首先要做的就是智库的成果搜集和建立人力资源组织架构。此外,图书馆还需充分利用各种先进的技术,与其他的组织协作创建参考咨询智库,全面提升参考咨询服务的性能,这样才能更好地应对信息时代带来的新挑战。

# 第三节　图书馆读者服务工作影响要素与拓展领域

## 一、图书馆读者服务工作影响要素与对策

### (一)图书馆发展的必然趋势就是不断升级读者服务工作水平

图书馆的日常服务工作,也就是读者服务,不仅是其基础职责,更构成了其生存的根本。所有这些活动,最终都要为读者和用户提供信息服务。运用高科技设备及丰富的馆藏资源并借助完善的数据传输系统向阅读者提供有用资讯,更为关键的部分在于需建立全新的客户导向思维模式以更好地理解他们的诉求并在第一时间响应他们的问题。在这个充满信息的竞技场上,唯有始终坚持"为了读者,争取读者"这个核心原则并将重点转移到对消费者的需求分析之上,才能够在这片红海之中保持竞争力,持续关注、深入探索这些变化多端的市场动态。因此,提升对于消费群体的服务质量已成为图书管理部门生存发展的重要基础条件和社会进步的要求之一,同时也应视为所有活动的基础起点及其最终目的所在。

### (二)图书馆在为读者提供服务时遇到的具体挑战

对于图书馆来说,它的运营效果和社会价值取决于读者的期望值,即他们对服务的信任度,以及他们对工作人员能力和质量的接受程度。无论图书馆提供的服务方式或内容发生何种变革,无论是借阅还是参考咨询,图书馆的核心任务始终是以满足读者的需求作为终极目标,并以此来确保读者的满意度,同时坚持实际有效的原则。由于大量文献信息的涌入,读者们对图书馆的服务产生了更高层次的需求,那就是能在尽可能短的时间里,高效且专业地向读者传递所需的信息。这已成为目前图书馆工作面临的具体挑战。

#### 1.图书馆管理体系存在缺陷,馆员的专业技能不足

在新阶段,图书馆需要一批拥有深厚经验且具有强大信息处理与运用

科技技能的专业人员。他们应具备广泛的信息搜集及整理文档的能力,并能研发各类层级的信息商品,提供多样的项目服务。然而当前的图书馆体系只赋予了管理权力,却无关于人员的任命权,导致其成了一些人的庇护所,如家庭成员或亲友,甚至部分机构的管理者。这引发了图书馆内专业人才的短缺问题。如计算机科学、情报学、信息科学等相关领域的人才严重不足。此外,目前图书馆的相关规定并不完备,包括馆长的选拔和各部门负责人的任命机制,员工的责任分配,人才的发展和持续培训,工作的绩效奖励措施,以及员工对于自身职业发展的理解程度都存在缺陷。再加上馆内的职员年龄分布、职称等级、个性特征、性别比例、受教育水平等方面的不平衡配比,进一步加剧了问题的复杂化。由于人们的工作心态和生活需要不断变化,因此无法就某个任务达成一致意见,导致团队合作困难,缺乏协同努力。拥有深度专业的图书馆工作人员很难在实践中发挥其才能,只能专注于烦琐的借阅归还流程,无暇顾及深入的研究与信息服务,这极大地打击了他们的热情,让他们失去了自我提升的动力。当面对不是自己职责范围内的事情时,往往采取"能避则避"的心态,用诸如"我不了解""去找其他人吧"等方式来敷衍读者,使得彼此间的责任推脱和争吵频繁发生,从而降低了服务的品质。

**2.资金短缺,现代化的管理和设备相对落后,购书量下降**

伴随着大量的在线数据库的产生、电子期刊发行以及旧有的数字转化过程,电子信息资料已经成为信息时代的图书馆文献信息的主要来源。然而,随着现代文献资讯量的迅速增加,其内容的复制品和交叠部分也越来越多样化且复杂,单纯依靠传统的人工搜索方法显然不能有效地收集、处理、存储和查找这些庞大的数据。因此,利用电脑搜索、光碟搜索或互联网搜索等方式,特别是通过互联网获取相关信息,对于用户来说变得非常关键。因此,图书馆的服务范围也在逐步扩大,由提升传统纸质图书收藏转向提供更多元化、以电子形式呈现的数据和服务。但受限于资金问题,我们无法购买最新的办公工具和构建网络系统,导致图书馆的联网公共目录无法实现文献资源的共享,并且用户也无法获得他们需要的信息。此外,近年来的书籍和杂志的价格上涨,使得图书馆订阅的种类和数量有所下降,这大大影响了读者的需求。

### 3. 深度文献信息开发和服务工作不足，馆际互借服务少，文献信息资源利用率较低

因为传统图书馆主要关注书籍收藏，其存储结构与规模限制了阅读服务的广度和质量。同时，受到传统思维的影响，图书馆的管理更倾向于"藏"而不是"用"，对现代化的理解不足，缺少创造性的思考，对于开放的态度也较为保守，未能充分利用信息服务来扩大社会的接触面并满足用户的需求。作为文化教育的重要场所，同时也作为一个知识整合中心，图书馆应该焕发新生机，提高社会效应和经济效果，给公众提供多样的信息服务。现在很多公共图书馆的主要业务是基于半开放式图书期刊借阅、电脑目录查询、电子出版物的浏览以及网络访问等，很少有关于图书馆间的资源共享的服务，各行其是，保持相对独立的状态。因此，文献信息资源的利用效率相对较低，导致大量具有特色的文献被闲置和文献资源短缺的局面并存。由于专业人才的匮乏，无法进行更深层次的文献开发。

### 4. 宣传力度不够，难以被读者利用

作为收集、保存、管理并提供书籍资源的重要场所，图书馆肩负起引领人类思想、教导教育和塑造公众的职责。提升图书馆知名度和树立品牌形象有助于提高图书馆的服务质量，加深大众对于图书馆作用的理解。如果图书馆仅局限于简单的借阅和保管工作层面，无法通过独特的形象来吸引公众关注，也未曾积极向外界推广自己，缺乏针对公众的教育措施，资讯查询的服务范围有限，且与公众的交流互动方式并不完善或不畅通，就使得图书馆的社会地位和声誉受到损害。

### （三）强化优质服务树立新形象的思路

针对上述面临的挑战，当前图书馆的读者服务工作应采取积极应对策略。

### 1. 开展调查咨询活动

图书馆既要致力于满足读者的需求，又要充分发挥读者的智慧潜力，借助于读者的优点来提升自身的功能。这种做法不但可以获得公众的专业意

见、建设性的建议和社会效应,还能增强服务的效率,并有助于构建积极的社会联系网络。因此,我们需要搭建起图书馆与广大读者之间的紧密连接,加强他们之间的对话,以便获取读者的观点和反应,然后经过研究、整合和总结,制定出改进措施,再将其传达至各相关部门,用作未来服务行动的基础,进而实现服务品质的调控目标,推进各项任务的深度执行。例如,采用现场调查、问卷调查、内部调查或在线调查等多种方式来搜集数据、掌握民众的需求,全面理解读者对于图书馆的态度,捕捉他们的声音,为图书馆做出切实有效的决定提供依据,确保图书馆信息服务更加优质,同时也为打造良好口碑提供了基础,这样就能有效地平衡图书馆和服务者之间的供给关系,并在一定程度上宣传推广了图书馆的形象。

### 2. 开展特色服务项目

如今,图书馆已经不是传统的"藏书楼"了,它更像是一个充满吸引力且不断发展的文献信息资源的枢纽站。特色服务就是服务创新,其独特之处在于服务的革新,必须对所有与之相关的领域和服务方式做出改进调整,创造出优质的服务标签来赢得公众信任。首先,借助各类特色的主题展览或演示会等形式去推广影响力并且塑造良好的口碑;其次,为了满足特定的课题研究需求,积极进行跟踪服务,向相关人员提供最新的信息;再次,充分发挥馆藏文献资源的信息潜力,根据目标群体的需求定制专门的研究方案,同时也要确保提供的数据都是精炼易用的;最后,我们应该采取一些策略鼓励大家多看书学习。比如,定期给人们介绍优秀的出版物,指导如何正确地解读优秀书刊以便从中获取最有益的部分;引导读者避免无目的性的浏览,有目的地阅读,克服惰性;举办一系列的活动,如智力问答赛、公开讲座或学术报告等。

### 3. 建立各种专门阅览室

随着以计算机为主导的现代信息技术及其相关领域的飞速进步,图书馆需要构建特定的阅读空间,例如音频视频资料库、多媒体 CD-ROM 阅读区、电子图书区域、互联网检索中心等,以此来提供更好的环境让用户轻松获取所需的文件。用户可以在互联网上使用网络检索室内的电脑设备,简单快捷地浏览并下载、整理和修改各类文献信息。在这类专门阅读场所中,用户除了能够查看字符、数字、图片、影像等多种形式的静态数据外，还能体验到多媒体信息的动态内容。

### 4. 加强专业人员的知识更新

图书馆工作人员的专业素养对其提供的信息服务的品质有重大影响。因此，馆员需拥有深厚的领域专长、了解各类信息来源并擅长追踪和把握前沿动态，同时能够根据科学准则，创新地整合创新，从而发掘出信息的多种潜在价值。因此，必须组建一支符合新时代数字化图书馆需要且具备丰富学科知识和专业技能的人才队伍。首要任务是更新图书馆员的思想理念，摒弃传统的"收藏主导"与"闭门服务"模式，增强对外部环境变化敏感度，树立开放、竞争意识，鼓励馆员利用创造和革新的思维方式去面对信息服务工作。此外，作为图书馆的工作人员需要时刻保持学习的态度，吸收最新的信息科技成果来更新自己的认知体系并且扩大自身的理论素养深度，更好地理解用户的需求从而更有效地为其解决问题和服务。再者，重视计算机、图书馆学和信息管理等专业人才的引进和培养，以保证数字化资源库的开发和维护，胜任高效且深入的数据分析工作。最后，加强馆员的技术培训，让他们热爱本职岗位并对团队合作充满热情，要求他们在工作中选择相关的进阶科目或参与专业的技能培训班的学习以此达到全面发展的目的。

### 5. 加大对公共图书馆事业经费的投入

作为非商业机构且主要面向全体社会的公共图书馆，其核心职责就是向公众提供各种免费或低成本的信息和服务。由于它的非营利性质及对公众的需求响应能力决定着它是不能追求利润最大化的组织，因而不可能依赖自身收入来维持运营并实现可持续发展的目标。为了保证这一使命能够顺利执行下去，有必要由国家直接拨款或者通过其他途径筹集足够的资金用于支付各项开支。同时也要考虑到通货膨胀的影响从而适当调整预算以便保持合理的投资比率。此外，还需设立专门账户管理这些支出项目包括但不限于信息资源购置费、日常运作费及其他有关财务支出。总而言之，应该始终把重点放在如何更好地适应民众阅读习惯的变化上而不是一味地固守陈旧的工作模式，即从不懈怠创新探索新的方法去提升效率水平并在各个方面都做到更贴近用户实际要求应该是在工作中一直秉持的核心原则。

## 二、图书馆拓展读者服务工作的新领域

公共图书馆的发展历史悠久,虽然在整个历史长河中只是短暂的一瞬间,但如今已成为现代文明社会不可或缺的社会文化机构,其作用和影响已深入人心。随着社会科技的不断进步和市场经济的扩展,过去的传统借阅方式已不再符合用户需求,图书馆员工只扮演防守者的角色令边远地区读者难以利用图书馆。为适应经济社会和知识经济的发展,现代图书馆已不再固守陈旧的工作模式,而应实行开放多元化的服务方式。

随着时代的变迁,图书馆公共事业的功能持续扩张和完善。受到高科技创新的影响,现今图书馆正经历一次重大改革的过程。在这个过程中,每个构成要素都面临巨大的转变——特别是读者的需求和服务方式也在逐渐变化之中。传统的"壁垒"观念已经被打破,读者服务范围已经拓展到各个角落并变得更加广泛多元。如今,图书馆不再是传统意义上的实体空间或单一场所,而是一种没有限制的大型知识库或者说数字化信息中心,可以灵活使用各类有效的手段来满足不同用户的需求。因此,应该充分挖掘其潜在价值,通过整合现有信息资源与设施以拓宽新的业务范畴,从而更好地支持经济发展和社会文化进步的发展需要。

### (一)坚持以人为本的服务理念

为了使公众能够在一个更加宜人的氛围中享受读书与休憩时光,图书馆必须把人放在首位来设计公共场所及图书管理系统的方案。无论是外部的设计元素还是室内装潢细节都应遵循合理的规则并且严格执行。图书馆代表了城市的精神面貌及居民们的生活场所,图书馆的重要性是不容忽视的。所以创造出一种能让学习变得轻松愉悦的空间,让其成为大众工作生活的一部分是必要的。照明适度、室外绿化面积广阔有助于提高视觉效果,座椅也得根据人体工程学原理设置以便让人坐着舒服,看书或休息时能保持良好的姿势状态。馆内标语起到警示作用的同时要给人以亲切之感,让读者感到宾至如归。以"全方位服务、全公益服务、全社会共享"为服务方针,最大限度地满足读者各层级的不同需求。在具体执行过程中,需要遵循

以下几个原则。

第一,始终秉持以人为中心的服务观念,全面展示对人的关注和人道主义精神。根据读者的各种需求来尽可能多地提供各类知识、文学作品和资讯服务。

第二,在组织管理方面必须遵循人性化的原则。图书馆团队的专业能力高低对图书馆管理的质量和服务的影响至关重要,应该深入了解和挖掘员工的需求,重视人员间的互动,确保每个成员的目标都符合集体的目标,这样才能真正激发出他们的积极性和创新力。

第三,在制定规章制度时坚持以人为核心。根据这个原则,应该设立出能够反映本馆实际情况并且具有强操作性的管理条例,以便让管理工作有明确的指导和法律依据。

第四,在服务的特色中彰显人性化的理念。首先在保证对基础读者群体提供高质量服务的同时,尽量扩展读者服务范围。利用互联网和远程方式来与读者交流,最大程度地满足读者所需。其次,努力增加服务的时长,以便满足那些有不同上班时间的读者的需求,数字图书馆必须保持全天候的工作状态。此外,应该实施多元化、个性化、专业化的教育培训。用高品质的服务,优惠的价格,充足的服务时长来获得读者的认可,并确保"以人为本"的原则贯穿于每个管理的步骤和服务流程之中。

### (二)改革传统藏书结构,加强文献资源建设

尽管现今网络技术的进步使得各类文献资源数量大幅增加,依赖于传统的馆藏已无法完全满足读者的需求。这就需要对图书馆的信息资源建设提出新的更高标准。持续扩展搜索范围及类型的广度,从单纯的印刷型资料转向多种形式如印刷与电子型的混合存储方式,并且重点关注电子文献的收录比例。依据预算状况,要优先选择具有实际应用价值的数据库,确保每一笔资金都用到关键之处。此外,也需注意静态数据、动态数据、长期数据与短期数据、零散信息与整体系统的综合采集,以便全面提升图书馆所拥有的文献资源的体系化程度和完备性,这对于图书馆实现有效的知识传播和读者快速获得实用的信息至关重要。

### (三)加强图书馆虚拟馆藏和特色馆藏建设

虚拟馆藏就是当代网络信息资源。为了提高馆藏资源的有序性、规范性和可存取性,图书馆应当根据自身特点,组织人力和物力进行网络资源的搜集、整合加工和开发利用工作。

为了满足对公共服务的需求,图书馆必须依赖于数据库的使用。作为一个拥有大量信息的机构,图书馆应利用自身的馆藏特色和优势来深入研究市场趋势并了解读者的需求,然后通过重新组织和创新知识的方式,创造出能够影响用户选择的信息方案或者适应市场的知识与资讯商品。同时要注重发展自己的特色优势。在构建数据库的过程中,严格执行质量管理,尽力实现标准化、规范化以及精确性和完整性的有机结合,从而形成一个高效率、实用且互补的全面信息资源保障体系。

### (四)强化图书馆网络平台建设,持续优化网络信息服务体系

图书馆的信息系统建设和互联网架构对于其获取并分享知识至关重要,同时也是图书馆收集及使用信息的基石。当设计这个网络结构的时候,要全面评估服务器、路由器和网速等设备的能力和性能,以提升数据传输的速度。不仅要在连接和线路规划上确保合理的设置,还要预见未来技术的进步。

此外,要不断优化网络信息服务体系。其一,要创建包含全本数据集、文献概述、主题记录等具备指导性质的数据库、多媒体数据库,并且配备适当的搜索工具。其二,打造能够迅速有效地执行任务、操作简便且有多种搜索选项的在线公共目录查询系统。其三,开发可以获取光盘数据库目录信息的搜索系统及电子阅读室的管理软件,并支持各种类型的输出选择(例如打印、复制到磁盘、通过互联网发送),同时具备对光盘资料的管理能力、读者的控制权限以及统计分析的功能。其四,搭建基于因特网的信息采集与处理平台,以便能在海量的因特网信息资源中自动挑选出有用内容,实时向用户提供满足需求的服务。其五,根据实际情况来实施自动化或者部分自动化的处理方法,建设参考咨询系统,启动线上咨询服务。也可考虑利用现

有技术设立虚拟课堂、网上实验室,形成独具特色的线上知识共享服务平台。

## (五)改变传统服务模式,推动知识服务模式

第一,转变服务理念。从"以书为本"转向"以人为本",从"以藏书为中心"到"以读者为中心"的转变,从传统的被动提供服务的模式转变为积极主动争取读者的模式。

第二,扩大服务的用户群体。随着互联网信息的普及与进步,部分用户已经不再仅限于本地或本系统内的图书馆资源,他们更倾向于寻找远程在线图书馆以最快速度获得新颖的信息。这显示出图书馆的服务范围正由"区域化"转变为"社会化",体现了图书馆逐步摆脱孤立封闭,逐渐融入社会的开放性进程。

第三,改变服务的重点。在互联网环境中,图书馆的服务应该转向为读者提供现代化的参考咨询服务。这样可以帮助读者选择和使用数据库,并且也能够协助读者更好地理解和掌握检索目标,进行复杂主题的检索。开设检索课程,对读者提供 OPAC 业务培训和常见问题(FAQ)解答;通过 BBS、E-mail 等途径与线上读者展开互动交流,及时回应他们的相关疑惑。

第四,拓展服务内容。对于服务的内容深度来说,格外关注提升其知识含量并执行知识发掘工作,让原本的信息系统变得更加专业且实用的同时,将其转化为具有针对性和适配性的再造知识,从而达到知识的更新、整合与增值的目的。此外,要尽量拓展服务覆盖面的广度,以确保能充分发挥出知识传递及分享的功能。

第五,加强读者的教育。信息技能的培养是最重要的部分,涵盖了信息基础理论、多元信息媒介形态、特性和应用方式、网络知识与使用技巧以及计算机操作和应用等内容。

## (六)适应读者需求,创新服务手段

满足读者需求是图书馆服务工作的首要目标,对提升服务质量至关重要。为了了解读者需求,图书馆可以通过网络问卷、纸质问卷、设置意见箱、

开通网站与读者互动等方式,掌握读者常用信息类型及喜爱的服务。引导分析读者需求,增设读者推荐内容,鼓励读者参与图书馆建设,提高满意度。坚持以人为本,主动了解读者需求,读者既是服务测试员又是建设主力,根据反馈调整服务内容,开拓新领域,优化服务质量。大数据时代下,图书馆需跟进发展,拓展服务领域,加强数字化进程,应对人员不足问题,依托全国文化信息资源共享工程中心,推广自动化管理、计算机服务,培养人才,扩充馆藏,争取政府支持,推进大数据服务布局。全面构建网络服务系统,支持街道和社区建设和发展图书馆。设立网络服务站点,建立图书馆服务网络,并以基层图书馆为支撑,扩展一卡通的覆盖范围。

### (七)改变传统服务观念,走多元化信息服务道路

实施图书馆资源共享的服务。现在资源共享已经成为图书馆的主要发展方向,这不仅能降低图书馆的经营费用,还能提升图书馆资源的使用效率。随着现代远程通信科技与网络技术的普遍使用,新型媒体传播方式的发展创新,使得图书馆之间的共享得以实现。借助资源共享服务,各个图书馆的藏书借阅率大幅度上升,访问次数也取得了新的突破。这样一来,读者无须亲自到访图书馆就能在家获取图书馆提供的各项资讯服务。互联网能够向用户提供更加精确、实时性的数据,同时也能提供关于生活、职业和学习的关联信息,以满足人们的知识需求。作为图书馆建设的核心服务之一,咨询服务不仅能让读者迅速检索文献信息,准确定位书本的位置,还能够高效处理来自大量分散、杂乱但有价值的数据,从中挑选出高品质的内容。负责在线咨询工作的图书馆员需要尽量搜集丰富的、详尽的书籍信息并加以整理,构建数据库,然后通过网站、微信公众号或 App 等方式呈现给读者所需的文献资料。

# 第四节 图书馆服务工作的处理机制与评价指标

## 一、图书馆服务工作的处理机制

### （一）读者意见成因分析

通常,图书馆会采取月报制来处理读者的意见。在办公室里设有专门负责处理这些意见的人员,并编写出每月和年度的读者反馈报告。对于全年的读者反馈,图书馆将进行统计分析以供领导决策参考。此举旨在积极推动服务读者的工作,提高读者对图书馆的信任程度。

研究显示,读者意见的形成主要受到工作人员的服务态度、服务质量、管理制度和图书馆服务环境的影响,这一结论来源于对月报和年报的统计分析。

#### 1.服务态度的原因

多数来自读者的反馈都集中在了对馆员服务态度的抱怨上。主要问题在于他们表现出冷漠和僵硬的态度,说话没有温度,面对客户提问显得漫不经心,缺少主动提供协助的精神,使得顾客感受到"门槛高、办事困难"的情况。此外,馆员的用词和行为过于随意且有失尊重,上班期间闲聊或通话的行为也有可能干扰到阅读者。再者,一旦与读者出现争议,他们会毫不留情地占据优势地位,不让对方找到任何借口,导致读者感到非常尴尬和不舒服。虽然这些情况并非全部源于馆员的服务态度,但在处理方式上的错误却引发了更多的纠纷,最后读者还是把责任归咎到了馆员身上。只要馆员能展现良好的服务态度,就像那本名为《态度决定一切》的书籍所述的那样,即便处理过程稍显不足,绝大多数读者并不会深究并责备,从而避免了冲突的进一步升级。

#### 2.服务质量的原因

服务质量问题主要是:由于书籍目录信息错误导致的缺货或者库存不足会影响读者的借阅体验,如未能对书库变动、丢失和损坏的情况做出实时更改以保证索引号码和存放地点的一致性;也可能是由图书馆管理系统的缺陷造成的,例如读者难以查找资料,预定和延期操作失败,数据库搜索困难等问题;新的出版物(包含期刊)及已到期的期刊整理时间较长,可能导致书籍上架进度缓慢,从而使读者难以前来查看;一些书籍受损程度较大,也会阻碍他们的借阅行为;开放式借阅区域内的书籍排列混乱,存在大量错位和杂乱现象;因为开放式借阅区的空间有限,所以把许多近期的新书放置在了封闭式的借阅区域内,这让读者们无法随意翻阅这些书籍;阅览室内的工作人员并不能完全满足读者的深入研究需求;工作人员没有有效阻止读者在借阅区域通话或闲聊的行为,干扰了其他读者的学习心情。所有这些因素都直接影响到了图书馆提供的服务品质。

### 3. 管理制度的原因

随着读者的权益观念逐渐强化,他们对于图书馆管理体系的要求也日益提高。其中最显著的问题主要包括:关于费用收取方面的规定,例如办理借书卡费、储物柜租赁费、超期书籍罚款、打印材料的价格和小卖部内的定价;针对阅读区域的规定,诸如禁止携带物品入内(如背包)、不允许自带书籍和食物饮料到场,也不能私自在阅览区中制作文本。这些被读者视为无理的规则需要尽快修正或重新设定,以适应时代的变化。譬如,读者可以携带手提电脑包进入阅览室,阅览室开放时间延长,非特藏阅览室如自修室、开架借阅室容许读者携带茶水进入,借阅当天归还当天,无需借书证还书。

### 4. 图书馆服务环境的原因

图书馆的服务设施涵盖了阅览区域的照明、空调的温度和湿度、饮水系统、书车移动以及桌椅移动所产生的噪声、读者检测电脑出现问题的设备、残障人士的设施配置、广场停车位的布局、图书馆阅览室的布局指南、禁止读者手机铃声使用的提示标志等。

### (二)图书馆读者意见处理流程

图书馆读者意见的处理流程主要包括受件、分件、解决处理、答复反馈、统计分析五个步骤。

### 1. 受件环节

图书馆读者意见主要来源于以下几个方面:①读者当面提出的意见;②

读者放入意见箱的意见;③读者通过"馆长信箱"(设于图书馆网站上)发送的电子邮件;④读者的来电;⑤读者的来信。图书馆工作人员会定期从各个阅读区域放置的意见箱中获取读者意见,并把电话记录、读者来信、馆长信箱中的读者意见等不同来源的意见汇总和梳理。同时,图书馆也会举办多种类型的读者交流会或发布问卷以征求他们的看法。

### 2. 分件环节

员工们把这些观点归为四种类别:赞扬的观点、抱怨的观点、询问的观点和提议的观点。依据其主题,他们会附加读者的反馈表格并将其发送至相关的部门,各部门则负责独立解决。若某一条评论涵盖了多项部门的内容,员工将会把它交给主管领导,然后主管领导会对相应的部门给出解决方案。

### 3. 解决处理环节

经相关部门核实验证读者的意见后,提出适当的处理建议和改进措施。如果涉及规章制度方面的建议,将由图书馆读者工作委员会进行讨论后提交馆部。若意见需要多个部门协调,将由主管领导进行协商后,馆部进行讨论并做出最终决定。

### 4. 答复反馈环节

一般而言,意见处理部门必须向保留联系方式的读者提供回应和反馈,并进行解释性沟通。如果部门没有对保留联系方式的读者提供回应,有时候会由办公室工作人员给予读者反馈。

### 5. 统计分析环节

在各部门提交了读者反馈单之后,办公室的员工会每月定期制作读者反馈统计月报。全年结束时,他们会编写读者反馈统计年报,并对每个月和每年的读者反馈进行分析,为馆领导做出决策提供参考。

## (三)读者意见处理原则

### 1. 换位思考,肯定读者

不管读者以何种方式提出意见,无论是面对面交流、电话沟通还是书面反馈,接受读者意见的工作人员,特别是窗口服务部门的工作人员,应当始终站在读者的角度思考问题,设身处地为读者考虑,热情接待,态度亲切。切忌把提出意见的读者视为对立面,对其漠不关心或急于推脱,从内心排斥读者,拒绝接纳读者。无论读者提出的意见是否中肯,工作人员首先应该肯定鼓励读者。

### 2. 认真倾听,耐心沟通

当有读者提供反馈时,尤其是在阅读区域内直接表达他们的观点,员工应该引导他们离开该场所,以免引起公众的不满或者让其他人产生误解,进而损害图书馆的名声。同时,员工需要保持冷静的态度,仔细聆听并展现出自然的面部表情,以便安抚读者的激愤情绪。通过听取读者的陈述,能够清楚地知道事件的发展过程及读者的需求,但要避免立即做出回应,也不能盲目赞同读者的看法。对于读者的建议,可以表现出理解与尊重,并且向他们道歉,因为在工作中可能存在不足之处。然后,根据读者的诉求来给出合适的解答和方案,尽量把问题控制在一个较小的范围之内。假如读者对此并不满意,应详细记录下他们的意见,并将他们的信息交给专门处理读者反馈的人员。

### 3. 以礼服人,适当变通

尽管读者的观点可能是正确的,但由于图书馆现在的状况,不能立刻整改。即便如此,也需要详细向读者解释情况,大部分读者都会理解。有时候,个别读者的需求可能与他们所适用的规则产生冲突,但是在不违反法律和制度的前提下,应该向读者说明这些规定和原则,并进行必要的调整。

## 二、图书馆服务工作的评价指标

### (一)读者服务质量评价指标

作为图书馆员工,利用特定的信息媒介并采用特定的方法来满足读者获取知识信息的需要。在这个过程中,图书馆员是服务行为的主体,读者是服务行为的客体。对服务质量评价时,必须遵循全面性和公正性的原则去评估服务水平。这意味着我们在评价服务品质时不仅关注主体执行者付出的主观努力的表现,还需考虑到接收方客体对于服务的感知度。因此,应把

"读者满意度"与"图书馆的服务成果"视为衡量读者服务质量的关键因素。此外,为了达到为读者提供所需信息的目的,这两个关键因素中的"读者满意度"应该被认为是最主要的参考标准。

## 1. 读者满意程度评价指标

在读者服务过程中,除了工作人员和读者这一对主客体外,还必须依赖文献资源和一定的服务方式。而最终是否能够满足读者的需求,必然会有一个结果。所有的工作人员、读者、文献资源、服务方式、结果共同组成了读者服务工作的五个要素。读者作为其中的一个要素,主要通过其他四个要素来感受服务,其满意程度实际上就是对其他四个要素的感知程度。读者对四个要素的预期期望和实际感受之间的对比,也可以反映出读者的满意程度。因此,这四个要素也应该成为反映读者满意程度的四个主要指标。在读者服务的整个过程中,四个要素与读者的关系作用大小不同,重要性也有差异。首先,工作人员是整个服务行为的主体,对其他要素起着主导作用。传统的服务方式中,读者到图书馆找寻所需的文献信息时直接与工作人员接触,工作人员的素质、知识水平和服务态度都直接影响读者的满意度;而随着现代图书馆自动化水平和开架率的提高,读者与工作人员的直接接触减少,有些甚至不需要去图书馆,直接通过网络登录。但是图书馆网站的人机界面是否友好,网络检索是否方便,也会影响读者的满意程度。当图书馆的工作逐渐转向以知识模块为基础的服务时,员工的知识素养、知识管理、社会交际能力和应对变化的能力等都会成为影响服务品质的关键因素。因此,无论是何种类型的服务,"工作人员"这一关键评估标准始终不可忽视。服务的实际成果,也就是用户需求能否被满足及目标实现与否的直观反映,通常作为一般规则中的重点关注对象,也同样重要。相较于"文献资源"和"方法"的影响力略微减弱一些,但是在整体服务流程中仍需予以重视。另外,不同的时间点和不同的读者对此四项元素的体验常常有所差异。有时他们可能会因为工作人员的态度和服务方式感到满意,但是他们的需求并未得到满足;也有时候,尽管他们得到了想要的结果,却对获取的方式或者工作人员的专业素质表示不满。甚至在同一天内,针对同一个元素的各个层面,读者的反馈也会变得复杂起来。因此,为了更精确地衡量读者的满意度,我们需要从多个视角来评判这些要素,构建出多层级的评估指标体系。

## 2.图书馆服务实绩评价指标

对读者而言,所感知到的图书馆服务品质是一个主观性的评判标准,它基于读者的体验与感受来做判断。然而,对于图书馆的服务表现则采用一种客观的方式去测量,即根据员工的工作成效做出定量的分析。这意味着,图书馆的各项服务工作都是我们评价的主要依据。长久以来,各种业务统计数据都为我们提供了扎实的数据基础,并在此基础上进行了大量的图书馆等级评审活动。但需注意的是,尽管在使用服务绩效这个指标时追求客观公正,但在最根本上还是要尽可能地满足读者的需求。尤其在这个信息过剩且混乱的时代,读者们既渴望获取更多的知识,却又无法有效筛选出有价值的信息。所以,图书馆的读者服务必须从被动式的内容传输转向积极的知识供给,同时还要加强对信息的素养及辨识能力的培训。因此,我们也应该把重点放在提升读者的信息能力和知识情报服务方面,而不是仅仅关注内容的传播规模或节省资源等方面的指标。此外,要综合考虑所有关于读者服务项目的指标,并在其中增加信息教育和知识情报服务的比重,以此推动读者服务朝着更高级别的方向前进。

## (二)评价方法

### 1.读者满意程度评价方法

国内部分研究者在研究中使用了象限分析法,通过对比各个评判指标的预期和感受度,用图像的方式呈现这些指标的变化趋势,直接且生动地展示了图书馆服务的绩效表现。这一严谨且生动的评估方式适合于大规模的评估项目参考。然而,若要应用到一般的日常评估上,实施起来的确存在一定的困难。即便已经建立起相应的评估软件体系,获取相关数据依然非常棘手。由于要求用户对所有评判指标的最低标准、最大期待及真实感知要有清晰的认知,这就必须依赖用户的高度合作,但在现实环境下很难实现。此外,全面的定量评估方法并不适合用来衡量读者的满意度,因为满意度的本质就是主观感受,读者的预期感和真实的体验之间应有一个心理的过程,其中充满了各种变化的可能,因此满意度只是模糊化的比较,虽然比较结果是确定的。基于此种考虑,结合简便性和实用性的原则,把读者满意度的评估融合定量和定性两种方式更为合适。

(1)建立评分等级。依据读者对最细颗粒评价标准的满意程度,设置优秀、良好、一般和差四个评价等级,并用百分比为这四个等级赋予分数,以便读者能够对定性的等级进行量化评分。

(2)设定权重。各个层级的评估因素之间可能存在不同的影响强度,因此需要依据它们的重要性来分配每个等级评定因素的权数。可以使用比例尺度技术,利用各项要素的对比矩阵推导出各类要素的特性向量,也就是权数。例如,在读者的满意程度上,第二个层面有员工、服务成果、文献资源和服务方式四个元素,这四项可以通过它们的相对重要性顺序排序,从而构建各种要素的对比矩阵,然后用方根法或和积法算出每种要素的权数。同样的,对于"员工"分级中的3个三级要素——信任度、可信度和可交性,也需要按照优先级建立对比矩阵,确定每一个的权数。其他的每一个要素的权数计算过程都与此类似。

(3)计算评分。将读者对第三级指标的满意程度的实际评分乘以其相应的权重后,得出的分数即为其上一级别的评分。接着,第二级别的评分再乘以各自的权重系数,最终得出的总分就是第一级别的评分。这样就可以计算出读者满意度评价指标的总分。

**2.图书服务实绩的评价方法**

鉴于图书馆服务实绩评价指标多为具体数据,不宜直接评分,而是应根据各图书馆人员编制和读者类型等情况,确定每项指标的上下限标准,再将实际数据与标准比对评分。为强调信息教育和情报服务的重要性,在矩阵排序过程中增加其权重,并采取加权计算方法,结合读者满意度评价,求得服务实绩评价指标的得分。最后,根据读者满意度和图书馆实绩两项指标的重要程度,采用专家直接定权法,由专家们根据各自经验和知识给出两大指标的权数,计算出平均权数,并将两指标得分加权求和,最终得出图书馆读者服务质量评价总分。

# 第三章
# 大数据下的图书馆管理

## 第一节　大数据概述

### 一、大数据内涵

#### （一）大数据的界定

Gartner（高德纳，也被称为顾能公司）是一家知名的技术研究所及战略管理服务提供商，对"大数据"的概念进行了明确界定：它指的是一种庞大的且不断增长的多样化信息资源集合体，只有通过新处理模式才能实现其强大的决策力、洞察理解力和流程优化能力，这种信息的规模巨大并且种类繁多，同时还具备快速成长的特点。

虽然大数据所掌控的大量数据并不代表其实施策略的关键因素，但它对于数据的专业化管理和分析才是真正的关键所在。如果把大数据看作一个行业的话，那么它的成长与收益就依赖于增强自身的数据"加工能力"，使经过手中的重要数据能够实现"增值"。

从技术层面来说，云计算和大数据如同一张纸的正反面，彼此之间无法分离。由于单个计算机难以有效处理大量复杂的数据，所以必须采用分布式架构，利用云计算的分布式处理、云存储、虚拟化和分布式数据库等技术，来进行海量数据的分布式数据挖掘。

随着数字化时代的发展趋势日益明显,"著云台"的数据研究员们认为:通常情况下,大数据所指的是一家企业产生的海量的非结构化无序信息及部分半结构化数据——当它们被导入关系型数据库以供进一步解析时,往往耗费大量时间和资金成本。而对于大型复杂的信息处理任务而言,常常需借助如 Map Reduce 等类似的技术架构对成群结队的电脑设备分派相应的工作负载。

为了有效处理大量经过一段时间积累的数据,大数据需要采用特殊的技术。这些技术包括大规模并行处理(MP)数据库、数据挖掘电网、分布式文件系统、分布式数据库、云计算平台、互联网和可扩展的存储系统。

### (二)大数据的特征

大数据是描述一种情况:大量的、繁杂的数据集群,以至于当前的软件工具难以对其进行提取、储存、检索、分享、解析与处理。行业内一般会通过四个"V"(即 Volume、Variety、Value、Velocity)来对大数据的主要特征做简要概括。

#### 1. 数据体量(Volume)巨大

截至 2012 年,所有人类出版物的数据量达到了 200PB(1PB = 210TB)。历史上,全人类所说的话语数量大概为 5EBb(1EB = 210PB)。目前,普通个人电脑的硬盘容量通常在 TB 级别,而一些大型企业的数据规模已达到了 EB 级别。

#### 2. 数据类型(Variety)繁多

数据分成了两类:结构化数据与非结构化数据。相比过去主要由文字构成且易于储存的结构化数据,现在越来越多的非结构化数据如网络日志、音视频、影像、图片地理位置等数据的出现,使得对多类型数据的处理需求变得更加迫切了。

#### 3. 价值度(Value)低

数据总量的大小和价值密度高低之间存在着反比关系。例如,一段视频的时长为一个小时,但其中有用的数据可能仅占几秒钟。因此当下大数据背景中仍待解决的一大难题就是怎样借助机器算法对数据价值进行快速"提纯"。

### 4. 处理速度(Velocity)快

这正是大数据库与传统数据挖掘之间的关键差异所在。互联网数据中心(Internet Data Center,IDC)发布的研究结果显示,至 2020 年年底,全世界的数据应用需求将会增长为 35.2 ZB,面对这种庞大的数据压力下,对信息的快速响应和有效管理就成为企业生存的关键要素之一。

大数据处理流程可以总结为四个主要的环节:采集、输入和预处理、统计与分析、深度挖掘。

## (三)大数据服务环节

### 1. 数据准备环节

首先需要对数据进行清洗和整理,这也是传统数据处理流程步骤之一ETL 过程,即在存储及处理数据前必须完成的数据预处理工作。相较于传统的数据分析,大数据的特点在于其多样化的来源,包括企业内的数据库、物联网信息以及网络数据等,这些数据的格式各异,品质也参差不齐,并且量级巨大。因此在准备环节就需要规范数据的格式,方便之后的储存管理;除此之外,还要注意在保留原有语义的基础之上,尽可能地去粗取精。

### 2. 数据存储与管理环节

当前,全球的数据年增速已超出百分之五十,这使得存储技术的效率与价格面临巨大的挑战。对于大数据的管理来说,除了要求具有较低成本来处理大量信息外,还需拥有足够的扩展能力以便满足各种不同类型的非结构化数据管理的需求。

### 3. 计算处理环节

在该环节中需要根据数据的不同类型与最终分析目标来决定采用什么算法模型,以保证数据的处理速度。由于海量数据需要大量的计算资源来进行处理,传统单机或并行计算技术从成本、速度到可拓展性等多个方面都无法满足大数据分析需求。因此当下大数据主流计算结构都选用分布式计算,不过在某些特定场景中还需对实时性进行大幅提升。

### 4.数据分析环节

在数据分析过程中,我们需要从繁杂的数据中寻找规律并获取新的知识。关键在于发掘大数据的潜在价值。传统的数据处理主要针对的是小规模且具有明确结构和单个主题的数据集合,然而对大规模无固定形式并来自不同来源的多维度大数据集进行解析时,通常缺少已有的理论基础来构建精确的数学模式。因此,我们必须寻求更先进的智能数据挖掘技术以应对这种挑战。

### 5.知识展现环节

对于使用大数据来支持决策的情况,通过清晰地展示分析成果并将其提供给用户是一个重要的步骤。问题在于怎样使复杂深奥的分析结论变得容易被理解和接受。当数据处理涉及多个业务并在闭环大数据中自动执行时,通常无需人工干预,一般是由机器根据算法直接应用分析结果。

## 二、大数据的价值

### (一)大数据能够帮助企业挖掘市场机会探寻细分市场

企业可以通过大数据技术对市场上的海量数据进行分析,更加深入地挖掘出市场机会,细分市场,并根据分析结果为每个群体提供个性化的产品和服务。企业在搜集大量消费者信息后,通过一系列分析会发现消费的趋势,并发现消费者心中潜在的未来消费产品概念,从而得到产品的概念和创意。通过创新方式来解析顾客生活的各个层面,能够更深层次地认识他们的日常活动和习惯,这有助于开发过程中使商品更好地符合未来的消费模式。换句话说,如果要找到并满足潜在的需求,就必须全面掌握这些信息。而使用数据挖掘技术可以有效识别出新型的目标市场群组,选择最佳供货商以优化供应链管理流程,同时也能推动产品的革新与改进及洞悉销量的周期波动等问题。

面对数字化转型带来的影响,公司营销人员所面临的主要问题是需要由寻找满足公司产品的人转为发现这些人在各种时间及地点的需求;必须适应以往通过单个或者零散的方法来构建与这一群体相关的信息交流和互动模式,转向现在如何能够实时地与这些人保持联系并迅速回应他们的需求,并在交易中不仅关注商品和客户间的交换,还要努力发展更深入的合作者间信任、共赢且可靠的关系。

通过对大数据的高密度分析,可以显著提高企业数据的精确性和实时性。通过对海量数据的深入研究,大数据能协助公司发现并开发潜在的市场空间,从而加速产品的研发进程,增强公司的创新能力,优化其业务流程和服务方式,进而显著提升公司的管理效率。因此,对于公司来说,大数据具有寻找及拓展新商机的价值。它有助于把各类资产有效地投放于合适的市场中,有助于构建精确的销售策略,也有助于改良市场推广方案,从而极大地减少了公司的运营风险。

公司通过用户访问行为偏好,利用网络分析技术能描绘出每位客户的"数字化轮廓",并针对类似特质的人群提供精准的服务,甚至是个性化的定制方案以满足他们的需要。这大幅度降低了企业的商品和服务与终端消费者之间的交流费用。比如,某家航空公司对于未曾乘坐过的乘客非常关注(其筛选的标准是旅客的经验)。然而,这些未曾乘坐过的乘客还可以进一步被划分为恐惧飞行者、不在意者和积极支持者(筛选的标准是他们的心情)。其中积极的支持者还可再细分为拥有较高收入足以支付机票费用的人员(筛选的标准是经济实力)。因此,该航空公司决定把重点放在吸引那些虽然喜欢飞行但尚未尝试过飞行的富有人群上。经过个性化和精准的市场推广策略,该公司获得了显著的市场效果。

### (二)大数据提高决策能力

过去的企业管理者在做出决策时喜欢依赖的往往不是实际数据,而是个人的直觉和经验。在过去那个尚未发展数字化的时代,信息获取成本高昂,且十分有限,因此管理者依赖自身能力和经验来做决定也是无可厚非的,然而在当前的大数据时代,数据的重要性不言而喻。

所有领域的大数据用户都能借助大数据的力量来做出更明智且精确的企业决定,从而使更多的经济效益得到体现。从一开始就为协助人们做决断而诞生的大数据技术至今仍然存在并发挥着作用。虽然各种产业间的经营方式迥然相异，所产生的信息与支持管理的结构也有差异，但在收集数据、整合数据、分析数据和应用数据以至于推销及服务全过程中，基本上都遵循了相似的数据管理模式。这种基于大数据决策的特点如下。

首先，由量变到质变。由于大数据被深度挖掘，决策依赖的信息完备性不断提高，有信息支持的理性决策正在迅速扩展，而盲目决策则在急速减少。

其次，决策的技术水平和知识水平有了显著的提升。由于云计算的出现，人类不再被海量数据所淹没，能够高效地驾驭海量数据，生成具有价值的决策信息。

最后，大数据决策带来了许多以前无法预料的重要解决方案。若能在各行各业的管理和运营部门中建立更多的数据资源系统，并利用这些系统的数据处理能力，对当前的数据与过去的数据进行整合，使现有的数据与公司高层关注的指标相连接，并将针对业务的数据转化为针对管理的数据，以协助公司的决策过程，那么能成功地完成由数据向知识的转化，这种数据资源系统对于管理工作和决策是极为有用的。

从宏观角度看，大数据使得经济决策机构能够更精准地掌握经济趋势，并制定和执行科学的经济政策；而在微观层面，大数据有助于提升企业运营决策的质量和效率，加快创新进程，为公司和行业带来价值。

## （三）大数据让每个人更加有个性

借助大数据技术，每个人都能享受到定制化服务。比如，我们的健康状况可以由智能设备如手机和移动互联网来持续监测，如果出现任何异常，我们都可以立即收到提醒，这些信息会被同步到数据库中以获取专业的建议或是向相关的医学专家寻求解答。以往就医时，医生只能根据当前的健康状态做出评估，但有了大数据的支持，未来就诊能利用累积的历史记录进行深入研究，同时考虑基因突变、特定的疾病风险以及对某些药品的敏感度等因素，从而实现精准医疗。此外，它还能提前预测疾病的发生，像是在肺癌病例上，尽早识别和干预可有效减轻公共卫生系统的压力，因为前期手术的花费仅占后期治疗成本的一半。

大数据对教育活动也具有十分明显的作用。传统教育受到颇多限制，又重视分数，导致班里的每个同学都在用一样的教材，在同一个老师的教授下，写相同的课后作业，这种发展多年的传统教育模式自然有许多优点，但缺点就在于其完全谈不上"因材施教"。然而随着大数据时代来临，教育的模式越来越多样化，人们也可以通过各种途径来进行学习，通过大数据可以为每个人量身制作满足其自身特点的学习模式，让个人的潜力得到充分释放。

除此之外，大数据也可以帮助政府掌握更多的信息，从而为群众提供更好更便捷的服务。例如，收集高速公路和机场航班信息，为个人提供航班延误概率和路况等信息，让人们可以更加方便地安排出行，可见公共大数据对于人们的日常生活帮助良多。

## (四)智慧驱动下的和谐社会

作为全球大数据领域的领军者，美国在利用大数据技术提升社会管理效率、保持社会和谐稳定方面已经开始实践并取得了显著的成果。

我国在积极推进"智慧城市"的发展进程中，智慧驱动下的和谐社会的理念涵盖了一系列领域，例如安全防护系统升级为高级别的自动化，电力系统的优化和提升效率以满足需求变化等多个方面都涉及数据分析技术的使用与发展，因此可以认为是基于此项技术的运用使得我们能够实现更高效的城市管理方式——这就是所谓的"智"力所在！

在治安领域，大数据已用于信息监控管理和实时分析、犯罪模式分析与犯罪趋势预测。北京、临沂等地已经开始实践利用大数据技术进行研判分析，以打击犯罪。

在交通领域，利用大数据分析公交地铁刷卡、停车收费站、视频摄像头等信息，可以预测出行交通规律，指导设计公交线路、调整车辆派遣密度，进行车流指挥控制，及时解决交通拥堵问题，合理减轻城市交通负担。

在医疗行业，一些地区正在推行病历数字化，并结合临床医学数据和患者体征数据进行搜集和分析，这不仅可以应用于远程医疗、医学研究，甚至可以与保险数据相结合,用于商业和公共政策的制定。

随着智慧城市建设的蓬勃发展,政府大数据应用正处于实质性的建设阶段,有效地促进了大数据市场需求,推动了当地大数据产业的发展,各个领域对大数据应用价值已经初步显现。

## (五)描述价值

在通常情况下,描述数据是以一种标签的形式存在的,它们通过初步加工获得一些数据,这也是数据从业者在日常生活中做得最为基础的工作。

一家公司的年度营收、盈利和净值等信息都属于概述性质的信息。对于电子商务平台类型的商业实体来说,其常规运营情况下的相关数据如销售量、注册客户数量、网络访问次数、成功售出的商品数量等,都可以通过这些数据来评估并分析交易活动的运行状态。

对于具体的业务员工,通过详尽的数据描述能帮助他们更深入地理解公司的发展状况,使他们对日常运营有更明确的认识;同样,管理层也可以通过持续关注业务数据,从而更好地了解公司的发展趋势,并做出正确的决策。

对于阐述信息价值的最优方法是解析信息的结构,从中抽取关键要素,使用户能在短暂时间内了解业务状态,同时也能让用户获取他们想要查看的具体数字资料。一名优秀的数据分析员需要具备较强的数据理解能力以对其架构进行剖析、归类和按特定规律呈现数据。通常来说,专精于数据架构分析的专业人士表现得非常优秀。

## (六)时间价值

如果你曾经在某个网站上买过两次以上的东西,那你的历史购买行为将具有时间价值。数据描述的不只是过去曾经购买过的产品,还会呈现出在某段时间轴上消费者买过什么东西,通过分析这些数据,网站就可以大致预测出你的消费倾向。

加入对时间维度的考虑之后,数据产生的价值也将会更大,时间分析在数据分析中的地位十分重要,但也是很有难度的一个部分。

作为历史的基础要素之一,时间轴可以通过大数据技术来处理大量的历史信息。其中,大数据技术的应用最为显著的表现形式便是其实际效用,即透过时间的研究,公司可以明确掌握某一特定客户对其环境的选择倾向。当公司的理解更深入时,它就能提供更为精确的产品推介。

### (七)预测价值

数据预测价值主要分为两个部分。首先,对特定产品进行预测是第一部分。比如,在电子商务领域,只要有能力生成数据,并且可以用于推荐的,就会产出这些数据。利用数据来生成有用的预估结果是第二部分。运用这些预估的结果去评估公司的总体运营表现,并且以此为基础调整我们的商业决策。在当前的电子商务环境下,移动互联网已经成为关键领域,而新生的移动服务则以每日活跃用户数量(DAU)这一重要衡量标准为主导。同时,这也是评价移动团队绩效的关键参考因素。因此,身为移动团队的管理者,如何准确地了解现有的运营状态与预期之间的差异呢? 这便需要我们借助数据的预测能力。透过预测,我们将 DAU 分为增量和保持率两项指标,进一步计算它们对实现目标的贡献程度,并针对这两项指标设计相应的产品战略,再将其细化至具体的目标,以便于持续监测。这类数据能极大地影响整个公司的经营方针。

## 三、大数据发展的国家战略

### (一)风险防范战略

#### 1. 大数据与国家治理

对于国家的制度建设及执行力提升而言,需要高度重视并利用好大数据在大规模政府运作过程当中的关键作用。作为科技进步的重要成果之一的大数据已经成为接踵而至的历史转折点(前两个分别是云计算与物联网),它拥有庞大的信息容量、多元化的来源且结构繁复等特性;同时还具备先进的高端科学技术的特点,能够对人们的思考方法、认知框架、行动策略和生活观念带来深远的影响并且引发全方面的彻底转变。因此,无论是在社会的哪个层面都存在着极具潜力的增长机会,而在公众事务的管理方面也展现出广泛的使用可能性和创意前景。在"全面深化改革,推进国家治理体系和治理能力现代化"的时代要求与背景下,对于大数据在国家治理中的重要价值给予高度关注,以推动数据治理技术与模式的创新是非常有必要的。

(1)利用大数据能够显著提高科学决断能力。决定是基于现有资讯来挑选解决方案的过程,旨在解决问题和矛盾。如今的大数据科技是一种新型的信息管理手段,它可以从各个角度全面采集我国的经济、政治、社会、文化和其他领域的所有信息资料,并对其进行有效的整理,形成了一个包含大量信息的知识数据库,这为我们做出决策提供了基本框架,也为我们国家的管理提供了参考意见和数据支撑。如今我国出现的众多焦点问题,比如食品药品安全、保障性住房等,在选择和决定实施方案时都可以将大数据拿出来作为参考辅助决策。在整合和分析海量数据的过程中,政府也可以获得许多新发现,挖掘到更多的新知识,对事物形成新认识,从而创造出新价值,增强社会治理战略制定的前瞻性和先导性。借助大量数据的使用,我国能够对传统的国家管理思想方式做出调整,逐步建立新的管理理念,并能利用数据做决定、分析和创新,从而助力"数据治国"目标的达成。

(2)利用大数组可显著加强国家的行政效率。在大数据运用到公用事业的管理中时,它对推动我国的国家制度升级及强化其执行力具有特别的价值。通过有效的连接大规模数字资料和社会服务系统,可以迅速地建立起跨越不同行业和服务的信息交换平台;这也有助于持续优化信息化基础设施建设并进一步改善处理突发情况时的响应速度——包括预防措施实施前的早期警告机制及其后的实时监测控制手段等。此外,借助这些先进的技术工具如社交网站(例如 Facebook)或移动通信技术来收集大量的大型数据库后,能够大大扩展我们在时间上和地理上的覆盖范围从而使政策制定者更好地理解民意并在更大范围内调动资源为人民提供更好的生活环境和生活质量保障工作。同时也是保护国家和公民个人隐私的重要武器之一,比如引起全球关注的"PRISM"丑闻就再次提醒人们重视这个问题的严重性和紧迫感!

（3）利用大数据可以显著提升公共服务的效率。大数据融合了如数据发掘、遗传算法、机器学习等一系列高级且领先的技术，具备智能化决策及判断能力。结合云技术、物联网先进技术工具后，能够推动诸如智能社区、智能医疗、智能教育、智能交通、智能物流建设，助力于快速构建出一幅智慧城市图景。我国的工业化、信息化、城镇化、生态化建设因使用大数据将得到巨大的改进。运用大数据在财政、税收和政府转移支付等方面可以做到对于重要投资项目的追踪审查，且可以在整个项目建设过程中实行实时的监测跟踪预警机制，以避免可能出现的错误或是欺诈情况的发生，有助于建立起一种高度透明、运作高效的导向型政府机构服务系统。

### 2. 大数据引领公共管理变革

在大数据的助推下，我国政府电子政务建设保持了稳定发展。现阶段，我国政府电子政务建设经历了四个阶段的发展过程。第一阶段是政府网络化，将各类统计信息、管理规则和执行方案等公开在各级管理机构的官方网站上进行发布。第二阶段是进行互动，分为两个角度，在内网角度中，不同的职能部门之间可以便捷地交换、共享数据，方便提供综合业务，让一些职能部门之间实现了信息的互通。在外网角度中，政府可以借助网络与群众开展各种各样的活动，从网络渠道解决群众的个别问题，群众也可以通过网络渠道提出对政府的诉求，群众和政府之间的交流沟通借助网络平台变得更加便捷。第三阶段是致力于构建并实施各种应用及服务。尽管这个过程目前仍在实际操作上规模相对较小，但它仍然是必要的。第四阶段是从基本的基础设施平台转变到以服务为主导的服务型平台。借助云计算与大数据技术相结合的方式，打造出一个高效率且灵活的政府电子政务大平台，既可以为政府的其他功能部门提供信息支持和数据分享，也可以对外部网络用户提供政策建议和需求反应等服务。大数据能使决策管理更细致精准，也让其科学性得到提升，不过由于国内政府受限于多种因素的影响，尚未充分发挥大数据的作用，因此即使大数据拥有强大的优势，但在政府电子政务的发展过程中并未完全体现出来，致使我国政府电子政务建设第三阶段和第四阶段的进程缓慢。这些影响因素包括以下三个方面。

第一，管理部门并未充分认识到"大数据"的重要性，对数据的采集能力有限且所获数量不足。我国作为全球最大的国家之一，同时拥有庞大的网络与移动设备使用者群体。根据相关数据显示，我国的网民人数是美国网民人数的两倍之多，而智能机持有者也是后者的三倍。从互联网用户和手机用户数量来看，我国应该是个数据大国。我们在科技层面上的表现相较于美国等先进国家并无明显劣势，然而因为对大数据理念的认识不足，导致政府机构无法有效地收集、存储各种数据，从而数据无法得到充分有效的利用。因此，提升政府部门对"大数据"概念的理解是实现"大数据"战略的关键一步。

第二，数据公信力不够。一方面，网络上充斥着大量无来源、无出处、无标签的数据；另一方面，由于受到我国文化传统的制约，我们民众对数据的重视程度远未达到预期。

第三，行政管理机构的信息沟通能力不足。因为没有建立起"大数据"理念，政府机关不但无法有效获取大量的信息数据，甚至连已获得的数据通常都仅限于其所属单位内部使用，出现信息孤岛。各部门的信息各自为政，各种信息不能在职能部门间有效传递、沟通，信息就无法充分体现其价值和作用。

在大数据的时代背景下，为了更有效地适应新的变化和挑战，政府部门必须对多个方面进行必要的调整与优化。从公共服务信息的公开到数据库信息公开，大数据将使我国摆脱传统的行政管理方式，提供崭新的国家治理改革策略。在大数据背景之下，政府的职能部门之间不再相互屏蔽，公众利益高于部门利益，数据信息的传递、收集和协同作业得以加快。除此之外，大数据带来了无限机遇，但也存在着许多挑战，政府对此必须做出充分的思想准备。当多种政务信息向社会公开之后，这些信息就会受到公众全天候的监督。一些数据过去在各部门内部还可以自圆其说，然而一旦暴露在社会当中，与其他信息之间进行横向对比之后，公众或许就会发现其中可能存在的种种漏洞。但是，在大数据的推动之下，政府管理创新、政务信息公开也是大势所趋，大数据将让政府变得更加透明、开放和高效，让政府从过去的"经验治理"逐渐转型成"科学治理"。

### （二）大数据对公共管理的促进作用

大数据对公共管理的推动效果集中体现在以下几个方面：

第一，利用大数据可显著提升智慧城市各级机关的决策能力和服务水平。作为一种新型的城市形态模式，智慧城市的核心是广泛应用于各种行业的新兴信息化科技手段。构建智慧城市必须先建立起"智慧"的政府机构，这需要使用大量数字化工具来推动政务运作。通过数字化的方式让各类公务单位的数据得以分享、交流及整合后，便能够有效地连接并打通这些原本独立运行的基础设施平台，能提供给领导者更全面且精确的关键情报资料库支持他们的决断过程，大大缩短做出判断的时间周期，同时也增大了政策的准确性。政府各职能部门的信息互通，能极大地促进管理部门之间和不同层级之间的协作能力及整体的工作效益，进一步强化对公众的服务响应时间，以便更好地控制公用事业开支等方面的费用支出情况。

第二，大数据的兴起将显著改善政府的管理模式。大数据的普及性将模糊掉政府各部门之间、政府与民众之间的边界线，使得信息孤岛现象大大减少，促成数据共享的实现。数据共享将极大提升政府各部门协同办公与民众服务的效能，全面增强政府的社会治理及公众服务的能力。借助大数据技术，政府的管理方式能够有效降低政府投入成本，优化公共资金使用效果，强化监管强度，增强其决策力和公众服务水平，并达到区域化的管理目标。

第三，随着大数据技术的进步，各政府机构间的信息协同效能得到提升。利用大数据把来自工商、财务、教育、税务、环境保护、质量监督、公共卫生等各个领域的公司基本资料进行共享和比对。经过大数据分析研判，能够找出公司的运营中可能存在的监控缺口，增强相关单位的执行力，以达成增加税收收入、优化市场监察的目标。建立大数据中心，强化政务数据的管理工作，包括采集、过滤、梳理、分类、解析及决断，并运用云计算技术来实施大数据对于政务信息数据的一体化控制，这有助于提高公共基础设施的使用效益，提升行政工作的效率，防止重复投资，降低维护成本，节省了财政开销。

第四,大数据会让政府决策效率得到进一步提高,让决策更加精准和科学,让政府对各类突发事件的预防能力得到提高,让政府各职能部门的预警能力和应急响应能力得到提高,有效减少了政府决策成本。例如,在财政部门,通过大数据和云计算技术,财政部门可以收集到某些部门更加详细的数据,在加以整理分析之后,就可以根据结果做出更加高效、准确的决策。数据不仅可以帮助决策,还可以促进财政管理模式的创新,让财政工作变得更加透明、开放和有效率。

第五,利用数据分析技术可以逐步构建出涵盖多个层面、全面覆盖的数字化行政管理服务平台系统。这有助于加速推进各项服务的实施或者优化其流程,比如,跨部委协同处理业务、在线实时申请及回应等。此外,应积极推广基于智能技术的新型数字治理方式并尽早投入使用,从而扩大个性化服务,提升各级机关之间及时沟通的能力水平。

第六,利用大数据可以增强城市的智能化程度,使市民体验到科技带来的便利。大数据能为公司的发展提供支持,精确预测未来的趋势,从而促使公司做出明智的决策,进而推动整座城市的智能化进程。通过大数据的使用,能有效地改善市民的生活质量。例如,智慧出行、智慧健康、智慧家庭和智慧安全等涉及民生的智慧化服务,这些智慧化服务的实施将会大大扩展人们的日常活动范围,并引导人们进入智慧城市的智能人生。大数据将会成为我们体验智能化日常的基础,它会颠覆传统的"简单平面"的生活模式,使得人们的生活更为多元化且立体。

# 第二节 大数据覆盖下的图书馆

## 一、大数据时代的新思维

### (一)大数据思维维度

#### 1.定量思维

大数据时代,我们能够获取大量具有描述性质的信息并对其进行量化评估及运算。不仅像销售额或价位这类客观指标的数据收集,还包括消费者情感(比如对于颜色或者空间的感觉等)也可以被度量出来。因此,大数据涵盖了一系列与消费活动相关的内容。举例来说,美国的迪士尼公司投入十亿美金用于追踪线下客户并且收集数据,从而研发出了名为"魔力手环"的产品。当游客进入公园的时候会戴上这个有定位功能的手环,这样园区就可以通过定位技术来掌握各个区域游客的人数分布状况,然后把这样的信息告知给游客以便他们能做出最优的选择。

此外,客户也可以运用手机点单服务,借助智能手表的位置信息,外卖员能准时把食物递到消费者面前。应用大数据技术不但优化了消费感受,也有效地缓解园区内的人流量压力。同时收集到的顾客资料可供精确推广之用。在这个大数据的时代里,人类和物品、静态和动态、虚拟和现实都能被测算,并可以用量化的视角去描绘、阐述、解析和运算。

## 2. 相关思维

万事万物都在大数据的背景中产生了联系。例如,某家提供订餐配送服务的企业,在配送的汽车与自行车上安装追踪系统,收集配送外卖整个过程中的各种数据信息,如点外卖的人是谁,送外卖的路径是什么,送到了哪个区域,通过对海量数据进行分析之后,就可以更加清晰地看出哪一条路线是最快捷的,哪一家外卖餐馆是最受欢迎的,等等,在掌握这些信息之后,企业就可以帮助送餐骑手规划出一条更高效的路线,帮助商家了解客户的需求。这些看起来似乎毫无关系的大数据,在精心的分析之后,就可以形成有价值的信息,成为企业提供给餐馆优化自身运营的增值服务。举例来说,如果今天消费者对泳衣有消费需求,那么企业便能顺势推销与泳衣有关联的产品,如防晒、泳镜、泳帽或海边度假用品等;或是利用大数据分析为客户提供住宿及航班预订服务,以满足他们的即时需要,这既能够提高客户满意度,也有助于增加产品的销售量。此外,"啤酒和尿布"这个著名的案例也证明了任何事物都可以相互关联的原则。从政府角度看,某个机构根据国家的经济信息库进行了研究,1990 至 2011 年,中国大陆地区企业的登记数量和国家税收之间呈现出强劲且显著的相关联系:两者间的关联度达到了惊人的 0.987(即正相关的程度)并且斜率仅是微小的 0.148——这意味着只要允许更多的公司成立并运营起来就能有效地提高国家的税款总额。这一研究成果对政策制定者来说具有极高的借鉴意义及实用指导作用。

### 3.实验思维

"一切皆可试"是大数据思考方式的一个体现。以往,我们通常依赖于专家意见来决定新系统的测试和评价。然而,在大数据时代,我们会选择让整个系统投入使用并在一部分用户身上进行实测以衡量其实际影响。A/B测试作为一种新型网络优化技术,能够有效提高网站转换率、注册人数等相关指标。我们将用户分成 A 和 B 两个小组,每个小组看到的页面内容各有差异(可能是不同的界面设计或是不同的推荐策略),然后观察一段时间后,比较这两个小组的转换率,以此判断哪个界面的设计或哪种推荐策略更具优势。

### 4.预测思维

随着信息技术的发展和大数据时代的到来,对未来趋势的预判已变得相对简单。借助大数据的力量,可以实现诸如比赛结果预测、旅游胜地推荐、人群迁移情况推测、流行病暴发预警、罪案发生可能性的评估、股票市场走势判断以及消费习惯的研究等多项任务,其涵盖领域之广泛令人惊叹。实际上,大数据的核心价值就在于它的预测能力。

人们可以通过大数据挖掘和分析过去没有注意或不知道的许多模式,并借助海量的数据对新的规律进行总结,对未来发展趋势进行预测,尽管这种大数据挖掘有时也会存在不精准的问题,然而其价值依旧值得肯定。比如,谷歌曾经利用客户搜索的关键字来预估流感的分布及发展趋势,最初这个预测的结果相当精确,但随着越来越多的公众了解到他们是基于什么做出这样的预测时,就开始质疑他们的流感预测是否正确,这使得很多搜索关键字的目的性和以前有很大的不同,因此谷歌的流感预测也不像之前那么精准了。

当百度票房预测系统正式启动后,出现了一些"预测失误"的情况,这是可以理解的。虽然大数据并非万能,但其预测能力并不能保证任何事件一定会发生,而是提供了一个可能发生的概率。我们需要不断利用大数据来更准确地推测这个概率。预测的关键在于接受不确定性的现实。各个行业的不确定性程度各异。电影和股票市场是易于受到人类行为影响且具有高不确定性的领域,因此预测它们比预测如天气、旅行、交通或物价等其他领域更为困难。仅仅因部分预测失败就对整个大数据预测产生怀疑,这种做法并不合理。

### (二)大数据分析理念新变化

#### 1.倾向于全体数据而不是抽样数据

在小数据时期,因难以获得全部的数据样本,研究人员发明了"随机调研数据"的方法。从理论角度看,如果采集到的样本更具随机性,那么它就能更好地反映总体情况。然而,这种方法的问题在于成本高昂且耗费时间精力。例如,大国往往难以实现每年的全国人口普查,而大规模的人群调查也可能做不到,原因就是所需投入的大量人力和资源。尽管通过采样可以部分地模拟整个数据集,但是仍有可能出现偏差,有时不能完全展示实际情况。

在大数据环境下,获取全部资料已成现实,这意味着我们能够研究和理解相关事物的各种数据,而非仅仅依赖于少数样本的数据分析。在电子商务领域,由于电商网站掌握了大量的用户在线活动记录,如他们的使用途径、点击频率、游览路线、过往消费情况及页面的停留时长等详细且详尽的数据,这就足够揭示出消费者的特性、喜好和购买能力等因素。

因为记录下这些信息的都是电子商务网站上的所有客户,所以这个信息能够如实展现消费者的购买行为与网络活动,经过对此类实际数据的一系列研究后,所得出的结论比随机样本的研究更为完整且精确,它能揭示整个社群的行为模式及特性,这对于企业制定策略并发掘更多商机具有重要意义。容量大并不是大数据的关键所在,"全"才是最核心的要素,通过大数据,人们可以从各个角度出发,收集到和一个人或一件事相关的、全面的、多维度的数据,更加准确、深入地了解其行为轨迹,并探究出其中的本质。借助大数据的帮助,政府的决策基础不再是"样本数据",而是更加全面的"全体数据",无论是财政数据、司法数据,还是人口普查数据,政府都可以借助大数据分析了解到全局,根据当地的经济、社会、文化等方面的实际情况,制定出科学合理的决策,所以政府必须树立起大数据意识,推动各职能部门共享相关数据,做出的决策要建立在对全体数据的分析之上,逐渐转变成"用数据说话"的新决策思路。

## 2. 注重相关分析而不是因果分析

在小数据时期,人们常常致力于寻找数据背后深层次的缘由;然而在大数据阶段,人们的焦点更倾向于研究数据间的相互影响。过分强调因果逻辑可能会让人们误解某些显而易见的因果关系,从而产生错误决策,这是由于真实情况并不总是如此直接和简明,事件发展是由众多因素交互产生的结果。例如,吸烟不一定引发癌症,寒冷天气也未必会导致感冒,因此,纯粹的因果关系实际上并不存在,更多的可能是相关联的关系。

所以,在大数据环境下,数据间关联的重要性超过了其因果关系,理解来自各方的信息集合如何互联已经成为数据研究的核心任务。运用相关性的思考方法能带来全新的视角并给出有效的预判,揭示数据间的互动模式。一旦发现两类产品或者现象具有明显的关联性,就可能产生极大的商业价值,而无需立即探究背后的原理。比如,沃尔玛零售店通过观察顾客购物行为中的一致性(即相关性)找到了啤酒与尿布的关联,以此为基础调整货架布局以提升销量及优化客户体验。大数据的相关性探索引领我们进入了一个比深入挖掘因果关系更具潜力的方向。透过全面的数据解析,我们可以洞悉微观数据的相关性,进而为商业策略提供指引。

对公共行政而言,利用各种层次和途径获取的数据资源,结合大数据分析工具来揭示社会经济活动的规则,为政府机构提供科学依据以协助其做出明智的选择,从而推动由传统的大规模管理转向精准化的处理方法,促进了从"随意决定"到"遵循规定"的管理理念的转换。

## 3. 追求效率而不是绝对精确

在大数据的影响下,人们的分析理念不再重视绝对精确,而是要追求效率。过去收集的数据信息量往往很少,因此对于这些小数据来说,必须保证质量,确保记录的数据足够精确,减少错误。采样时要求的精确度会更加苛刻。这是因为收集信息较少,所以如果出现了一小点错误都可能会导致整体结果出现巨大的偏移,正如同"差之毫厘,谬以千里",因此需要小心谨慎。

比如,如果在 1 亿人中抽取 1000 个人,倘若对这 1000 人的运算和分析上出现了些微错误,那放大到 1 亿人里将会出现十分明显的偏差。而倘若直接分析 1 亿人,那偏差该是多少就是多少,不会再有放大偏差的情况出现。

在大规模信息化时代,人们能够获得全方位的信息资料并无须担忧个别数值的影响会破坏总体的研究成果。对信息的杂乱、模糊等问题也开始变得更加包容接纳。人们已经不再过分强调精准度的重要性而更注重于迅速地把握发展的主线和大致框架的需求。具体到大范围应用场景下看,虽然搜寻引擎无法提供 100% 正确的答案或电子商务推介服务不能保证每个建议都能引起点击率上升,但是当客户能在短时间内得到回应并且偶然浏览一下相关的商品后就决定下单的时候,那么我们的目标——利用大数据来做决策的目标便已达到。但是要注意,这并非完全放弃对准确的追求,只是把精确放到了第二位上,以效率为主。

对公共部门而言,提升行政效能和迅速处理民众日常生活面临的挑战和困难是其主要职责所在,如果过于专注数字信息的高精度,可能会错过最佳的事务处理时间点,导致不能快速解决问题。另外,信息的确切性同样重要,但不再要求"完全精确",所以如何在"高效"和"准确"之间取得平衡成为当代政府必须考虑的核心问题之一。

### (三)大数据时代决策思维新方式

大数据时代,有效利用大数据技术解决各种问题并确保决策准确无误,这是所有层级领导者的核心关切点。但是,受到我国传统"模糊文化"的影响,当面临重大问题的决策时,领导们往往会表现出强烈的主观性和随意性。传统的决策一般是采用自主调查和咨询的方法来收集做出决定所需要的信息,但这种方法无法提供全面且多元化的信息支持,因此,决策者做出的决定常常是不完整的或带有偏见的,这可能导致决策的不合理和错误。同时,作为决策者,他们也负责实施计划,并且监管其结果,这反映出了传统决策模式的随意性和主观性。

借助大数据的支持,我们有可能会调整决策方式。运用数据整合、数理建模、模拟科技等方式,可以深入了解事物的基本特性,从而显著提升政府决策的科学水平,也能发现原本未曾预料或者难以展示的关系。在大数据环境中,政府可能会由依赖于"经验"的决策模式转变为依靠"实证"的决策模式,使用大数据技术使决策过程从"黑匣子"转向"白盒子"。大数据极大地扩展了政府决策信息的范围,同时也改进了决策方法。通过收集和汇总各种政务资讯,构建大数据决策分析模型,强化对于关键突发事件、自然灾难及其重要情况的监控、预报、判断与处理能力,这有助于提升决策的科学性、精确度和效果。技术的微小进步将会引领科学决策迈出巨大步伐。

## 二、大数据时代的新管理

### (一)大数据时代企业管理新变化

大数据正转变为驱动经济发展向新的方向前进的关键力量。通过引导科技进步、物资流通、资本流动和人力的分配,可以实现对社会资源的网络式分享、集中管理与协同开发,这将会深远地影响社会的劳动力配置结构,并可能颠覆传统的工作方法及经济运作体系,从而促使生产组织的规模化扩张和革新,提升整体的经济运营质量和效益。大数据正在不断地刺激商业模型的创新,并且也在不停地产生新兴行业。发展新兴产业是推动企业核心价值提升、创造更多附加值的关键动力。大数据产业作为未来经济增长的新引擎,将深刻塑造信息产业的格局。

利用大数据拓展市场已彻底改写了传统市场营销策略。旧有的市场营销方式因为其高昂成本、缺乏针对性和低转换效率等问题遭到了新一轮挑战。自大数据时代的开启,互联网搜寻、网页浏览、购物纪录、物流收件地点和社交媒体资料等大量资讯已被收集储存,借助大数据剖析及发掘技术可识别出消费者的性别、年岁层级、偏好、工作性质、薪资水准、消费行为、最近消费趋势等。依据此种资讯对顾客做精确描绘和分类后,便能实施精细化销售和定制化推介。

为了深层次地理解每个消费者的需求,亚马逊不但捕捉到消费者在购物过程中的各种细节,而且跟踪他们在网上的一切活动。经过对这些信息的深度剖析后,它能更好地洞察每一个顾客的消费习惯,这对于设定商品种类、控制存货仓库及推广产品都有着巨大的影响。同样,像腾讯这样的大公司利用其大数据中心和阿里的淘宝网络等大规模的数据库,都已建立起一套有效的信息获取和分析体系,从多途径获得用户的信息,并对他们的行动做出预判,以此来提供个性化的推销方案,确保消费者享有优质的服务,提升自身的销售业绩,优化商业战略。

当互联网共享产业在大规模市场推广上取得显著成果后,众多实体店也开始认识到大数据营销的重要性。在美国的一些大型商场里,他们利用摄像机捕捉顾客走过通道的时间和路线选择、选购商品的行为及购物时的心情等,以此对消费行为进行深入的数据挖掘,来判断出他们的购物意愿、偏好程度以及满足感等信息。例如,像沃尔玛、Tesco(一家英国连锁超市)这样的大公司已经充分运用了这些数据,并从中获取了丰厚的回报,从而进一步稳固其在行业的领导地位。

作为数据挖掘领域的一大典范,"啤酒和尿布"的故事出自沃尔玛。Tesco 利用其会员卡收集到的消费者购物信息,深入洞察顾客类别,比如素食主义者、独居人士或是带孩子家庭的特征,然后针对不同类型客户制定相应的商业策略,例如向特定类型的顾客发送定制化的宣传资料或者调整商店内摆放的产品以满足目标群体的需求,这样有助于提升销售额。传统的零售业有着丰富的数据来源,像沃尔玛每天产生的 PB 级别的数据,这为他们赢取市场竞争力提供了源泉。

在大数据时代,随着企业规模的扩大,产生的数据也会越来越多。通过对这些数据的分析,企业更加深入地了解消费者,从而实现精准营销,企业逐渐壮大,进而产生更多数据,形成良性循环,成为新模式下数据驱动增长的方式。

### (二)大数据时代政府管理服务的新变化

随着大数据的发展,人们的思考及决定方法也随之转变,并逐渐演变为提高政府运营效率的新路径。通过运用大数据,可以挖掘出那些传统的科技工具无法显现的关系网络,从而推动公共部门的数据公开化,进一步推进社会的各类信息数据的结合与资源优化配置,这将会极大地增强政府对各种信息的综合解析能力,为解决复杂的社会问题提供了全新的策略。构建"以数据为中心"的决策体系,利用数据来做决策、管理以及创新,有助于做出更科学合理的判断,进而推动政府管理的观念更新和社会治理模式的革新,加速新时代法治政府、创新政府、清廉政府以及服务型政府的转换步伐,稳步迈向政府治理能力现代化的目标。

预见大数据将带来的变革是可能的。它能在公共服务领域充分利用信息资源,为国家改革政府管理观念和治理方式提供技术支持。在当今时代下需求趋向多元化,因此精准化、个性化将是智慧城市公共服务的未来发展趋势,而这一切也离不开大数据技术这一支点。构建智慧城市的核心在于利用数字化城市的基础结构,并结合物联网技术实现虚拟世界的实体化,以实时的自动化方式捕捉人类及物品的变动状况。接着,运用云端平台处理大量信息,对其进行解析、运算和调控,进而向城市治理、经济增长和社会大众提供各种智能化服务。也就是说,智慧城市就是将云计算、物联网与数字城市三者综合到一起。

智能城市的大数据将会无处不在。这包括了从政策制定和服务供给,至日常生活如穿衣吃饭住宿出行的方式,乃至城市产业结构及规划设计,直至城市运行和管理的模式。对于城市规划来说,利用对地形、气候等自然因素和人文社会要素(如经济发展、社会状况、文化和人口)的信息分析,能为其做出更有效的决策并增强城市管理的服务质量和远见性。在大规模的城市管理领域,比如交通控制、医疗保健和社会治安等,大数据具有显著的优势。举例而言,在传统的全市范围内的网络监控系统里,监控中心的显示屏可以同时展示数十路的监控图像,完全依赖人眼观察很可能会出错。研究显示,如果专业监控员只关注两个监视器,那么在 22 分钟后将错过 95% 的行为。而通过大数据则可以直接对可能出现问题的行为进行筛选,并展现出来,再由专业监控人员确认是否存在问题,这样既可以减少人工失误,又尽可能避免了差错的出现。

依托大数据的支持,可以在诸如城市智能化交通、医疗健康保护以及公众食品质量方面获得技术的支持,从而更有效地识别并预估路况,协助交通管理的决定制定;我们可以更加精确地分配医疗资源,追踪和解析流行疾病的发展趋势,实时监控疫情的暴发情况并迅速采取行动;同样,也能够更容易地找出可能存在的食品安全隐患,推动政府机构之间的协作监督。整合了大量的人口信息、警方报告、网吧记录、酒店住宿、铁路运输、航空旅行、摄像头影像、面部特征、指纹等多种类型的数据后,能深入研究并发掘网络舆论和危机事件的变化模式,大幅度提高对公共安全突发事件的检测预警、反应速度和高效率打击罪行的能力,以确保市民们的生活健康、安全且便捷。

## 三、大数据时代对图书馆的影响

### (一)大数据时代图书馆的组织架构的影响

#### 1.大数据时代图书馆组织机构的改革原因

(1)数字化时代的进步要求重新审视和调整组织的架构以适应新的需求与挑战。通常情况下,会根据预设的目标及规划来优化并构建适合于公共文化、有责任感的图书馆体系。作为一个非营利性的实体,它不仅肩负着传承文明的责任,也负责向大众传播知识和服务。然而,随着历史车轮的前行和社会环境的变化,其职责也在不断演变中。所以,对于每个特定的历史时刻下的图书管理系统来说,制定相应的策略都是必要的且必须考虑到的因素之一。

图书馆建立的初衷是为了满足社会大众对精神财富的积累需求,因此图书馆的职能通常在记忆方面得以体现。而从组织架构上看,则是建立起完善的采访和典藏部门。然而随着社会的发展,人们对于文献的需求逐渐增加,图书馆也不再是一个以保存文献为主要职责的机构,而是渐渐转变为既重视保存文献,也重视提供文献的社会机构。这可以通过图书馆的架构来揭示,新增的借阅和参考咨询部门、引入的新技术等,都给图书馆带来了更好的发展机会。它的策略目标已经开始朝着更高层次转移,旨在变成社会的知识资源汇集点,并充当信息的服务中心,力求成为整个社会的信息网络的核心部分。换句话说,图书馆作为一个社会机构,对于信息服务功能越来越被看重了。

当前时代背景下,图书馆的主要任务是提升其服务的品质,向大众供应更深层次的信息和知识,以满足个人化的需求。所以,现有的图书馆组织部门设置已不再适应社会的进步。由于传统的图书馆收藏部分并未充分考虑服务功能的实施,而且图书馆的采集部分主要关注的是收集和整理工作,对于文献的发掘及应用几乎没有投入精力,这对公共提供的贴心且有个性的文化信息服务造成了阻碍。此外,从信息供给的角度来看,服务水平并不高,通常只提供了基本的目录检索和指导式问询,却忽略了内容的深度信息服务和针对个人的定制化服务。要使图书馆转型成为信息中心的目标,需要采用更为灵活且高效的组织架构。

(2)新技术的普遍运用要求图书馆对组织的架构进行调整。新信息时代的背景下,各类新兴技术对于整个社会的各个层面都有深远影响,这不仅局限于政治与经济范畴,也涵盖了文化和日常生活的诸多方面。因此,图书馆作为一个公众性的场所,其特性决定了它必然会对这些新技术有着强烈的反应。许多图书馆现已成功地实施了计算机联网,并通过互联网完成了图书馆的管理自动化工作,同时也积极推动和构建数字化的图书馆系统。

毫无疑问,新技术的发展与应用必然会对图书馆的传统技术和操作程序造成冲击,从而影响组织活动的效果和效率,并对组织活动的内容划分、岗位与部门设置以及工作人员的素质要求产生影响。

一般而言,传统的图书馆组织结构是围绕文献管理展开,按照文献种类或工作程序进行设立。常见的部门包括采访部、编目部、流通部、期刊部、咨询部、古籍部、辅导部等,以适应手工作业的需要。

通过计算机形成的早期管理系统便是以上述模式作为基础建立的,而其中计算机的作用以改进和模仿为主。随着信息技术和图书馆之间的结合愈加紧密,很多过去的图书馆部门已发生巨大的变化。现在,计算机可以处理大部分原本由各部门执行的工作任务,从而使图书馆的管理更加智能化。相较以往,现在的图书馆采编部门更注重对数字资料及电子书籍的标记和分类。此外,图书馆的环境也得到了提升,借助监控设备,所有区域都可供公众使用,方便他们借阅或阅读。而每一个变化都推动着图书馆整合、重组、改革和创新自身的各职能部门。在大数据的环境中,必须根据图书馆的管理目标和作业需求来设置图书馆的组织结构,而不是简单粗暴地把计算机系统直接塞进过去的组织结构当中。

## 2. 大数据时代图书馆组织结构改革的内容

(1)构建简洁扁平化的组织架构。通过深入研究传统的图书馆构造模式,可以看出其呈现出一种金字塔式的形态,顶部包括了图书馆的管理委员会和主管人员等,这无疑属于决策团队;中部则是由各部门领导构成,他们构成了管理的核心力量;底部则是负责实际操作的人员组成。通常来说,如果图书馆的规模越大,管理层级也会随之增多,这样一来,决策层与实施层之间就会产生更远的间隔。

传统图书馆采用此种层级制的架构主要是因为它和管理幅度密切相关。所谓的管理幅度指的是向上级汇报工作的下属人数,也就是我们常说的管控范围或者管理规模。当管理幅度增加时,管理层数会减少;而如果管理幅度减小,则管理层数就会增多。因此,为实现有效的管理,大多数图书馆都会选择使用层级制度来构建其组织的结构。

借助信息科技手段,把图书馆的工作过程变得自动化和程序化,能有针对性地融合各个机构自身的功能,从而大幅度减少信息的传递时间。对管理人员而言,运用信息科技工具能够提升管理的幅度并降低中层管理者的影响力。

同时,金字塔形式的等级制组织结构的缺陷也逐渐浮出水面。图书馆应当寻求一种平衡方式,全面思考各项任务的提议、推广和执行,并通过增强个人的责任感,确保任务能够顺利完成。这样架构的建立将增强图书馆对周围环境的适应性和应变能力。我国图书馆也需要借鉴现代公司组织架构的扁平化设计方法,改革原有的金字塔型等级制度结构。

(2)构建矩阵式的机构架构。这是一种通过调整、分配并组合组织的各项工作,构成相对合理布局的方法。现阶段存在三类方法可用于划定各部门:一是功能型,二是市场及产品类型,三是特定项目型。当前我国图书馆广泛使用的机构部门分类法是基于功能型的。而形成这种形式的主要原因不仅是因为机器大工业的迅速发展,而且还缘于图书馆工作愈加复杂化。

引入工厂的专门化运营模式后,图书馆被划分为诸如目录编制、资源搜集、借阅服务及阅读体验等多种功能区域。必须承认,此种职责明确的机构架构对于过往图书馆业务进步产生了正面的影响,这有利于领导层的一体化调度,并充分发挥各领域专职人员的专业能力,从而推动图书馆人员朝着专业的道路前进。然而在如今的新技术环境之下,传统的职能部门化组织结构无法再继续推动图书馆的发展和进步,社会对图书馆做出了综合化、专业化和多元化的新要求。

为防止职责分配过程中的过多不足之处,我们采用了矩阵型组织的模式。这种形态最早出现于二十世纪八十年代,那时美国的公司正在改革其运营策略,并创建了一种矩阵型的组织架构,旨在增强他们的全球竞争能力。该类型的组织结构由两部分构成:一是职能部门,二是项目团队部门,后者主要负责执行临时的任务。这个结构的主要特征就是拥有双重的指挥体系,即组员需要同时听从部门主管和项目团队主管的指导。

## (二)大数据时代图书馆读者服务工作的发展趋势

随着现代新技术的发展,全球图书馆事业正加速朝着电子化、数字化和虚拟化的方向发展。我们应该深刻了解未来图书馆读者服务的发展趋势,顺应读者服务的规律,有效提升读者服务的质量和水平。

### 1. 读者服务模式的转化

随着信息化的推进,图书馆构建的服务方式正逐步从"以书籍为中心"转变为重视"人"这个核心元素并将其放在首位来考虑问题。对传统的图书管理而言,其基本任务便是收藏书籍——这是所有活动得以展开的前提条件。即使到了现在,这种状况依然没有发生变化。即馆内拥有的丰富资源仍然被视为无可替代的存在。收集和保存文献资料始终都是图书馆建设的关键环节,同时也会对其所能提供给读者的各种服务的广度产生深远的影响。所以从某种程度上讲,公众阅读场所的主要角色应定位为其主要的服务对象,也就是那些读书的人们本身才是主角而不是其他任何东西或因素。

新的信息科技进步使得图书馆外部信息的生态环境与内在的服务流程正经历着重大变革。由于信息资料的丰富性和获取方式的多样性,再加上社会的各种信息组织形式,这都在推动图书馆工作的核心由"以书籍为中心"转向"以人为主导"。

图书馆的"以人为本"服务模式指的是将读者作为主体和图书馆服务的核心所在,将根本目标设定为让读者感到满意。图书馆要让读者成为匹配资源和开展工作的核心,所有的服务都是以服务读者为基础。随着这一变革的进行,图书馆的所有工作都将聚焦在读者身上,这代表着图书馆的服务核心不再是藏书,而是朝向读者转变,其服务方式也已经从被动转变为主动为读者提供服务。

**2. 读者服务范围的拓展**

传统式读者服务具备"自我满足"的特点。扩大对读者的服务范畴,不仅包括传统意义上的"图书馆服务",还应包含"资源共享服务"。这意味着图书馆的服务对象不再仅限于固定的读者群,提供的资料也不再仅仅是现有的馆藏,同时服务地点也应该超越了图书馆这一特定的空间限制。

随着信息的广泛传播及应用,图书机构得以实现其信息资源共享的可能性得到了提升。对于未来的展望,传统的图书馆模式将会被完全颠覆掉,用户除了可以在实体书籍上获取知识外,也可以通过互联网来获得相关内容。由于服务的目标群体通常是未知的且多样化的——他们可能是来自不同国度或地域的人们;也可能会属于各行各业或者社会等级的人群,等等。因此,预计将来会看到更多的互动式阅读体验出现在公众面前。

# 第三节　基于大数据的图书馆管理

## 一、图书馆管理的主要原理

### (一)系统原理

所有社会机构都是一个系统,它由人力、财务和物资组成。任何的管理活动都是这个系统的一部分,如果没有这个系统,那么管理就无法进行。系统原理不仅为我们了解图书馆管理的实质提供了新的视角,同时也给出了图书馆管理的新策略。

### 1. 系统原理的定义

由著名学者贝塔朗菲所提出的系统论强调了这样一个观点："系统是指那些被置于特定联系之中,并且能与其外部世界发生互动的所有元素的组合。"

钱学森主张："系统由各个互相依存和互动的部分构成,形成了一个完整的具有特定功能的集合体。"

根据此定义可知,任何一种系统都应满足以下三项基本要求:首先,其结构需包含多个组成元素;其次,这些元素间存在着互动关系;最后,整个系统对各个组件和外部环境产生明确的影响。这三点都是必不可少的,如果缺少其中一项,那么它就不再被视为一个完整的系统了。

系统和元素是紧密相连的,在所有构建系统的元素中,元素是必不可少的。在具体的系统中,要素可以划分为三种:

(1)数量不同与性质不同的要素,构成不同的系统。

(2)由于结构方式的不同,数量相同和性质相同的要素会构成不同的系统。

(3)性质相同的要素,由于数量不同,构成不同的系统。

### 2. 系统原理的内容

系统原理是关于系统共有特性、基本属性等的理论概括,主要包括以下几个原理。

(1)系统整体性原理。总括来说,整个系统中的各部分元素之间的关联形成了一个完整的个体。这就是系统整体性原理。在一个系统的各种特征里,最核心的特性是它的整体性,所以我们经常把"系统"和"整体"这两个词互相替换来用。

系统整体性原理包括:各个元素与整体是不可分割的;在系统中,总功能和各部分功能之和并非等同;此外,系统整体还具有超越所有部分功能之和的新功能。

整体性原理在图书馆管理中具有关键的引导作用:

1)将管理要素根据图书馆管理目标组成有机的系统。统一图书馆中的各要素功能并从总体上进行放大,是图书馆管理的目的所在。因此,从这个角度来看,图书馆管理就是一门协调图书馆里的各个部分或者各种要素,从而让其达成某种组织目标的学问。

2)持续提升要素功能构成了图书馆管理系统的核心基础。因为整个系统是以各种要素为构成前提,因此要对图书馆系统总体功能做出调整,就需要增强每个要素的功能。一旦某个或多个要素出现不足或是缺乏完善的功能,那么也可能影响到整个系统的功能效果。

3)图书馆要素之间的组合要足够合理。从全局视角观察,当整个系统的平衡被打破时,通常是由于构建不完善所导致的。因此,为了提升并改进图书馆管理的整体功能,需要重点关注每一个组成部分的作用,并且对各要素间的排列方式做出相应的调整,以实现优化图书馆管理系统的目标。

(2)动态关联性原理。所有系统都可能经历变迁,其状况取决于时间,从而展示出系统的动态特性。这种动态性的存在主要是由于系统具有相关性所致。所谓的"系统相关"指的是体系内的各部分要素间、系统和外部环境之间的联系,以及各部分要素对整个系统的影响和限制,它们都是紧密相连而无法分离的。正是基于这样的关联,才使得系统产生转变。

在本质上,动态关联性原理揭示了前述三者之间的联系以及这些联系对系统形态所起到的作用。对于图书馆管理而言,系统动态关联性原理有如下作用:

1)图书馆管理系统中的每一个要素的存在和有效运作都是与其他要素紧密关联的。如果系统中的某一要素发生改变,那么其他要素也会发生改变。这就要求在具体的实践中,如果我们想要改变某些不合理要素,必然需要考虑与这一要素相关的其他要素的作用,使这些要素能够得到合理的变化。

2)图书馆系统内的各个要素间的关联并非固定不变,而是在持续变动着。这些要素之间相互影响的方式会随着时间的推移发生转变,这也就意味着整个系统的状态也在不断演变。因此,把图书馆视为一种动态系统,并在这种动态环境下理解并掌握其总体特征。此外,在这个过程中,能够处理部分与整体及各部分之间的关系。

3)整个图书馆系统的功能是由其与环境的关联性构成的。各要素之间的关联性形成了系统的结构,使得系统具备特定结构的完整体,那么这种系统与环境的关联性就构建了系统的功能关联。

## (二)动力原理

### 1. 动力原理的含义

管理动力的定义是指驱使管理行为向特定目标前进的能量。其含义和影响不只体现在管理行为,更重要的是它必须保证这种行为的发生。

管理动力具有如下几个特征:

(1)具有大小、方向、直接作用的目标。

(2)这是一个强大的限制因素,推动了管理机构的活动。

(3)管理组织的有序运行受到这个因素的影响。

现代化管理强调,必须有强大的推动力才能进行管理活动,特别是当管理者正确且有效地利用这一推动力时,管理工作才能更加持久。

### 2. 管理动力的运用途径

(1)管理动力的协调机制。图书馆管理的信息驱动、物质驱动和精神驱动都各自独立,因此,当前图书馆管理领域需要深入研究的核心问题就是如何将这三种驱动力有效地融合并协同运作。

一般而言,物质驱动力是管理活动向系统总体目标进步的基石和前提条件,精神驱动力对其来说就像是灵魂和核心,而信息驱动力则是必不可少的调节杠杆。每一类动力的功用和意义都有所不同,缺一不可。根据图书馆系统的差异,三种动力会有所不同。即便在一个相同的图书馆系统中,这三种动力也会因为时间、地点等条件的变化而产生影响和地位的改变,并在每个层面和结构中产生不同的效果。而洞察这种变化便是图书馆的管理任务之一,只有把握好其中的差异,采取切合实际的有效措施,才能保证三类动力能够相辅相成,发挥出更好的综合效力。

(2)正确处理个人驱动力与团队驱动力、短期驱动力与长期驱动力间的关联。以管理的视角来看,每个图书馆体系的总体驱动力是由内部各种个体的驱动力所产生的结果。这些个人的驱动力包含了实物驱动力、心理驱动力及信息驱动力。然而,他们并不能总是一致地符合整个图书馆系统的驱动力量。若我们将图书馆系统内的个体驱动力与其整体驱动力的关系及其影响视为向量,通常会出现如下三类常见情形(参见图3-1)。

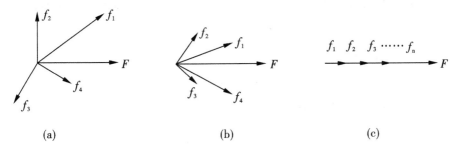

图3-1 图书馆管理中整体动力和个体动力组合的三种典型情形

1)如图3-1(a)所示,尽管图书馆系统的所有要素都有充足且独立的动能发展,然而因为它们的运动方向不同,彼此之间产生抵消作用,最终导致总体效果受限,有时候甚至出现零或者负值的结果。这被称作是无约束的管理动力模型。

2)如图3-1(c)所示,如果把各个独立要素的力量都引导至同一"群体"目标,乍一看似乎只需简单地堆叠这些元素即可得到最大化的总体力量。然而事实并非如此。由于图书馆系统的总动能与单一因素的动能并不遵循代数守恒法则。强制性地将单独因素的能量融入整个图书馆系统的总动能里,并且期望它们的方向一致且动作同步,这其实是在对个别因素的动能施加限制或者反驳。最终的结果是个人动能被削弱了。由于得不到合理充分的发展,导致个体要素的能量减少或消失,这种管理动力模式被称为独断式。

3)对于图书馆管理的动力组合而言,我们不仅要防止单一因素过分主导,同时也要避免完全依赖于某一特定要素来决定整个系统的运作方式。相反,我们要寻求的是对各种可能性的平衡和优化。通过实际操作经验来看,一个相对理想化的管理策略通常会遵从"四边形原则",也就是当各个部分的力量朝着大致相同的目标前进时,它们应该能够充分发挥各自的能力并保持独立自主的发展状态,例如图3-1(b)中的情况。这种多元化力量共同协作的结果虽然未必是最佳方案,但它却是最为稳健且可行的管理动力整合方法。这就是我们在构建图书馆管理体系中需要寻找的驱动机制——满足需求的管理动力模型。

正确理解及妥善应对眼下驱力和长期驱动力间的关联构成了图书馆管理的关键难题。短期动机往往源于图书馆体系内的个人元素,其取决于个人的目标、职责、属性及其自身的权益。然而,长期推动力常常表现为整个图书馆体系的力量。但这种划分并不完全准确,因为长期推力也可以体现在个体的行动中,短期的力量也能融入到总体推进里。二者间的关系可以被描述成"标"和"本",具有交互影响的特点。因此,图书馆需要遵从"急则治标、缓则治本"原则,以恰当的方式来把握眼下的动力和长期的动力之间复杂且矛盾的关系。

(3)科学地管理动力刺激量。从控制论的视角看,图书馆系统的驱动力可以通过实施一些外部刺激来获得。这包括正向和负向刺激,也就是说,当图书馆系统和要素行为有所改进时,应该进行推动和激励,反之则需要对其进行限制和惩罚。也就是说,能否采取恰当的比例和正确的运用方式进行正负刺激对于图书馆系统动力结构的优劣起到了决定性的作用。一旦激励强度不适宜,无法恰当地实施管理动机准则,也无法达到图书馆体系和其元素的最优驱动力效果。所以,图书馆的管理者需要特别关注:管理的激励应该基于达成目标为基准;要重视激励的时间效应;尽量避免使用或减少定期的激励;尽可能避免采用或者减少固定的激励方式;激励措施应当因人而异;明确奖励与惩罚的关系,并侧重于奖励。

## (三)能级原理

### 1. 能级原理的含义

能是一种工作技术和实力的表现,在管理领域也是非常普遍的。人、法律规定和组织都会涉及这个方面。尽管我们谈论的是能量的大小问题,但实际上它只是一种程度上的差异。由于存在着这种程度的差别,我们可以把能量划分为不同的等级,并构建出一整套稳定的规则和流程,甚至可以形成标准化的管理系统。在大规模工业化进程里,能够有效地控制和管理各种因素的能力被视为发展的重要标志,这有助于确保各个环节之间的秩序井然。

一项关于图书馆管理的职责就是构建一个与系统要素能量相对应、层次分明且能量各异的合理架构,以便让图书馆的每一个要素和形式都能融入到能级中,实现对图书馆整体系统的优化。

### 2.图书馆能级的结构优化

通过优化图书馆的能级结构可以实现对图书馆能级动态优化的保证。如果对图书馆的能级结构进行几何化分析,就能够建立一个稳定的正三角形态,就像图3-2中所展示的那样。

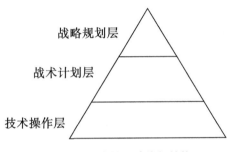

图3-2 图书馆系统能级结构

毫无疑问,这种正三角形状是一个极其稳定的构造模式,它是现代图书馆管理中较为优秀的状态,具体特征如下。

(1)决策层令行统一,政出一门。

(2)执行层有明确的规则和依据,从而确保管理策略、政策以及方针能够长期稳定地进行。

(3)能够实现管理能力和权力在质量上逐渐增加、在数量上逐步减少的规则。

(4)符合当代管理的原则,即最低投入获得最高产出。

(5)有助于识别各个管理层级的错误,责任清晰明了,结果一目了然,这对于解决官僚作风的盲目指导、遇到问题就回避和"踢皮球"等问题有很大的益处。

### 3.图书能级的态化

(1)各个级别的管理工作需要设定各自的目标和责任。知名的"安东尼结构"把管理的体系分成三部分:一是策略的制定阶段;二是执行方案的设计阶段;三是技术的实践阶段。这三部分涵盖了从决策到实际运作的所有环节,总结起来就是表3-1所示的内容。

表3-1　各级管理岗位上不同目标和任务

| 项目 | 战略规划层 | 战术计划层 | 技术操作层 |
|---|---|---|---|
| 主要关心的问题 | 是否上马/何时上马 | 怎样上马 | 怎样干好 |
| 时间幅度 | 3~5年 | 0.5~2年 | 周、月 |
| 视野 | 宽广 | 中窄 | 狭窄 |
| 信息来源 | 外部为主 | 内部为主 | 内部 |
| 信息特征 | 高度综合 | 中等汇总 | 具体 |
| 不确定冒险程度 | 高 | 中 | 低 |

表3-1显示出,各种管理职务的任务和目标都有所不同,因此对于不同等级的管理人员,他们的需求也必然会有所差异。管理者的能力应与其管理层次保持一致,避免混淆。

(2)各个职业职位的能级需要保持实时动态对应更新。每个人的专长和技能各异,作为领导者,他们的任务是识别并利用这些特质,让他们置于最能够发挥他们优势的位置。但是仅仅依靠个人意愿和固定的工作安排难以实现这一目标,因此有必要让人们在不同的能力和级别中移动和调整,通过实际操作来确定他们合适的水平。此外,个人的才华发展和工作职位的需求也可能相互影响,因此图书馆的管理必须实行灵活的等级匹配,以确保最大化图书馆管理的效益。

## (四)效益原理

### 1.图书馆管理的效能、效率

对于图书馆的管理系统来说,它的执行力或行动能力决定了它的工作效果和效益。这主要依赖于该机构的目标设定清晰度与架构设计得当程度及其能否充分调动员工的主观努力因素等几个方面来衡量。通常而言,图书馆管理工作成效可以分为两个层面：

（1）单位时间内图书馆管理系统完成的工作量。

（2）完成固定任务时，图书馆管理系统所需的劳动量。

图书馆管理的效益是指图书馆系统在设定目标下，通过特定的效率实现其功能的成果或结果。

**2.影响图书馆管理效益的因素**

（1）生产方式。从本质而言，生产方式直接影响到图书馆的管理效果，即其外部呈现为图书馆的管理行为，二者是相互关联的。因此，生产方式也决定着图书馆管理的方法与特性。再进一步说，图书馆的运行效率是由其管理属性及方法所决定的，故而我们可以通过逻辑推理得到结论：图书馆管理成效由生产方式来决定。

（2）管理者。管理人员在图书馆的运营过程中占据主导地位，对整个管理活动起着决定性和关键性的影响。他们的行为、观念等都会对图书馆的管理效果产生影响，同时也会对图书馆的组织、规划和控制等环节造成影响。

（3）管理对象。管理的对象是指由人、财、物和信息资源构成的一体化有机体系，人是核心部分。尽管其他的要素集合对于图书馆的管理效果有重大意义，但人的影响力不可忽视。馆长的职责感和能力常常能主导其余管理对象的价值与作用。

（4）管理环境。管理的成效是由有效的管理行为所达成的，这些行为则受到外部的客观条件制约和引导，所以，这也是决定管理效果的重要因素之一。对图书馆管理效能产生影响的外部环境要素包含了政治氛围、经济发展状况、科技进步情况以及社会心理等。

# 二、数字时代图书馆所处的社会文化和技术背景

## （一）图书馆发展环境

对于想要深入理解图书馆历史和未来发展趋势的影响要素的人来说，首先要做的就是去理解其所在的社会背景。这个社会背景是多元且复杂

的,它涵盖了诸如经济发展、政治状况、教育水平及科学技术等方面,这些都为图书馆的发展提供了基础性的条件。

### 1. 社会文化

社会文化影响着每一个社会成员的生产生活方式、思维模式以及价值观等。所以对个人和团体来说,社会文化有塑造作用。而对于图书馆管理来说,首先,社会文化决定了图书馆的职业文化特征,倘若图书馆和社会价值体系、社会文化脱节,将不可避免地出现管理问题。其次,社会成员对图书馆机构或服务的态度常常取决于其所处的社会文化,这种社会文化决定了大多数成员选择阅读还是看电视等其他活动作为娱乐方式;同时,社会教育水平也可能在公共资金短缺时影响社会成员对环保、治安、图书馆等公共支出的倾向。不同国家有着不同的文化,而当地的图书馆也因而得到不同程度的社会支持。例如,在英国,大约60%的社会成员是公共图书馆的注册用户,而英国社会将"访问图书馆"列为第三或第四大娱乐方式;另一方面,根据相关调查显示,在美国过去一年中曾使用过公共图书馆的家庭比例超过了65%。而我国,持有公共图书馆阅览证的人口仅占5%,这与英美的数据形成鲜明对比,表明这两个国家社会文化更有利于公共图书馆的发展。20世纪,英美两国进行了数次关于图书馆的调查研究,展示了图书馆在这两国社会文化中的重要地位。在当代文化结构中,教育、文化、科技三者的融合逐渐形成了一体。随着科技的发展和信息的普及,我们所熟知的传统文化和视觉表现方式已经发生了重大变革。例如,数字化摄影器材(数码单反)、视频摄制工具等新型技术手段被广泛应用于电影制作与播放领域;而诸如此类的"新"媒体形态也成为当代社会中不可或缺的一部分,比如,网络上的各种影剧作品及音频资料都是基于这一新兴媒介平台产生的成果之一。因此可以明确的是,只有利用先进的技术来提供此类多元化的资讯内容才能满足人们日益增长的需求并推动整个行业不断向前发展。

### 2. 社会政治

两个主要因素构成了一个社会的政治氛围,一个是该社会的政治体制,另一个则是维护这种体制的机器。这两者都与图书馆的管理息息相关。首要的是,若整体的社会稳定且民主,则有利于图书馆的进步;反之,若是混乱和独裁,那势必会妨害到图书馆的前进。另外,支撑政治体系的关键力量通常是指政府的表现,它能直接影响图书馆的进展情况。在特定的历史阶段或情境中,政府可能会选择实施其中之一的行动来塑造图书馆的环境,这会对图书馆产生截然不同的影响。

(1)政府明确表示,图书馆的职责不在当前的政治焦点或其所代表的阶级利益之内,因此并不具备优先支持的条件。

(2)由于政府对图书馆职能在其政策目标中的价值认识不足,他们可能在短期内并未优先考虑图书馆的发展。

(3)政府对图书馆在实现其政治目标中的重要性有深入理解,并积极推动图书馆的进步。

### 3. 社会经济

社会经济是图书馆发展的基础,图书馆的发展离不开资金和物力的保障,因此必须得到社会的帮助。除此之外,经济发展水平还会决定人的受教育水平,所以也会对社会阅读需求量和阅读能力有极大的影响。最终,人们对信息交流系统的需求也会受到经济活动的影响,随着经济的繁荣,人们对图书馆的期待也会相应增加。

### 4. 科学研究

科学研究对于图书馆的进步起着决定性的作用。它不仅是图书馆发展的外部环境,而且也影响社会情报需求的大小和质量,同时也决定了知识和文献的增长速度。这些又共同对知识组织和信息组织的复杂度起到决定性作用。此外,科学研究的水平也会对图书馆知识的组织和传递方式产生影响。例如,在当前高科技时代,计算机手段被用于知识和信息的整理。随着科学的进步,图书馆的技术手段也将得到提升。

### 5. 社会教育

社会教育对图书馆的影响主要有如下表现。

(1)社会教育对于大众的文化素养具有决定性影响,同时,这种文化素养也必然会对阅读量产生影响。

(2)教育模式和方式对于社会成员的阅读习惯有着决定性影响,研究结果显示,早期的阅读训练对于塑造一个人的终身阅读习惯至关重要。

（3）教育活动所衍生的文献资源是图书馆的重要来源，对公共图书馆、学校图书馆和高等学校图书馆的需求是围绕教育活动而产生的重要基础。

（4）教育质量对于图书馆员的素养有着决定性的影响。

### 6. 社会交流系统

整个社会的沟通体系是由各个参与知识及资讯交换的组织所构成的一个集合体。作为这个集群的一部分，图书馆不仅与其余的部分有依赖共生的联系，同时也有可能产生竞争或矛盾的情况。同样地，图书馆也会面临来自其他交流组织的相似挑战。许多这样的机构不仅是推动图书馆发展的重要因素，同时也可能是其潜在的竞争对手，他们常常会争夺资金投入、客户需求以及人力资源等。比如，公共传媒始终都在争取获取公众的空闲时段；而诸如信息查询中心、互联网资料供应商、个人图书店、阅读团体等都可能会跟图书馆抢占市场份额。正是因为这些既有互补又有对抗的关系的存在，使得社会的沟通体系成为图书馆外部环境的主要影响源。这主要表现为以下两个方面。

（1）任何形式的交流，例如，出版业的革新和通信科技的发展，都有助于图书馆的进步。

（2）图书馆的发展无法避免地受到其他交流机构的分化、综合、兴盛和衰落的影响。

## （二）图书馆发展的条件

图书馆的繁荣和发展程度在很多方面受到许多因素的影响。根据哈里斯、切尼契、罗杰斯等专家的理论，推动图书馆成长的基本要素包括以下几个方面：

### 1. 注重文化修养与自我完善的社会

在这个环境中很可能出现巨大的读书需要量，这不仅体现了图书管理的职能和推动其发展的动力源泉，也是刺激公共部门增加投资于书籍资源的重要因素之一。随着人们生活方式日益丰富多彩，很多人已经很难有空余的时间去读一本书了。然而，当代图书馆工作人员明白要使看书成为人们的一种休闲选择的话，就得激发公众对于阅读的热忱并且始终把推广文化视为他们最重要的任务来执行。

### 2. 相对稳定集中的居住环境

根据鲁宾和哈里斯的研究观点,理想的环境下,图书馆的发展应该发生在具有一定规模并且稳定的社区如学校、修道院、小镇或大城市等,而在人烟稀少或是流动频繁的地带,建立图书馆的可能性较小。尽管如此,传统的实体图书馆仍然受限于其所处的位置,尤其是在人口密集且稳定区域的需求更为迫切。然而,随着数字化时代的到来,这种局限被打破了,新的挑战也随之而来:对于特定的网络设施有更高的需求。所以到目前为止,城乡之间的基础设施建设依然存在显著的差距。

### 3. 经济的繁荣

唯有在经济充分发展的基础上,社会才有能力满足公民的基本生存需求并积累充足的盈余资产。在此前提下,社会方能向图书馆事业投入充裕的资金资源。同时,经济的兴旺发达也孕育了捐赠者。这些慷慨解囊者通常能够助力公共图书馆、高等教育机构或学校的图书馆等领域取得进步。回顾世界图书馆的历史进程,如安德鲁·卡耐基与比尔·盖茨等人就是那些对图书馆建设产生了深远影响的善心人士。

### 4. 政治的稳定和开明

开放且稳定的社会氛围对图书馆的进步有积极影响。原因在于,首先,在一个开放而稳健的社会背景下,政府及社会公众更倾向于重视知识的累积与创新、科技教育的推进以及国民素养的提升,这些都可能激发他们对于图书馆功能的认识,进而推动其发展;其次,社会的安定也必会带动经济发展,这有助于为图书馆的成长提供资金基础。

### 5. 科学研究与教育的发展

科技进步的影响不仅引发了对知识的需求量上升,也推动着文献信息产出的扩大化,这二者都有可能促进图书馆事业的繁荣发展。教育的提升既能增进大众的文化和读书热情,同时也会带来与之相关的学习资料及需求的扩张。

### 6. 交流手段的改进

图书馆作为社会交流体系的一个组成部分,其发展离不开社会交流方式的进步,例如造纸术、印刷术和计算机技术的出现。

## 三、数字图书馆管理与传统图书馆管理的异同

### (一)数字图书馆和传统图书馆的共性

图书馆一直致力于搜集、保留和传播各种文献信息资源,并通过多种方式向社会提供资源服务。即便经历了多次变革和模式转变,图书馆这一宗旨也始终如一。

虽然图书馆的职能随着人类知识发展而得以增强。然而,无论是数字科技还是多媒体科技,它们都只能改变图书馆的收集和传递功能,转换其形态,却不能改变图书馆的宗旨。

除此之外,无论是数字形式还是纸质形式,图书馆保存的那些人类文化遗产都需要进行收藏,如此才能方便人的查找和应用。这就表明,无论是传统的图书馆还是数字化的图书馆都拥有这个功能。

### (二)数字图书馆与传统图书馆的不同点

数字图书馆与传统图书馆的差异可以从以下几个方面来看:

#### 1. 馆藏结构不同

传统图书馆主要依赖纸质资源,但也包含其他类型的资源;相比之下,数字图书馆主要利用电子和网络上的数字信息来提供服务,因此不存在传统图书馆中的复本、拒借等情况。

#### 2. 服务模式不同

传统图书馆的服务模式是以实体图书馆为核心,等待用户的需求;而数字图书馆则更注重开放性,将用户置于首位,让用户通过互联网终端来获取信息。

#### 3. 工作重心不同

传统图书馆注重采编、流通和借阅服务,而数字图书馆则更加关注信息的搜集、检索、咨询以及网络导航。

### 4.交流方式不同

传统的图书馆主要是通过面对面的方式与读者互动;然而,数字图书馆则是以人机交互的形式运作,用户可以通过网络与管理员进行对话和咨询。

### 5.文献信息载体的寿命不同

如果对传统图书馆的纸质载体进行妥善保存,其寿命可能会超过一百年;然而,数字化图书馆有可能因病毒的侵袭而失去数据。

另外,数字图书馆与传统图书馆在管理、组织结构、建筑布局以及技术服务的法律保障等方面也存在着巨大的差异。

## (三)数字图书馆管理与传统图书馆管理的异同

### 1.管理观念:从封闭型向开放型转变

传统图书馆管理的理念反映了其历史背景,更注重的是对内部分项如资金、书籍和人员的管理。这些主要是通过主管单位的资助来实现,同时,图书馆工作人员的工作内容也是以保存书籍为核心任务。当用户因未妥善保管或遗失书籍需承担相应责任时,他们可能被要求支付数倍于原价的费用。受到此种思维方式影响,图书馆采取了一种闭门式的管理策略。然而,随着社会的进步和社会环境的变化,图书馆的封闭式管理也在发生变革。面对信息科技带来的冲击和互联网的影响,图书馆若不能适应潮流,就注定会衰败。毫无疑问,实施图书馆的开放式管理已成为一种趋势。这也使得图书馆的财务状况有所改观,采用包括主管单位补助金、捐款及多种经营收入等多种渠道筹集资金;此外,由于空间已经数字化并融入到网络中,所以不再需要扩张规模或者返还书籍,只需按照需求自行调整即可。

### 2.管理理论:从科学管理向知识管理转变

泰罗的科学管理理论是一个特定的历史观念,它曾在那个时代推动了西方社会的进步。引入科学管理理论是图书馆管理工作的巨大飞跃。尽管科学管理理论存在一些不足,但这并没有使其走向衰落。这是因为科学管理过于重视工作,而将图书馆员工视为完成任务的手段,未能实现人力资源的优化配置。这几年来,越来越多的学者开始质疑科学管理理论,对其存在的缺陷表示怀疑。并且图书馆还引入了目标管理,这对于图书馆管理理论来说是一种进步,可以分解工作的目标,然而目标管理在实践当中仍旧存在一些缺陷,比如制定的工作目标不合理,难以调动管理人员的积极性,等等。

而知识经济时代的来临让知识的重要性超越了资本、劳动力、原材料、汇率,"知识宝库的图书馆"占据了更加重要的地位。此时的图书馆面临着担起时代重任、适应时代要求的重任,然而以往的科学管理和目标管理等理论都存在较大缺陷,难以胜任,因此知识管理应运而生。

关于"什么是知识管理",美国的生产力与质量研究所给出了定义:它指的是一种旨在增强公司实力的方式,即收集及辨识各种形式的信息(包括智能)并且使这些信息的价值利用率最大化。一些中国的专家则认为它是把文献资源转化为更强大的商业能力和生产的理念及其管理的战略方法。它的重点在于理解如何有效运用脑海中的思维资源来提高公司的效率。这种方式通常是针对组织内部的管理活动而设计的,特别是在涉及员工的工作内容或者领导层面的决策制定时更为常见。在这个过程中,关键因素就是用有形的文字材料去连接无形的人类思想力量从而创造更大的经济效益和社会影响力。

### 3. 管理手段:从人工操作转向计算机管理

以前,图书馆的采访、编目、验收、流通、阅览和咨询服务等都是由人工来管理的。人工管理的特点包括成本高、差错率高、拒借率高、服务质量低、流通率低、工作效率低。

引入电脑进行图书馆管理后,工作方式发生了重大变化。登录、编目等任务也因此得到了显著的改善。在流通和阅览的速度上,不仅提高了效率,而且手续也非常简便,这有利于推动图书馆的开放性管理。尽管可能会遇到图书丢失等问题,对于读者来说,这是非常方便的。只要图书馆能够加强管理,这种情况也是可以避免的。

随着自动化图书馆管理的引入,信息的交流和传递方式已经发生了重大变革,人们能够通过网络获取图书资料。因此,图书馆文献的整理也应该向网络化转变,建立各种数据库,以实现资源的真正共享。

### 4. 管理方法:从重"物"管理向重"人"管理转变

在很长一段时间内,图书馆的管理方式始终坚持着重视实物和制度的原则。这主要是由于当时图书馆的职责仅限于简单的借阅和归还书籍,因此图书馆的工作人员通常学历较低。这导致图书馆必须通过硬性管理,借助一些严格的规章制度,要求馆员履行岗位职责。而图书馆馆员在这种强制性管理中很难产生工作积极性,甚至会有消极心理,很多人都会主动离职,使得图书馆的人员流动较大。

随着数字时代的来临,小到单位的生存发展,大到国家的繁荣强盛,都离不开优秀的人才。因此,只有拥有更多的人才,并调动起图书馆馆员的主动性和积极性,才能促进图书馆事业的发展,顺应当前的时代潮流。这也是图书馆管理的未来发展方向。如今许多图书馆都在努力创新,以寻求更加合适的管理方式,例如"文化管理""软管理"等,这些管理以人的作用为侧重点,重视发挥人的特长和优势,让图书馆馆员得到领导或者公众的认可,十分具有发展空间。

## 四、信息化时代图书馆管理的新理念

### (一)信息流的产生

信息流是人类通过多种途径实施的信息交换,这可以涵盖从传统的面对面对话至使用现代化传输工具的过程,如信息的采集、传播、管理、存储、查询、解析等。而从现代信息科技的研究、开发与运用视角来看,它特指的是信息处理流程中,数据在电脑系统及通信网络间的流通。

随着互联网和信息技术的发展,新兴的管理对象的信息流,引发了图书行业的思考与讨论。在当今社会,文献资源的开发与利用也越来越重视信息论的融入。换句话说,信息流的出现为图书馆管理带来了新的需求和挑战。

### (二)从"单一"到"科学"的转变

随着图书馆的持续进步,管理经验日益丰富,导致了管理和服务方式的变革。然而,从总体上看,图书馆仍然偏重于单一管理,对全面管理和能力管理的涉及较少。

在这个信息化和网络化的时代,各级图书馆必须建立科学的管理系统以寻求全面性的管理。科学的系统管理涵盖了基础业务、整体形象、文化态度以及深层次的可持续发展管理。

### 1. 基础业务管理

基础业务管理涉及文献信息的收集、储存、传播、研究开发、参考咨询以及读者指导等各个环节。需要将基础业务管理纳入全面科学评价体系，认识其地位、看重其根本性、察觉其关联性、寻求其改进。

### 2. 整体形象管理

整体形象管理涵盖了图书馆员工的素养、整体外观以及公共关系形象等方面的管理。

### 3. 文化态度管理

文化态度管理是通过改变管理方法，打破文化的局限、封闭和排他性，使图书馆更开放和广泛，扩大文化视野，以适应各种水平的读者需求。

### 4. 深层次的可持续发展管理

深层次的可持续发展管理是指重视教育，提高管理人员的能力和素质，激发他们的主观能动性，使图书馆的管理功能更具有潜力和活力。

## （三）从传统图书馆到数字图书馆的转变

如今图书馆正在向数字化方向发展，传统图书馆的管理体制、组织结构和人力资源等都需要进行逐步改变。虽然从表面上看，数字图书馆与传统图书馆有着相似的构成要素，但实际上它们的含义并不一样。

### 1. 工作重点发生转变

通常，传统图书馆的主要架构包括编目、购买、储存、流通和阅读等环节，为读者提供相关文献或信息。所有的图书馆服务和业务都以文献为核心。数字图书馆的工作重心是提供个性化推荐、在线阅读、远程借阅、学术交流等功能，增强用户体验，满足不同用户的需求。

### 2. 图书馆的内涵更加丰富

随着图书馆学的不断深化和图书馆事业的持续发展，人们逐渐认识到单一的图书馆藏书知识仅占社会信息资源总量的一小部分。图书馆的内涵需要随着图书馆信息资源的持续增长而变得更加丰富多样。

信息化时代的图书馆从工作方式到读者对图书馆的需求等都出现了巨大变革,在业务和服务上都应用到了高科技,对读者的需求也更加重视,致力于为其提供有多种载体、经过筛选整合的大量资源。

利用信息化技术对图书管理进行了革新和升级。以往单纯且被动式的馆内操作已经转变为了多元化及积极性的数字式处理方式。此外,旧有的查找模式以固定形式为主并涵盖局部内容,然而新的搜索方法则更具活力并且覆盖了全部资料范围。这无疑提升了读者的使用体验质量。借助现代科技手段的使用,公共书房已不再仅仅是一个巨大的数据储存中心,而是成为各类信息的交汇点和服务提供场所。

### 3.人员的素质要求更高

传统图书馆业务工作中的现代信息技术应用不仅引发了人员结构的调整,同时也提高了对员工素质的要求。

### (四)树立可持续发展的管理理念

可持续发展是一种全新的进步模式,其目标是确保人类社会能够持续发展。它追求的是达到发展和持久两个目标的最高境界,并致力于为当代人以及代际人群提供公平的发展机遇和环境。

### 1.培养高素质的人才

在数字化背景下,图书馆信息资源的管理对管理者提出了更高级别的标准,人员的能力变得更为关键。如果想要推进数字化时代图书馆管理的持续发展,提升人才素质是至关重要的一环。首先,我们需要向员工传播可持续发展的知识,让他们能够接纳可持续发展的观念。其次,应该创建一些与可持续发展理念相符合的机制,构建一支素质优秀、技能出众的团队。

### 2.信息资源可持续发展的管理

(1)持续性的信息资源开发是图书馆的主要任务之一。它不再仅仅依赖于向用户提供参考资料,而是开始挖掘文本中的知识模块及其相互关系。通过使用高级的在线分析工具和决策支持软件,可以创建出多种形式的多媒体决策建议报告,从而为未来的社会发展提供了预见性和可能性评估。

图书馆的信息资源开发过程是没有尽头的,所以及时收集信息并作出反应和调整至关重要。

（2）对于图书馆信息资源的持续使用,如何妥善管理其储存与应用,是图书馆管理工作需要关注和思考的问题。强化知识产权保护是确保图书馆信息资源可持续使用的法规条件。

（3）确保图书馆信息的长期存续是其持续发展的关键部分。这意味着下一代和当代的人们都应该有平等的使用图书馆资源的机会。因此,图书馆必须实施严谨的管理措施来防止文献过快衰老,并维持其完好无损的状态。我们可以利用先进的技术工具对文献进行维护,以增强其保护能力,从而保证未来几代人能够充分使用这些宝贵的资源。

（4）科技进步推动了信息的共创共享。现今,由于数字化资料的增多及种类扩大,借助高科技手段,构建并提供信息资源的费用得到了有效减少,这使得我们能够用更少的资金来获得更高品质的服务和资源。面对繁杂的图书馆管理现状,单靠一种技术无法使信息资源共享对用户产生足够的诱惑力。所以必须展开信息资源共建的创新手段,保证图书馆管理工作的发言权。与科技公司进行合作,尽快实现资源和技术的利用,达成信息共建共享目标。将用户需求作为主导有利于竞争力的提升,而竞争力也会对信息资源共建共享产生有利影响。

因此,为了吸引到更多客户,必须持续进行技术创新,借此取得良好的社会效益和经济效益,增强图书馆的生命力,实现良性循环。

### 3. 人力资源可持续发展的理念

（1）图书馆人力资源的可持续开发。图书馆应当建立一个具备创新精神的团队,以及一个致力于可持续成长的学习型组织。其基本策略就是在富有创意和挑战性的环境中构筑一个学习型的团队,应赋予个体展示自己的平台,并鼓舞他们去塑造自我,从而持续地激发出他们的创新能力。这种活跃的管理方式能让图书馆管理更具生命力。然而,当前面临的一个主要难题是如何激活员工的积极性和潜力,以充分利用他们的创造力和才能。

（2）图书馆人力资源的可持续储备。为了保持对人才资源的长久积累和利用,必须认识到当前社会的快速发展使得新知识层出不穷且持续变化,因此,每个人都要更加重视自我能力的提升,并通过获取更多的知识来满足自身成长的需求。对于人类而言,学习就像能源一样重要——在这个资讯爆炸的时代,人们的求学欲望变得越来越强烈。他们不仅要不断地充实自己的头脑以适应这个瞬息万变的世界,还要学会如何去应对这种永无止境的学习过程所带来的挑战。这已经成为全球化进程中的必然现象之一。然而,没有任何机构能够完全承担起这一责任,因为它涉及了每个人的生命历程中每一个阶段的教育问题。所以,作为公共文化服务设施的重要组成部分,图书馆就应运而生并且发挥它的作用!为此,我们的目标应该是让每个工作人员都能根据他们的个性和才能参与制定适合本单位实际需要的长期规划及短期行动方案(包括个人的职业生涯设计),从而激发全体人员的工作热情和生活激情!

互联网技术飞速扩散并提升的同时,伴随着当代高科技的不停进步与运用,社会功能定义及范围也在不断地扩大化。唯有通过强化创新思维和实际操作技能,图书馆才能够紧随时代脚步,促进其业务稳定、健康且可持续发展。

进入21世纪后,深刻体会到互联网和信息技术对于图书馆行业的影响力和促进作用。随着国家经济稳健增长,科技教育逐渐成为国家的核心竞争力,公众学习热情不断提升,这使得图书馆行业的潜力无穷大。只有保持昂扬的精神状态并坚信我们的信念,把握住这个时代的信息革新所赋予图书馆业的机会,我国的图书馆事业才能拥有美好的明天。

# 第四节 大数据对传统信息服务的影响

## 一、传统图书馆信息服务

### (一)传统图书馆的概念与意义

#### 1.传统图书馆的概念

传统意义上的图书馆应该具备一定的形态,"形"指的是图书馆应该具备"藏书、馆员、读者、技术方法、建筑设备"五种要素,而"态"则是指国际图联曾概括的公共图书馆的四项社会职能——保存人类文化遗产、开展社会教育、传递科学信息、开发智力资源。简而言之,传统意义上的图书馆是负责搜集、分类、储存并传递文化和信息资源的实体,以供学者们查阅和研究,这是一种位于城市中的场所,拥有丰富的藏书、确定的空间结构、由人来执行的管理任务,向公众提供参考文献服务的机构。传统图书馆的特点包括外在形态固定、空间使用有限、依靠人工管理、服务模式单一、服务范围受限。

### 2. 传统图书馆的意义

一些学者认为传统的图书馆行业以及图书馆的物理馆舍都将走向彻底的消亡,且这种消亡成为现实的时间已经越来越近了。传统图书馆的职能要随着科技的发展与不同时代中人们的生活习惯随时发生着变化,许多职能都可能会被替代甚至消亡。图书馆的物理馆舍也不再如曾经一般需要大量的空间,但这种存在是有意义且长期的。

曾有学者认为建筑这种艺术带有一种强迫性,和其他艺术品相比,它在固定的场所与时间上带给人视觉上的感受。建筑存在于每一个人类聚集的地方,人们的生活也无法避免和建筑的接触,所有建成的建筑都在强迫着使用者接受它。而图书馆往往由专业建筑师根据其功能设计出来的,好的图书馆从设计之初就将使用者心理纳入了考虑范畴。

根据著名学者、哲学家考夫卡的观点来看,任何一种体验现象都是由其各个部分相互关联构成并拥有特性的,这些性质源于它们之间的联系方式。人类的活动受到他们所处的环境的影响并且被这种影响调控着,因此我们需要深入理解的是行动与其周围世界的关系问题——这便是我们的目标所在。对于读者来说,这个所谓的"动作"或"physical field",也就是他们的内心感受的基础框架:当某物触发人们的反应时,这是由于眼睛等器官对其外部的现实世界的反馈造成的(例如视线)。最初接触某个设计的时候,我们会从形状特点或者内部的空间属性上获得直观的信息,然后在此基础上进一步构建出个人化的认知模式来处理该项信息。这一过程中包含了积极去了解的过程,它是把自身经历和个人期望融合起来的心智操作环节。比如一般情况下我们都适应了 2 至 3 米高的房间内的高度标准,但如果忽然进入一间只有 1.9 米高的房间的话,即便是一个普通人也会感到不适,人会无意中低垂头颅,这是由空间感知体验所引发的心智反射。一个全面规划的设计方案,合理构建的图书馆区域,透过日光引入、灯光设置、声音管理、书籍摆放、阅读座椅配置和色彩组合等元素创造出一种氛围,使得人们一踏入此处就感受到它与课堂、餐厅或寝室截然不同的存在感,从而激发起他们在此阅读的需求。

针对大学生的一项研究结果显示,他们之所以更倾向于前往图书馆阅读的主要原因在于:首先,图书馆拥有丰富的藏书量以满足他们的需求;其次,图书馆提供了优质的阅读氛围,有助于他们在其中保持专注和沉浸在学习中。然而,当今时代,由于网络图书馆与移动图书馆的发展,获取书籍的方式已经不再局限于实体图书馆了。至于第二点,图书馆提供的宁静且舒适的学习环境,这确为其他地方无法比拟的优势所在。许多学校的图书馆都具备这一条件,能够营造出一种远离喧嚣的安逸氛围,使人更加容易投入知识的世界之中。此外,近些年新建成的图书馆通常具有较大的内部空间,即使未考虑到能源消耗问题,也能有效地减轻人们因面积大而产生的压迫感。因此,在学校范围内,把图书馆打造成为校园中最干净、舒适并富有一定格调的空间,对于激发学生们的求知欲望无疑是有益无害的。

### (二)传统图书馆信息服务的概念与特点

#### 1.传统图书馆信息服务的基本概念

从定义上来说,图书馆信息服务是指根据客户的需求提供相关信息的手段、方式与具体的内容,以此实现对他们需求的回应和服务的过程。对于图书馆的发展而言,信息服务至关重要,因此我们需要在这个充满竞争的世界中提升信息服务水平,调整我们的思维模式并准备好应对即将到来的大数据时代的挑战。目标在于让用户获得高品质的信息体验,这既能满足他们的信息需求,又能彰显出图书馆及其员工的价值。这也是每个图书馆工作者应有的愿景,只有更优质的信息服务才能够满足现代人的信息需求。因此信息服务在图书馆发展中已经成为重要角色。

## 2. 传统图书馆信息服务的特点

图书馆的信息服务不仅具备常规信息服务的特性,还拥有自身独特的属性。一是它们都带有知识元素。作为人类精神文明和知识积累的结果,图书馆的进步离不开人类对知识创新的推动。二是图书馆也是信息传播的重要渠道。作为收集、挑选、处理、传递与运用信息的场所,它能够推动明晰知识及隐藏知识间的转换以使知识得到全面使用。三是图书馆的信息服务具备依附特性。因为图书馆的服务是一个社会的产物,它是人类的社会活动和社会科技进步的结果,所以图书馆的信息服务的形态和内容会随着社会对资讯的需求变动而转变,并受到这种变动的制约。四是图书馆的信息服务也展现出一定程度上的公开性。由于信息是开放的,因此图书馆信息服务的本身也是具有开放性的。在网络时代,图书馆信息服务的宗旨就是将信息资源进行共享。图书馆的信息服务对所有有需要的人是公开的,无论你的需求如何,图书馆应尽力为你提供所需的服务。五是图书馆的信息服务具备连贯性。人类理解世界的方式遵循着固有的逻辑顺序,这是一个逐步深入的过程,所以图书馆的信息服务也必须不断为使用者提供知识与信息的支持。

## (三)传统图书馆信息服务的现状

### 1. 图书资料借阅服务

传统图书馆的服务范畴主要集中于书籍的借还和阅读,但对于读者的需求并未给予个性化的关注。随着电子信息的普及日益加深,图书馆已经构建了自己的在线平台,该平台提供了诸如电子书库、声音与影像资源、数据检索等多种功能,同时还引入了线上借阅系统,让读者能够方便地获取他们所需的书籍。当图书馆创建并运营其官方网站时,无论是服务的品质或效能都得到了显著提高,使得读者无需离开家门就能获得关于所借书籍的信息,比如借阅时间、已借出的书籍数目、预定返还日程、延期服务等。

### 2. 网络信息资源检索服务

对于书籍资料的需求者来说,他们通常会在互联网上寻找所需的信息,这包括了三个主要的方式:数据库搜寻服务、信息传播服务以及图书馆书目管理系统。其中,数据库搜寻服务可以分为两个部分,一个是自行创建的数据库,另一个是在线数据平台。而信息传播服务的核心在于运用网络推介技巧,有规律地或者无规律地发布书籍资讯给需求者,就像网络地图服务能够为使用者提供附近餐饮与旅游景点一样。在线数据平台则是建立基于互联网的图书馆系统,在这个系统中实现了书籍信息的搜索和借阅功能。且能在找到的各种不同的信息选项里进行选择。互联网信息检索服务一直在持续努力,目前使用最广泛的是数据库搜寻服务和信息传播服务。只有当两者结合起来,才能充分利用它们各自的优势,实现"1+1>2"的效果。

**3. 网络咨询参考服务**

咨询服务一直都是图书馆的一项传统业务,读者可以借助咨询服务来解决问题,获取满意的答案。然而传统的咨询服务往往会受到时间和空间的限制,读者与图书馆工作人员必须在特定地点于特定时间里完成整个咨询流程。随着互联网的广泛应用,图书馆的咨询服务已经可以随时随地满足读者的需求,无论是电子邮件还是在线聊天等,都可以让读者通过网络方便地提出问题或者建议。网络咨询服务让读者的咨询服务突破了时间与空间的束缚。网络咨询服务的基础是信息技术的发展和应用,而随着信息技术的进一步发展完善,网络咨询服务也会为读者提供更加丰富、优质的服务。

## (四)传统图书馆信息服务模式的转变

### 1. 从被动型信息服务模式转向主动型信息服务模式

被动型信息服务的主要过程是书籍管理者处理并整合图书馆搜集到的大量信息资料,进而生成新颖的信息商品,最终向有需要的人们提供这些信息商品。图书馆中的被动型信息服务方式则以书本管理人员为核心,其缺点在于过于强调他们的角色,忽视了实际的需求,使得客户对于信息的获得全依赖于书本管理人员的供给,并且只能够被动地接纳他们提供的服务,从而不能够满足自己的信息需求。如图3-3展示的就是被动型信息服务模式,这表明当我们在做图书馆信息服务时,是由管理人员来负责信息的数据分析与融合,然后把结果变成信息商品让顾客使用。通过观察图3-3可以发现,消费者在这个过程中始终保持着被动的姿态。

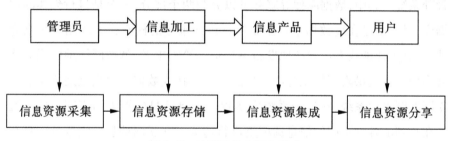

**图3-3　被动型信息服务模式**

所谓的主动型信息服务模式,即指图书管理员根据读者的需要而采取行动并以此作为中心点去提高他们所需的服务。其主要特征是能针对个性化的方式向读者提供资料。对于信息的接受程度如何则完全依赖于能否准时、精确无误获得自身需要的信息。在大数据时代,主动型处理方式被广泛应用到图书馆。主动型服务模式不仅提升用户的体验感,也增加了用户的兴趣爱好从而使更多的人愿意进入图书馆寻找知识资源。正如图3-4所示,主动式信息服务模式中用户从被动接受角色转变为主动引导的角色。

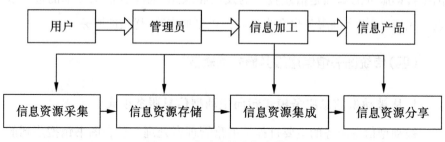

**图3-4　主动式信息服务模式**

## 2.从封闭式信息服务模式向开放式信息服务模式转变

传统的图书馆服务方式通常为闭环式,由于其主要任务在于保存书籍文献,所提供给读者的服务也同样如此。然而,图书馆的信息服务仍然局限于借阅与归还环节,并未认识到需要改革这一状况。在信息化时代,社会的闭环式服务方式已无法满足社会的需求,因此必须对这个情况做出调整。我们需要更新我们的思维方式,构建一种全新的信息处理方法,摒弃传统的闭环式服务策略,转而采用更为开放的模式。这样可以使用户充分享受作为图书馆主人的权利,他们可以在其中自主寻找和选择书籍,这使得他们的阅读热情高涨。同时,也应充分发挥图书馆自身的资源潜力,尽可能多地为用户提供支持和服务。

### 3.由内向型信息服务模式向外向型信息服务模式转变

目前,许多学校图书馆拥有丰富的文献资源,这是提供信息服务的一个优势,然而大部分学校图书馆并没有被充分利用。这些资源通常只为本校教学科研服务,而无法为更广泛的公众服务,这实在是非常可惜。为了更好地利用资源,图书馆应在服务好校内的基础上,向社会开放办馆,提供更多服务。这就是图书馆信息服务模式由闭门造车向开放办馆转变,目前已有许多大学实现了这一变革,比如首都师范大学图书馆、北京大学图书馆、广州大学图书馆、上海大学图书馆、成都大学图书馆等,都允许社会人员进入馆内查阅资料,他们可以被视为图书馆领域的典范代表,代表了大多数人的意愿,能够满足更多人的需求。

### 4.由柜台式信息服务模式向自助式信息服务模式转变

伴随着信息技术的日益成熟与数字化的演进,信息资源逐渐从纸质转为电子形式。受益于计算机技术、网络技术、多媒体及超大容量储存等领域的进步,馆藏资源的内容深度、传递速度及其管理效率均得到了显著提升。互联网上各种工具的使用便利程度不断增强,使用户能够自主地获取到所需的数据库内容并无需担忧时间或空间上的约束问题。

## 二、图书馆信息服务在大数据时代面临的挑战

### (一)对图书馆信息服务环境的影响

在大数据飞速增长的背景下,传统的、滞后性的图书馆信息服务设备无法满足大数据技术的需要。随着大数据的进步,现有的传统图书馆的服务设备正面临着来自现代数据技术的严重挑战。虽然普通图书资料可以通过数据库迅速检索,但对复杂的数据信息来说,数据库仍然束手无策。只有使用先进的数据管理技术,才能满足大数据处理的需求。比如,

Reduce 是目前备受青睐的数据处理工具，Hadoop 因其开源性和易用性而备受青睐，Not Only SQL(No-SQL)数据库存储技术则因其灵活性而备受青睐。借助这些技术的支持，可以更好地利用大数据的优势。除此之外，图书馆管理人员也需要不断学习新技术，提高数据库应用能力，以满足新时代对他们提出的更高要求，包括了解用户偏好、提高服务质量和效率，更好地满足用户需求。

## （二）对图书馆信息咨询服务的影响

图书馆信息数据分为三种类型：结构化数据、半结构化数据和非结构化数据。结构化数据是指图书馆的电子信息资源；半结构化数据则是指图书馆中的读者借阅情况的信息数据；非结构化数据则是在网络环境下由用户产生的视听记录。随着智能设备在社会的广泛使用，人们可以方便地从移动端或者计算机上获取他们的书籍借阅详情和个人相关资讯，而所有这类来自读者的自我服务终端操作所产生的信息都能够被图书馆的管理系统收集并处理。然而，因为用户信息的快速增长，对于图书馆的数据管理来说是一个巨大的挑战。

### 1. 数据存储

随着文档、图像、声音及影片等多媒体资料的大量增加导致数据库超负荷的情况日益加深，因而对于信息的精确管理已成为当前信息化社会的主要挑战之一。然而现有的管理工作仍面临诸多难题：现有资讯查询服务的储存能力难以应对大数据的高效共享需求。这是因为大数据包括结构化数据、半结构化数据和非结构化数据，它们各自具有不同的特性且不易统一处理以实现高效存取并分享给用户。此外，大量的新增数据也可能引发网络传输效率下降的风险，如何妥善地保存并且维护也是亟待解答的关键课题。互联网环境下任何时刻都有被攻击风险因素的存在，使得保护工作变得尤为重要，这也是确保提供优质信息资源的基本条件所在。长期积累的数据无法避免会有许多重复的文件，这些文件占据了存储空间，导致资源被浪费。因此，在大数据时代，首要任务就是解决数据存储问题。

### 2. 数据处理

尽管云计算为图书馆解决了部分信息数据储存问题，但随着大数据时代的来临,图书馆对更高级别的信息储存和数据管理需求日益增长。传统的解决方案无法适应这一挑战,因此我们必须寻求新的方式来提升我们的信息处理能力。目前,大数据面临着大量的复杂且多样化的数据,不仅包含各种类型的数据,而且具有复杂的数据结构。这使得传统的信息处理系统难以应对,目前的解决办法是更新我们的信息查询技术。Hadoop、MapReduce、NoSQL 和云计算等大数据处理技术都是针对特定情况下的需求所研发出的新技术。因此,图书馆可以通过引入这些技术来优化数据处理过程,从而提供更好的图书馆信息服务。

### 3. 信息安全

被称为"大"的数据实际上只是数据而已,但由于其特性,任何形式的数据均有可能面临潜在的安全风险。互联网的高度透明性和各类信息资源的广泛分享,无疑增加了信息安全的挑战。比如,图书馆工作人员或用户可能会忽略网络环境的安全性而进行知识交换,从而导致敏感信息的泄露,给个人隐私带来危害。各个行业及个体都有自身的知识产权和个人隐私需要保密,所以无论是在何种信息查询服务过程中,都会涉及信息安全的问题。当前大数据时代的信息安全已经不同于过去的传统方式,公众一方面渴望获得更多的数据公开,另一方面也希望最大程度地维护自身隐私,这就要求在大数据时代实现两者之间的互相保障和平等共存,共同发展。

总而言之,图书馆需要根据大数据的发展趋势,对其信息资源做出相应的优化,以确保信息的便捷获取与保护其安全性。这可以通过创建更为全面的数据结构来实现,以此奠定信息咨询服务的基础。如图 3-5 所示,这是从采集、存储、处理及应用等角度出发构筑的新一代图书馆大数据架构,它能有效地应对数据存储、数据管理和信息安全等问题。

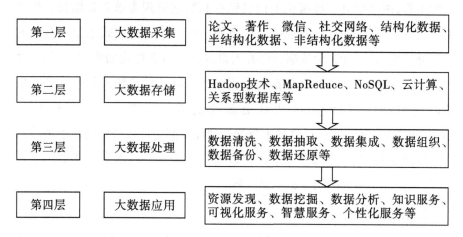

图 3-5　图书馆大数据架构

## （三）对图书馆信息服务模式的影响

### 1. 建立交互式共享平台

当前,社交媒体已经成为公众热衷使用的工具,而图书馆则可以通过互联网交流方式,利用其互动系统来增强与读者的沟通,并以此提高自身的品牌知名度和社会影响力。以天涯社区、百度的帖子区、新浪微博为代表的图书馆在线交流渠道,使读者能够毫无拘束地表达他们的观点。在这些互动平台的帮助下,图书馆自身的服务能力也会逐渐得到提升,并根据用户反馈的意见和建议收集到更多有价值的数据信息。通过整合互动平台上的资源,图书馆还可以为用户提供下载和分享服务,用户可以将自己搜集到的资料或者研发出的成果上传到平台上和其他用户共享,也可以借助搜索功能找到自己需要的资料并进行下载,科研人员可以通过交流平台来找到更多的参考资料为自身的研究提供理论基础,也可以让图书馆的信息资源得到扩充,受益更多人。不过用户上传的资料良莠不齐,且难以保证真实性,因此,图书馆还需要对数据进行筛选和考察,保留真实有效的信息资源,避免虚假信息进入资源库,这也是图书馆之后必经的发展道路。

### 2. 信息资源组织的转变

信息组织的定义是,信息工作人员运用信息技术对数据进行收集、处理、存储、分析和应用,构建并解析运用的大型数据库过程。大数据涵盖了多种类型的信息(如结构化数值数据、部分有序或无序数据),具有高度的多样性和深层次的复杂性。因此,如何有效地管理与处理如此庞大的数量级及多种类别的海量数据成为当前面临的一大挑战。为了解决这一问题,"以用户为中心",从实际需求出发是关键所在。同时"面向服务架构"(SOA),采用分布式计算技术等手段也为实现高效能提供了可能性的支持,而云计算则进一步提升了解决问题的效率水平。

### 3. 对图书馆信息服务方式的影响

随着网络技术的飞速进步,传统的信息服务模式已经无法满足当下环境需求,因此图书馆需要通过扩展新的业务领域来增强自身的信息服务实力。首先,图书馆需收集大量包含图像、声音和影像的数据资料,并对其进行适当的整理与扩展,从而提升馆内的信息资源。其次,图书馆可以挑选出网络上具有价值的信息进行处理,以此增加自身的服务项目。最后,图书馆应该充分利用网络技术向客户提供独特的服务,例如,目前非常流行的定位服务,就如同微信中的定位功能一样。通过启动定位功能,可以准确地定位用户的位置并推荐周边的各类服务项目。这种方式对人们的出行有着极大的帮助,同时也是大数据发展的结果。

# 第四章
# 大数据环境下新旧信息服务差异

## 第一节　信息资源储存与处理技术差异

### 一、资源存储的差异

#### (一)网络存储模式

根据存储技术的不同,可以将网络存储模式分为三类,即直接附加存储(DAS)、网络附加存储(NAS)和存储区域网络(SAN)。

#### 1. 直接附加存储

直接附加存储具有一定的局限性,由于本身没有任何存储操作系统的硬件,因此其对于服务器较为依赖。同时,由于直接附加存储的服务器是独立的,因而就造成了利用率较低、存储资源难以共享等问题。另外,当存储的信息达到一定级别时,直接附加存储就会变得复杂,管理成本大大增加,系统扩展也变得困难。一旦服务器出现异常,存储的数据便无法读取。作为一种分散的存储模式,直接附加存储在管理效率、数据安全、系统稳定、可扩展性等方面都存在一定的不足。尤其是在大数据的环境下,一方面数据的体量越来越大,另一方面也要求实现数据的共享。因此,直接附加存储已经无法适应大数据环境下图书馆的存储与管理需求了。

## 2.网络附加存储

通常来说,网络附加存储是由硬盘驱动程序组件构成的一个集合体,其主要特点是基于 TCP/IP 的数据中心式架构设计。这种装置会利用现存于网络中的 TCP/IP 技术来实现信息传递功能;同时也可以将其安装至不同的地点以便向位于 IAI 或者 WAN 端的服务台和个人电脑供应文档管理工具及其资料保存方案。因为此种方式能够快速地完成接入工作并在使用过程中保持高度灵活性和易用度,所以这是一种经济实惠的选择方法——只需借助已经存在的 Ethernet 设施即可节省成本支出。因而在图书领域中有着广泛的使用潜力。然而,此类解决方案同样面临着一些限制因素。首先,它是根据非特定性的需求所开发出的产品,这就意味着可能会出现速度缓慢的问题而且系统的可靠性能受到质疑(例如可能出现的崩溃情况);其次,对于需要定期更新维护的信息而言,这个过程将会变得相当烦琐复杂;最后一点就是不能够满足 DBMS(数据库管理系统)的需求。

## 3.存储区域网络

常见的存储区域网络技术主要包括以下两种。

(1)FC-SAN。使用的是一种名为"FC-SAN"(光纤通道-存储区域网络)的技术,它是建立在一个叫作"光纤通道"的基础上的储存区域网络(Storage Area Network)技术。这个是由一系列硬件组件如硬盘驱动和其他相关配件所构建的一个独立且封闭式的通信环境,其主要目的是实现对于各种数据库的管理并提供统一访问这些数据库的可能性。这种方法除了能够保证高速度的大容量信息读写外,还能为用户带来更高的可靠性和安全保障。同时由于它的物理分隔特性也使得该方案非常适合用于大型企业或者机构中的文件中心等场景。总的来说,如果我们把计算机看作是人的大脑的话那么这部分就相当于人体内的神经元一样重要! 所以从某种程度上讲这也是为什么许多公司都愿意采用此种解决方案的原因之一。另外值得一提的就是该技术的核心优势体现在海量信息处理能力上,它在信息处理维度展现出显著优势,将原本用于数据备份的网络带宽费用,重新分配到其他用途上。FC-SAN 解决了传统 SCSI(小型计算机系统接口)连接所受到的线缆长度限制,大幅扩展了服务器和存储设备之间的通信距离,也增加了更多的连接选项。

（2）IP—SAN。IP—SAN 是一种基于 IP 网络的存储区域网络解决方案。IP—SAN 使用 iSCSI 协议，支持块 IO 级别。同时还支持 NFS、CIFS 协议用于 NAS 访问。iSCSI 是一种标准，可在 Internet 协议网络上进行数据块传输，特别是在以太网上。iSCSI 可供硬件设备使用，可在 IP 协议上运行 SCSI 指令集。使用 IP—SAN 不需要专用光纤通道网络，可在连接服务器和计算机系统的相同 IP 网络上部署存储区域网络。在 IP—SAN 中，千兆以太网交换机替代了价格昂贵且只适用于 FC—SAN 的光纤交换机，客户端的 iSCSI 卡或 Initiator 替代了价格较高的主机 HBA 卡，使用 iSCSI 接口的高性价比存储设备替代了光纤磁盘阵列。

## （二）资源存储系统模式设计方案

### 1. 图书馆现有存储设备的分析

一般来说，图书馆的数字资源可以分为两种，一种是由图书馆自己建立的，比如本馆的馆藏书目数据库、教学视频数据库等；另一种是从外部购买的，比如超星数字图书、中国期刊全文数据库等。在数字资源的存储上，图书馆通常采用 DAS 数据存储架构模式，但是随着数字资源数量的不断增长，该系统的存储容量已显不足，因此，有必要对其进行升级换代。

在大数据时代下，图书馆新的存储系统的设计，应达到以下几个方面的要求。

（1）存储技术先进。可以利用双控制器和环路结构，构建交换型架构的存储系统。

（2）存储可靠性强。通过应用交换式的连接，能够使存储系统的扩展变得容易，可根据需求对控制器的数量进行增加。

（3）存储容量扩展性强。在对存储容量进行扩展时，不应影响其性能。

（4）高效率的数据集中管理平台，能够迅速进行 free lan 备份。

同时，在对存储系统进行更新换代的同时，还应考虑到图书馆现有的网络设备，尽量做到对现有设备的充分利用。

### 2. 网络存储系统架构模式的设计

由于图书馆采取了分散存储这种形式，这导致了一些问题，如扩展能力不足、管理效果欠佳、信息保密度不高和系统的稳健性无法保证等。为了满足未来可能出现的新增资料的需求，图书馆必须构建一种具备巨大储存空间且易于拓展的集约化存储架构，也就是我们所说的 SAN 架构。根据 SAN 架构的两个实施方式，把 FC-SAN 转变为 IP-SAN 的花费较高，通常需数百万元，并且鉴于图书馆的数据存储相对集中，因此选择同时支持这两种 SAN 模型并不符合其现实需求。基于节省投资的长远考虑，建议使用 Fibre channel 来建设 FC-SAN。

RG-S2724G 的千兆网管交换机被选定作为网络系统的中心设备及软体平台，负责联接并控制各个层次的交换机。为了确保图书馆网络安全且高效地运作，我们在此设置了两个关键的核心 RG-S2724G 交换机，其中之一面向全校网络环境，另一个则专用于图书馆内部网络。这样一来，当学校网络出现故障时，所有图书馆的服务器仍能继续向用户提供服务。

## 二、资源处理技术的差异

### (一)虚拟化技术

一种名为虚拟化的技术提供了一种资源处理方式，它能有效地利用软件和硬件资源，并对其进行合理的分配和调整，从而使应用系统中的各类资源及配置信息得以独立于实际物体存在，同时提升了硬件的使用空间；此外，这种技术还能够消除不同物理设备间的隔阂，实现对于物理和虚拟资源的灵活调配和统一控制。

在云计算环境中，所有的虚拟化解决方案都是将服务器、存储系统、网络设备、软件和服务集成在一起形成的系统解决方案。因此，可以说云计算本质上是提供虚拟化服务的一种方式，而虚拟化技术则是实现云计算资源池化和按需服务的基础。

### (二)分布式存储技术

为确保大型系统顺利运作于"云"上，"云"必须具备众多服务器和存储设备进行后台支撑。确保大量并行数据的可访问性和效用性，也需依赖于云计算中的分布式储存理念,通过使用分散式的储存方式保存数据。分布式数据储存技术包括了分布式文件存储、分布式对象存储及分布式数据库技术等。

### 1.分布式文件存储

分布式文件存储即存储的文件资源不直接与本地节点连接,而是通过网络实现计算机与存储节点连接的一种文件存储系统。这一存储系统的目的就是对海量的数据进行存储和管理。谷歌的 GFS(Google File System)就是一种典型的分布式文件存储系统,其能够将文件资源存储在个人计算机上,同时还具有容错率较高的特点。

### 2.分布式对象存储

分布式对象存储是一种面向对象的拓展和深化技术,它把数据视为对象并保存在系统内部。这样,只要将数据放入系统中就能获得其独特的身份标识。用户只需依据身份标志,即可对存储于系统内的对象数据进行访问和获取。分布式对象存储较有代表性的是亚马逊的简单存储服务。

### 3.分布式数据库技术

通过一个统一的分布式数据库管理系统,可以将各地或节点上散落的数据库在逻辑上进行整合。

### (三)数据管理技术

云计算的数据处理能力和分析调度能力都必须足够强大,才能保证用户服务的质量和效率,因此云计算系统的数据管理能力必须非常高。在云计算数据管理技术中亟须解决的另一个难题就是怎样在海量数据当中挖掘与解析出能够满足用户需求的相关数据。在云计算当中,数据往往都是将"列"作为单位存储在数据库里,而这种存储模式也非常适合存储和处理海量数据。

### (四)云计算平台管理技术和编程模型

网络环境中服务器设备是分布在不同地域的,通过整合大量的分散式服务器资源以形成集群协作的能力,可以大幅度提升效能,从而获取强劲的运算力量。这使得能够在云端迅速搭建服务与应用程序,并且能在短时间内完成灾难恢复与并发处理,进而增强大容量高负载环境下的系统性能和运作效果。利用云计算平台,可以选择 BS 架构,运用 MVC 的设计理念来优化系统构架的弹性与扩充性。同时,明晰的功能层次划分有助于确保各个模块之间的独立性,进一步强化系统的稳健性和可靠程度。

当用户利用信息服务的时候,通常倾向于选择符合个人喜好与个性化的服务形式。在云环境里,为了实现这个目标,需要让用户方便地获取云计算资源及服务。因此,云计算的编码模型应该具备透明度,用户无需理解繁复的工作流程就能得到服务的响应结果。MapReduce 是云计算所使用的编程模式,它会把任务自动化地转换为一系列小任务,然后将它们分发至各个运算节点并行处理,最后收集所有完成的结果并将之呈现给用户。

## 第二节　信息服务方式差异

### 一、传统图书馆的信息服务方式

由于技术上的限制,传统图书馆的信息服务以在馆阅读和借阅为主要方式。这种传统的服务方式存在着一定的局限和约束。一方面,虽然图书馆的馆藏资源是较为丰富的,但是对于读者来说,无论是阅读还是借阅,其数量都是极为有限的。另一方面,传统图书馆在开放的过程中,会接待大量的用户,但是图书馆的人力资源是有限的,面对大量的用户,馆员的服务很难兼顾大多数用户的需求,因此服务质量通常也不高,更不要说为用户提供一对一的服务了。这些问题的存在,使得传统图书馆的信息资源与用户之间存在着一定的差距,难以实现用户对馆藏资源随时随地的访问。在今天,传统图书馆的信息服务方式已显得较为落后。

### 二、大数据时代图书馆的信息服务方式

在大数据时代,图书馆实现了信息服务的网络化,用户只需要通过互联

网,即可对图书馆进行访问,并获取图书馆的所有资源。这样一来,用户就能够根据自己的需求,随时随地地对图书馆进行访问。此外,方便快捷的用户体验也有助于提升图书管理系统中信息的有效使用程度。尤其在大数据背景之下,为了更好地适应这一趋势,需要把重点放在如何根据消费者的要求来优化信息服务的质量上。在大数据时代,消费群体已经开始更注重实时性和定制化的内容了。因此,作为一家公共机构,图书馆必须借助大数据技术的支持才能实现快速、准确且有效的从海量数据库当中筛选有用资料并将之呈现出来供用户参考或获取所需知识。因此,与传统图书馆相比,大数据时代下图书馆在信息服务上要求更加智能化。

## 三、服务方式间的差异

### (一)一站式资源服务

在大数据时代,网络信息资源的数量越来越大,且结构也变得越来越复杂,这也增加了信息资源获取与整理的难度。虽然,从理论上来说,图书馆是能够实现对信息资源的完整收集的,但是实际上,对于图书馆来说,无论是对于现有馆藏资源,还是虚拟馆藏资源,都无法实现完整的数据收集。图书馆的现有馆藏资源既包括各类印刷文献,也包括各类电子书刊和数据库文献。而虚拟馆藏资源又包括网络数据库、网络动态信息以及各种在线出版物或资料等。可以说,图书馆的这些馆藏资源的数据不仅形态各异,且来源也有不同。因此,要想实现对这些数据的整合,就必须依靠大数据技术。

具体来说,要实现对上述结构复杂的数据整理,所依靠的就是一站式资源技术。图书馆通过改变传统的信息存储方式,从而实现图书馆信息资源与服务由封闭向开放的转变。一站式资源服务就是要利用大数据技术,将图书馆的馆藏资源整合到一起,对其进行整理,剔除其中重复的、不可用的数据,使所有留存的数据对用户都有价值。整理完成后,再将其分别存储于不同的数据库或虚拟空间中。通过分类的存储,图书馆能够为用户提供更为智能的检索服务,提高用户信息检索的效率。

## （二）学科知识服务

图书馆所提供的学科知识服务即针对用户的信息需求，对用户所需学科的相关信息进行收集、加工、分析，以满足用户的需求。对于图书馆的学科服务来说，学科馆员是其重要的基础。尤其对于图书馆来说，不仅要做到为用户提供准确的、有价值的学科知识信息，同时，还要做到学科知识信息提供的快速和高效，以便为用户节省时间，这也是学科知识服务高质量的体现。

在现代社会，科学技术飞速发展，相应地各学科在发展的过程中，也产生了大量的学科数据。对于图书馆的学科知识服务来说，只有对这些海量的学科数据进行系统的整理和分析，才能够为用户提供有效的学科知识服务。对于图书馆来说，要提高学科知识服务的水平，还需要对不同学科用户的信息检索和下载记录等进行追踪和分析，确定用户的兴趣方向，利用大数据技术对相关的学科热点和交叉学科进行深入挖掘，并将其中有价值的信息主动推送给用户。可以说，在大数据环境下，图书馆只有构建好综合性的学科知识系统，才能够更好地为用户服务。

## （三）信息可视化服务

在网络环境的影响下，人们获取和提供信息的方式发生了巨大的变化。现代的图书馆用户也越来越要求能够将信息反馈的结果可视化。对于用户的这一需求，图书馆必须加强相关研究与技术应用，使用户的需要得到满足。通过对大数据的分析可知，价值密度低是大数据的一个重要特点。所以图书馆要做的就是从价值密度较低的海量数据里挖掘出存在价值的信息，再根据用户需求将大数据分析结果可视化地呈现出来，这便是图书馆分析大数据的目的所在。信息资源在可视化处理之下不仅不会被浪费，而且还可以更好地将那些隐藏信息表现出来。用户可以快速而直观地查看到可视化结果，并做出反馈与评价，图书馆就可以通过这些来及时调整自身服务，提高自身的信息服务水平。而其中的信息可视化服务指的就是借助技术处理让抽象的数据转化成更加直观的信息，再将之提供给用户直接观看的服务。信息可视化技术最常用的标签包括云、历史流以及空间信息。图书馆之所以要将信息进行可视化处理，主要原因就是挖掘和分析数据，从而方便做出决策以及提供服务。因此，可以看出，信息可视化可以有效地提高图书馆的信息服务质量，而且此服务更是图书馆信息服务的发展趋势。

## (四)智慧服务

在大数据技术中，最常用到的就是数据挖掘技术。数据挖掘技术的核心在于从海量信息中提取具有价值的信息，揭示那些被深藏且形态多样的数据中的知识内容。这对于图书馆的信息服务而言，主要涉及对用户关联信息的探索与解析，例如他们的个人资料、信息活动及行为规律等方面的研究。通过这样的数据挖掘过程，能够预知并满足用户的需求，进而向用户提供定制化的推荐服务。随着互联网的发展，人们的资源获取变得更加轻松快捷了。因此，人们对于信息服务的需要在智能化程度上也提出了更高的要求。在信息服务领域，图书馆必须持续满足用户的需求，提供更优质的个性化信息服务。

对知识服务进行升级和创新，产生了图书馆的智慧服务。图书馆要为用户提供智慧服务，就必须依靠大数据技术。既要对图书馆资源以及其他来源的数据进行广泛分析，也要对用户的相关数据进行分析。用户在访问图书馆或获取信息服务时，会留下检索、浏览等各类数据，对这类数据进行挖掘和分析，就能够掌握用户的兴趣点与潜在需求，并能够依据数据分析的结果，对用户定制个性化的智慧服务。

在大数据技术的支持下，图书馆的支付服务已经成为现实，通过智慧服务的提供，不仅能够提高用户的满意度，同时在数据分析与挖掘的过程中，也能够使图书馆自身的信息制度得到完善。对于图书馆来说，必须将智慧服务作为未来信息服务的核心。

# 第三节 用户需求差异

## 一、用户需求集成化

图书馆用户主要有五个部分,分别为教师、本科生、研究生、科研人员以及其他工作人员。其中,研究生和科研人员群体在使用图书馆时的需求不仅仅是借阅和查询图书,他们更加关注图书馆中和专业、学科领域相关的知识,期待图书馆可以将学科资源进行整合,让资源都整合优化到一个界面,从而方便其更加快速、直观地了解学科的最新动态。这样可以让图书馆自身服务水平得到极大提高,同时这也体现出了传统用户和现代用户之间对于图书馆需求上的差异。

## 二、用户需求知识化

随着网络信息技术的飞快发展,过去图书馆单纯向用户提供文献资源的传统模式已经落后,无法再让新时代背景下用户的需求得到满足。随着社会的发展,用户需求也趋于多样化,因此催生出了以内部知识共享机制为基础的信息服务。图书馆借助网络化信息与分类导航模式为用户提供信息,满足其需求的知识化,此服务也变成了图书馆的特色服务之一。

## 三、用户需求自助化

### (一)信息服务实时化

用户对信息的需求是任意的,并不受时间和空间的限制。可是,图书馆作为一个固定在某一地点的信息服务组织,却与用户在时间和空间上存在着一定的距离。这种状况就造成了用户与图书馆之间存在着地域差,以及时间差,使得图书馆无法及时地为用户提供信息服务,进而造成用户放弃图书馆,转向其他相关服务机构的局面。这种情况,无论是对图书馆,还是对用户,都造成了影响。第一,对用户而言,用户对图书馆这种专业信息服务提供商有依赖性和必要性,他们的某些信息需求只能由图书馆这种专业服务提供商提供。第二,对图书馆而言,假如用户由于时间差异和地域差异,而求助于其他信息服务机构,将减少图书馆的用户数量和流量,造成图书馆在人力资源、物力资源方面的浪费和流失,不利于图书馆的长期发展。

现代云计算中的无限宽带、实时通信可以实现图书馆与用户的快速通信和反馈,为用户提供实时的信息服务,满足他们的需求。这改变了传统图书馆在个性化信息服务时内容方面的不足。

随着信息技术的进步,计算机及其他各类终端设备正急速地被替换或升级,这也使其具备了多元性和普及性。特别是在大数据时代和云计算环境中,用户能选择那些广受欢迎并具有多元性和普及性的电脑和其他终端设备来获得数据,从而彻底解决信息源头及传递途径的问题。云计算不仅仅对图书馆产生影响,同时也对图书馆工作人员产生了影响。它需要图书馆的馆员拥有高水平的知识素质,精通并运用电脑技术,同时还要具备快速回应和解析用户信息需求的技能,以便图书馆馆员提供的服务方式能够缩小用户与图书馆之间的距离。现在,个性化的信息服务已经在数字图书馆实践中取得了成功,例如 Web 2.0 时期所创建的 My Library 系统。这个系统把用户和服务供应商的空间和时间的差距大大减少,用户可以在任何时候获取资料,也可以通过网络与图书馆的专业人员进行交流。网络信息在云计算和大数据技术发展的背景之下拥有了在交互和传输方面的极强开发性,而图书馆能够将此作为增加个性化信息服务的基础。并且也让信息服务提供商与用户的距离得以缩短,对用户需求分析和需求匹配的准确度得以提高。

## (二)信息服务方式多样化

图书馆在过去提供信息服务的方式比较单一,一般只有比较基础的显示、压缩和查询服务。而数字图书馆在云计算出现之前的信息技术阶段里,其基础设施和信息服务水平的发展速度都十分缓慢,没有明显的改革效果,甚至无法跟上用户对于信息需求的变化。信息服务和其内容的增长呈反比。许多研究显示,此时个性化信息服务内容、服务体系、服务模式都处于滞后的状态中,非常不利于数字图书馆在服务内容与信息服务模式方面的多元化发展。

随着互联网技术的发展,如大数据与云计算,各类信息接入设备已经深入到我们的日常生活之中。可以通过多种类型的终端设备(比如个人计算机、笔记型计算机或智能手机)来获取所需的信息。因此,为了满足用户对个性化的信息需求,数字化图书馆需要考虑如何利用合适的设备和服务方式,以确保他们能得到高质量且具有个性化的信息体验。采用任意接入终端,具有较强的针对性,其提供的信息内容也较为个性化。

在云计算环境中,个性化的信息服务主要依靠服务的独特性来体现。对于个性化服务这一领域,图书馆可以选择各种连接途径,例如,光纤连接或者卫星通信等。此外,这种服务既可能是静态也可能是动态的,它可能以声音的形式出现也可以是以视觉音频的方式呈现出来。换句话说,正是因为云计算具有开放性的特点,使得图书馆能够采用多样化的策略和技术去提供个性化的信息服务,从而提升其个性化信息的品质和能力,打破了用户对图书馆的被动接受状态,增强了他们的积极参与度,让用户更愿意融入图书馆的工作之中,成为图书馆发展的一部分,共同推动图书馆的前进。

随着大数据、云计算的发展,图书馆不仅可以提供多样化的信息服务,还为图书馆的未来提供了机遇和广阔的发展空间。信息接入终端设备的扩展,可以为用户更快地接入信息服务开辟道路,这种方式不仅快捷、方便,而且成本低。这些改进和影响,不仅从各个方面丰富了个性化信息的服务模式和内容,也使图书馆能够更好地融入整个社会实体中,更好地为用户提供服务。

## (三)信息服务内容精准化

用户通常都具有求异心理,因此对个性化的信息服务内容有所需求。每一位用户的需求都不尽相同,所以他们期望获得的信息也各有不同。这也是数字图书馆为何要将"用户第一"作为服务原则、将用户心理作为导向的原因所在。图书馆要为用户提供具有准确度与针对性的信息服务内容,满足其个性化需求,而要想做到这一点,首先就要研究明白怎样才能给用户提供有针对性与准确性的服务内容。如果想要让信息服务内容的准确性和针对性提高,不仅要保证服务内容的高质量,更要根据用户实际需求为其匹配到最合适、准确的服务内容。

在当前的数字化环境中,大数据与云计算的主要优势在于能够有效地分析并管理大量的数据内容。因此,为了提升向用户提供定制化信息服务的品质,必须首先解决资源部门间在共享信息过程中可能出现的匹配难题。而解决此问题最关键的一点就在于对用户需求的智能分析与反馈。

用户的智能分析主要包括用户兴趣的收集、对收集的用户信息的分离和分离后信息的综合。信息收集涵盖了用户的个人身份、家庭背景、使用习惯、职业等与查询相关的用户属性信息。用户需求分析是指对用户需求行为和需求动机的分析,主要包括用户需求信息内容的学科属性、专业深度、相似概念的筛选和当前查询信息内容的逻辑匹配度等。由此可见,在大数据、云计算环境的影响下,数字图书馆的个性化信息服务需要这样一种机制:收集用户个性化信息和服务需求,通过 MapReduce 机制挖掘和分析信息,最终形成智能化的解决方案,完成信息的反馈和输出传递。

# 第四节　图书馆人员素养差异

## 一、传统图书馆馆员素质

由于时代的原因,传统图书馆馆员相比较信息时代图书馆的馆员来说,存在着老龄化、知识滞后、职业认同感弱和责任意识淡化的特点。

### (一)年龄老化和知识陈旧

许多基层图书馆,普遍存在着图书馆馆员年龄老化,以及馆员知识跟不上时代需求的问题。对于年龄较大的馆员而言,他们所学的知识相对比较陈旧。许多年长的图书管理人员所受的教育是基于过时的理念,对最新的管理理论、信息化技能等方面了解不足。他们在运用电脑来组织资料方面感到困惑,对于外语的学习能力也有待提高,这使得他们难以跟上当前图书馆发展的步伐,无法满足新的需求。此外,他们的观念相对保守且顽固,缺少创新精神。面对新挑战时,他们依然坚持传统的思考方式去解决问题,导致问题的无解,进而妨碍了图书馆的前进。

图书馆想要健康、稳定和有序地发展,并为读者提供优质服务,就必须不断引进人才,培养馆员,更新馆员知识,以适应当前图书馆的发展。

## (二)服务意识不足

随着当前市场的蓬勃发展,人们对于经济收益的需求日益增长。然而,许多图书馆馆员的薪资水平相对较低,且他们需要处理大量的日常任务和不断增加的工作负担,这可能引发他们的情绪波动,进而影响到工作的品质。如果他们在工作中不能全力以赴,那么提高服务的观念也就无从谈起。

此外,随着互联网的普及与信息科技的进步,传统的借阅服务已不再能满足读者日益增长的需求,他们期待获得更多深度的信息资源支持。然而,当前很多图书馆馆员并未意识到这一现实状况,也未曾具备这种高级别的服务理念。在这个时代背景下,只关注自身职责而不愿积极提升服务的观念,必然会被淘汰。

## (三)责任感不强

想要做好一项工作,必不可缺的一项品质就是责任感。所以,强烈的责任感是每个图书馆馆员必须具备的一项品质,它是图书馆馆员完成图书馆工作的最基本条件之一。但是传统的图书馆馆员长期处于借阅、归还图书的工作状态里,在长时间的工作下,他们大都养成了被动服务的习惯与意识,很难再意识到要根据时代发展要求变得主动起来,这使得许多图书馆馆员缺少对本职工作的责任感。

## 二、提升图书馆馆员素质的原因

### (一)图书馆馆员的地位

无论是在图书馆业务的核心部分,或是推动图书馆发展的重要因素,都离不开图书馆馆员。唯有具备优秀品质的图书馆馆员,才能够让优质的图书馆设备充分发挥其潜力,进而提升图书馆服务水平,使所有图书馆的功能都能充分体现出来。

### (二)图书馆服务和发展水平

图书馆的服务水平和发展水平取决于图书馆馆员的素质高低。所以为了让图书馆顺应时代的发展潮流、为读者提供更加优质的服务、提供多样的信息资源、淋漓尽致地发挥出图书馆应有的作用,必须让图书馆馆员达到更高的要求,提升其综合素质水平,从而满足当今时代的发展需求,并提升图书馆的各项水平。

### (三)时代的发展

随着社会对信息需求的不断增长,以及信息技术的快速发展,图书馆馆员服务工作已经从传统的文献提供服务向知识重组和信息导航的知识、技术等服务发展;从只是简单的书籍、文献信息服务向社会、文化、教育和娱乐等方面的服务发展。图书馆的服务功能和服务性质随着社会的需求、读者的需求,一直在不断地完善和发展。处于大数据环境下,挑战与机遇是并存的,归根结底,丰富多样的文献资源和优质的服务才是图书馆生存和发展的基本条件。何谓图书馆真正意义上的服务?所谓服务,不应该仅仅是在书籍、文献资源和期刊目录等方面满足读者,还应该将知识服务提到图书馆服务的首要位置。面对现如今文献资源信息种类复杂繁多的情况,在行动上如何提供给读者更优质的服务是非常值得重视的一个问题。

### (四)图书馆的发展

由于时代的变迁,图书馆馆员的使命、宗旨、工作流程、组织结构和素质要求等都需要我们重新定位。为了提高图书馆的信息服务水平,图书馆应该充分利用所处的这个网络信息时代的优势。现如今,21世纪图书馆馆员的社会角色定位是知识创新环节的先行者。

## 三、对图书馆馆员素质的新要求

### (一)良好的思想道德素质和心理素质

一名合格的图书馆馆员应该秉承"读者第一,服务于人,对事认真"的服务理念。在图书馆馆员的工作中,要以文明服务、友情服务和微笑服务等优质服务为主体,树立"一切为读者服务,读者满意至上"的服务意识,使读者拥有满意的体验度。每一位馆员都应当做到"五讲",即讲秩序、讲卫生、讲礼貌、讲道德、讲文明,还要保持"四美",即语言美、环境美、行为美和心灵美,也要拥有"三心",即强烈的责任心、事业心以及自信心,更要树立正确的"两观",即价值观和人生观,这些美德同时也体现着每一位馆员的良好素质水平与思想道德水平。在如今社会当中,竞争已经愈发激烈,而图书馆馆员的工作其实带有"为他人做嫁衣裳"的性质,属于复杂而繁重的服务性工作。因此每一位图书馆馆员的思想道德素质都要足够高,竞争意识和服务意识要足够强烈。并且服务型工作难免会遇到压力和不理解,因此还需要具备强大的心理素质,包括抗压力、健康的情感、适应环境的能力、面对挫折的能力等。图书馆馆员在具备这些素质的前提下,才能充满热情地投入工作之中,为读者用户提供更加优质的服务。

### (二)合理的文化知识结构和创新意识

现代图书馆具有网络信息数字化和自动化的特点。可是,图书馆的服务工作又是以具有学术性、创新性和探索性的智力劳动为主。所以,现代图书馆的服务工作性质就决定了图书馆馆员需要具有更为全面的文化专业知识和文化知识结构,以及更高水平的综合服务能力。图书馆对馆员工作的基本要求是需要具备较为全面的文化专业知识和文化素养。但是,如今是网络信息技术飞速发展的时代,知识的海洋必然是浩瀚无边的,要求图书馆馆员掌握全面的文化知识显然是一件不可能的事情。因此,图书馆馆员只有较为全面地了解和掌握了某一学科或某一领域的文化知识和历史发展概况,才能更好地工作,更好地为读者服务。

### (三)较强的信息处理能力

如今,我们面临着一个毋庸置疑的事实:我们正处在知识爆炸和信息泛滥的网络时代,信息种类繁多,且分布广泛、鱼龙混杂。这要求图书馆馆员必须具有较强的信息处理能力。信息处理的能力主要包括以下几点:①对信息的搜集能力、识别分辨能力和分析能力;②对信息的归类能力和处理能力;③对信息的整合能力和发表能力。通过图书馆馆员对信息的处理,使得信息去芜存菁,能够被读者所使用。同时,经过处理的信息也转变为具有科学性的新知识,能够充分发挥其应有的作用。

### (四)计算机网络应用能力

和计算机网络信息相关的技术与知识在现代图书馆的每一项工作中几乎都有体现。现代图书馆从采编、馆藏到书籍的借阅和归还等多项工作都已经实现智能化。而随着特色数据库、数字化图书馆以及网络信息共享、网络导航等多项功能的建立,人们如今可以借助网络对图书馆的信息进行在线咨询,由此可见计算机网络对于图书馆管理的重要性。所以计算机网络的知识和应用能力已经成为当代图书馆馆员工作时必须掌握的能力之一。

### (五)较高的外语水平

全球化让国际之间的交流合作愈加频繁,信息网络也让跨国数据系统得以建立起来,对于国外期刊的利用率更是在逐日上升,因此,对于图书馆馆员的要求在新时代背景之下出现了进一步提高,即图书馆馆员必须熟练掌握一种或一种以上的外语。这也是每个图书管理员处理互联网信息时必须具备的能力之一。

# 四、提高图书馆馆员素质的途径

## (一)加强馆员的文化教育培训

图书馆馆员的职责涉及多个领域且较为繁杂,同时,在一个充满多样化信息的年代里,图书馆馆员要具备广泛的专业技能并能应对各种挑战。随着数字媒体及在线资源的发展壮大,对图书馆馆员的教育水平提出了更高的需求:不仅需熟练运用基本理论(例如信息科学),还要涉猎相关领域的更多内容来提升服务的品质。所以,为了满足这些新的期望值,身为工作人员应持续自我充实其文化和认知能力以便获取更多的资讯支持自身职业发展。

函授教育也成为图书馆馆员提高素质的一个重要渠道。通过函授教育他们可以弥补自身理论知识的不足,实现知识的更新和自我的进一步完善。随着科技进步和社会发展对知识的需求日益增长,作为图书馆馆员,不能跟上时代的步伐并持续自我完善的话,将难以满足现代化图书馆的要求并且可能遭到遗弃的风险。因此,参加培训课程以增强个人技能已成为一种有效的手段。图书馆馆员可以利用业余时间参与函授、技能培训等继续教育活动从而逐步改善自身的职业素养、优化提供服务的质量及强化业务处理的能力。

## (二)加强馆员专业技能和网络技术培训

图书馆要派送部分馆员定期进行阶段性的业务学习,并要求其通过专业的考试,获取专业资格证书。图书馆馆员会直接和大众接触为其服务,所以在保证服务质量的同时,还需要树立起良好形象。要保证图书馆馆员在面对大众时保持得体的表情,文雅轻柔的动作,使用文明用语和读者交流,业务要熟练,服务也要周到。

图书馆如今的当务之急就是提高图书馆馆员的专业素养。而加强培训对于图书馆馆员专业素质的提高有着十分明显的效果。这种培训可以针对某项专业技能系统培训,比如电子检索培训、计算机应用培训和英语培训等。也可以开设和职业道德、责任感相关的讲座,让图书馆馆员在学习过程中增强自身的服务意识和责任感。此外,我们也能与其他图书馆协作,引导馆员前往具有参观价值且运营良好的图书馆进行学习,从而吸取其卓越的管理方法。

## (三)加强馆员间交流和举办专题讲座

图书馆馆员在图书馆的存续和进步中扮演着至关重要的角色,他们是推动图书馆发展的核心力量。所以,应该对图书馆馆员予以高度重视,提高他们的综合素质。只有如此,才能提高图书馆的整体形象;才能不断拓宽图书馆服务的深度和广度,提高图书馆服务的质量和效率;才能满足读者的需求,营造良好的阅读氛围;才能使图书馆适应社会的发展。

# 第五章
# 思维转型下的图书馆知识信息管理

## 第一节　图书馆知识管理综述

### 一、图书馆知识管理的特点

一种崭新的管理理念——图书馆知识管理，既融合了人本位管理的核心理念，又适应了知识管理的新型形态，并对其传统的管理方式进行了革新。与过去的管理方法相比，图书馆知识管理具有独有的特征，总结起来有如下几点：

首先，以人为本是知识管理的核心思想，它强调对人的角色及发展的关注。通过激发图书馆馆员的工作潜力、强化职业训练和持续学习，提升他们的知识素养和创造新知的能力，同时鼓励他们把所学运用到工作和服务中去。图书馆必须高度注重培养和吸引大量的新型知识型人才，让他们充分发挥自己的才能，并在尊重个体价值观和个人成就的前提下达成图书馆整体目标。

其次，重视图书馆管理中的团队智慧分享与革新。当前，知识管理的时代来临，图书馆对内主要的目标是实现人员间的知识互通与交换。唯有汇聚各方力量共同协作，使各种知识相互激荡产生创意之光，才有可能实现创新。因此，不论馆员的教育水平或知识基础如何，图书馆均需为他们创建知识互动的环境。

最后,现代社会的信息技术发展速度飞快,因此,图书馆知识管理最重要的任务之一就是让人和技术结合到一起。当前的技术发展日新月异且快速变化着,其中最密切相关的就是图书馆这一领域了。这是因为其不仅包含有大量的书籍文献等实体内容,而且它本身也必须依赖于最新技术的应用来运作。无论是在数字化管理的传统纸本收藏上,还是现在迅速崛起并蓬勃壮大的数字图书馆中,都离不开信息技术的支撑及推动。而跟信息技术直接接触的图书馆馆员更是时时刻刻在工作实践里运用着它。所以,从物质角度到人力资源角度来看,图书馆都要努力推动人和技术之间的结合,技术无法将人取代,人也不能将技术取代,而图书馆知识管理的一大特点就是将人和技术的长处提取出来并进行有效结合。

## 二、图书馆知识管理的内容

作为信息的汇聚点和执行服务管理的实体,图书馆的主要任务在于尽可能多地收集、发掘并保护知识资源,同时向用户开放获取这些知识的渠道,构建高效的信息分享网络,从而推动知识创造和科技进步。

简而言之,图书馆知识管理的范围涵盖了两个部分。首先,知识资源的管理,这被视为"科学的知识管理"的一部分。通过优化对文献信息的知识处理和管理,可以提高图书馆服务的效率与效果。其次,知识组织的管理,这是"组织的知识管理"部分,其核心目的是提升图书馆自身的运营效能。

将科学的知识管理与组织的知识管理融为一体,共同努力实现图书馆的终极目标——为用户提供知识服务。

### (一)图书馆知识资源管理

管理图书馆的知识资源主要包括显性知识和隐性知识两个方面。

#### 1. 显性知识的管理

公开的信息主要存在于各类媒介中,它们往往具有规模化且系统化的特性,便于储存、传递和共享。作为公共机构,图书馆应根据其特定的使用者群体的需求来构建与其知识需要相对应的资源保证机制,全面揭示出显性知识的内涵。

（1）由"重藏轻用"转向"以读者为中心"。图书馆对显性知识管理的最终目标并非仅仅是保存，其目的是更有效地满足读者的需求并促进知识创造。这一理念的变革将会引发工作的重点转移及方法调整。为了最大限度地收集读者所需的信息资源，图书馆可以通过设置学科馆员、实施读者问卷调查、网上推荐购书等方式增强与读者的交流和互动；此外，也可把文献的使用情况统计信息当作评价标准和依据，并在选购过程中予以考虑。与此同时，针对数据库等数字资源，通过提供相关的技能培训和推广活动来提高读者对其理解程度及其实际运用能力。

（2）从单馆运作到馆际合作。现在，各类图书馆正热衷于寻找与其他图书馆建立联盟的可能性，以实现更广泛的协作。这种跨机构的合作不仅体现在对图书资源建设的共同规划上，还包括共享电子资源的集体购买行为。这些举措极大地节省了各家图书馆的人员和财政支出，成为早期成功的例子。在对馆际合作进行更深层次地挖掘后，就可以更加有效地整合显性知识。当然这需要各地区的图书馆协会从中促进此项工作的顺利开展。并且，随着互联网向大众普及，馆际之间进行的资源互借，以及网络上的免费资源可以为图书馆的馆藏提供有力补充。事实上，图书馆知识管理也应当将跟踪、梳理和导航免费的资源，以及建立、维护馆际之间资源共享的平台纳入管理范畴当中。

（3）以内容管理为发展趋势。图书馆在改善基于载体的传统知识管理方式的同时，也将朝着以内容为核心的知识管理模式前进。这种真实的知识管理可以通过两个途径来达到。

首先，以现有资源为基础，实行全面的资源整合和统一检索。比如说，开发并维护一个综合性的网络公共信息目录（OPAC），这个目录需要汇集馆内外的知识以及印刷型和其他类型的知识，它包含了大量、实用的网站和知识库，同时可以定期检查和更新免费的资源。

其次，通过构建知识数据库的方式，运用信息技术挖掘新颖的主题及其相关联的信息，并将这些内容整合至特定的知识结构的数据库里。这样一来，用户可以通过计算机与互联网轻松查找所需的相关资料和知识，进而达成真正的知识组织和检索功能。

### 2.隐性知识的管理

基于个人的经验,难以流动、传播、交流和分享,这些"隐藏"的知识就是隐性知识。图书馆需要创造一种环境并推动一种机制,以便图书馆的各类员工能够将他们思维中的知识贡献出来。

以下方法能够挖掘隐性知识,并推动这些隐性知识变为显性知识。

(1)提高信息技术的使用程度。无论是搭建各类沟通渠道还是收集、解析读者的数据,或是创建知识图谱、建设知识数据库,都需要依赖于信息技术的支持。信息技术不断更新换代,为了紧随其脚步,图书馆的信息技术团队需做出巨大的投入。同时,应特别关注如何把信息技术与图书馆的需求相结合,以打造出能实现图书馆内隐性知识转化为显性知识的体系及平台。

(2)创建知识地图,构筑知识库。对于图书馆知识地图的描绘可以包括两个过程:

首先,构建涵盖所有图书馆知识资源的大型索引是必要的。这不仅需要包含传统纸本图书和数字资料库的清单,还需要纳入图书馆内潜在的信息内容,例如,专家学者们的专长领域、网络联系信息、线上问询服务、图书馆用户与工作人员之间的互动平台等。

其次,构建目录中各项内容的有机关联,包含人与文献、各种类型文献、馆员与读者、馆员与馆员、传统载体与现代载体等多元关系,并且进行良好的维护,根据环境和人员的变化及时更新动态系统。

(3)积极促进全馆内知识的共享和创新,搭建读者与馆员之间的交流平台,促进知识的提供者、寻求者和来源之间的交流平台。及时地匹配与传送信息字眼,促进知识创新和知识共享。可以通过图书馆中的局域网让馆员之间的组织文化共建与资源共享得以实现,利用虚拟参考咨询系统、BBS 等为馆员与读者之间提供多元化的信息交流平台,让隐性知识实现向显性知识的转化。

(4)全面搜集与解析用户数据,以作为知识服务的参考基础。当读者利用图书馆的服务如搜索资料或借书时,他们所产生的各种活动记录包括了使用的服务种类、书籍排名及借阅数量等。经过整理汇总这些数据后,图书馆可以深入理解读者的类别、阅读喜好、面临问题及其满足程度等多方面的情况。从全局视角来看,这有助于掌握整个图书馆运作状况;而从细节出发,则能针对每位读者提供定制化服务,达到"特定知识于特定时间传递给特定人"的目标。

## (二)图书馆知识组织管理

参考发展得最为迅速的企业知识管理实践,我们可以把知识管理战略应用到图书馆的自身知识管理上。图书馆应该逐渐引入知识管理策略于所有的管理环节和流程中,以提升整体运营效益。对于图书馆来说,其知识组织管理的目标是建立一种能够增强图书馆内部管理效能并有助于执行知识管理的架构与团队。

### 1. 创新以读者为核心的信息提供方式

图书馆的信息服务目标是协助用户有效地处理和解答他们的问题,确保他们的满足感。针对目前多元化的用户需要及日益复杂的问题,主要解决方案就是持续提升图书馆工作人员的专业技能和服务质量。此外,我们也应关注计算机技术的发展和运用。

### 2. 采用以知识共享为目的的技术手段

合理构建的组织架构与管理规章制度被视为确保知识系统化运行的重要保障,同时,现代化科技设备也成为执行知识管理必不可少的基础要素。另外,采用以知识共享为目的的技术手段关键在于如何运用创新性的技术方法来实践知识管理的理念和原理,以此作为科学管理工作的基础参考。

### 3. 构建以知识为基础的扁平化组织构架

为了创建有助于内部及外部、主观与客观知识全面沟通并有效融合的组织框架,图书馆需要首先对其现有的部门和单位进行职能整合,使员工与读者的关系更加紧密,从而形成一股活力四射的组织形态——扁平化组织构架,这是图书馆实行知识管理的核心特征之一,主要体现在如下几点:

(1)充分利用图书馆馆员在决策过程中的潜力,让每一位在前线工作的馆员不再只是完全遵循领导指示行动的员工,而是成为岗位上的专家,积极参与到决策过程中去,且在决策过程里居于主导地位,这样可以充分地发挥出馆员的创造性与工作热情。

（2）组织结构与工作模式从过去的静态向着动态方向转变,让工作模式和组织结构变得多功能化。根据实际情况建立起跨多个部门的工作小组,发挥出其积极作用,这种组织结构可以让信息的沟通更加便捷,馆员的主人翁责任感也会得到有效提升,让知识管理作用充分发挥出来。

（3）现今的信息传递已摒弃了以往单一线性的沟通模式,取而代之的是多元化的、多层次的互动过程。这不仅仅局限于部门间的垂直或由高至低的传播途径,还包含了反方向的信息流动和跨部门的横向信息交流。

（4）下移决策权,决策权利不再紧握于图书馆领导手中,所有的决策从少数人决策转变成了所有人决策,职工和图书馆领导都拥有决策权,以往的个人决策转变成了集体决策。

# 第二节　知识管理下的图书馆运营机制

## 一、以知识管理为基础的图书馆运行的动力机制

### （一）满足读者的知识需求是图书馆运行的基础动力

知识管理的整个流程包含四个关键步骤:知识产生、累积、交流与使用管理。其核心目标是满足人们对知识的需求。因此,作为图书馆知识管理的一部分,应该始终关注读者对于知识的需求并以此为其服务。为了实现这一目的,必须把满足读者的知识需求视为图书馆运营的核心动力,原因如下。

（1）人们普遍认同,图书馆的运行是以满足读者对知识的需求为驱动力。

（2）图书馆非常适合满足读者的信息需求。

（3）图书馆的生存和发展都离不开读者的存在和需求。

（4）社会的需求是推动社会运作的驱动力。图书馆系统是社会的一个

子系统,其运行自然不能违背这一基本规律。

## (二)图书运行动力机制的结构

图书馆的动力系统是由其运行动力机制的内核结构和外部结构两个部分构建而成。

### 1.图书馆运行动力机制的内核结构

(1)动力导向。动力导向是指动力与图书馆的运作目标相吻合或者不符,这直接影响到动力主体的动力特性。

(2)动力源。动力源即激励因素,是人们内在的需求。对于国家而言,动力源是推动知识创新和发展知识经济,建设知识型社会;对于图书馆而言,动力源在于实现社会效益和经济效益;对于读者而言,动力源则是渴求知识。

(3)动力储存体。根据不同的层级划分,动力存储体的形式也有所差异。对于国家来说,这可能涉及现有的生产力和政治权力的结构;对图书馆来说,它是指图书馆的聚集力;而从读者的角度来看,就是他们个人能力。

(4)社会行动。社会行动是图书馆运作动力的直接呈现形式。

从宏观角度看,国家的策略是全力推进智力产业的发展并明确了图书机构作为全国智力创造体系中重要的一员;对于图书馆来说,他们的任务是在提升管理效率的同时为公众提供多样化的信息咨询和学习支持的服务;而对广大读者来讲,他们需要积极充分利用图书馆来满足自己的求知需求。

### 2.图书馆运行动力机制的外部结构

(1)动力受体。人们所需要的对象、工具和资源等都被称为动力受体。对于国家来说,动力受体是人力资源;对于图书馆来说,动力受体是社会支持(包括物质和精神上的支持);而对于读者来说,他们的动力受体就是知识。

(2)动力传导媒介。图书馆运行动力传导媒介主要涵盖了文化、利益以及信息这三种类别。

(3)动力主体。图书馆运作的动力主体有三个层面,也就是国家(宏观层面)、图书馆(中观层面)以及读者(微观层面)。这三个层面产生的动力可以通过特定的动力传导媒介进行相互传递。

## 二、基于知识管理的图书馆运行整合机制

有效的管理是基于对现有资源的高效组合与协调。作为管理工作领域中的重要组成部分，即"知识资源"或称之为"元素"，其本身也是需要被管理并优化的一个环节。而所谓图书馆知识管理就是指图书馆对于知识生产、积累、传播交流与应用的全面控制管理过程，这样的目的就是要提升图书馆员工的工作效率，提高图书馆响应能力，并通过创新知识服务模式更好地满足读者的知识需求。在图书馆知识管理全流程中，观念、组织结构、人员配置、技术手段还有各种形式的知识等这些因素都紧密联系在一起互相促进着彼此的发展从而构成了整个图书馆知识管理的成功基石。因此，图书馆知识管理的整合机制也是从这几个方面展开。

"以知识管理为基础的图书馆良性运行"，这个概念构成了整合理论中的核心部分——整合中枢。所有元素都需要围绕此点进行组合与调节。此外，观念、组织结构、人员配置、技术手段及知识都是需要被整合的部分，也就是说它们可以看作是整合对象或者称之为整合客体。而整合对象的展开就是整合过程。

## 三、基于知识管理的图书馆运行激励机制

知识管理中的激励指的是激发知识员工的动机，促使他们采取特定的行为以实现组织知识管理目标的过程。从结构上看，图书馆知识管理的激励机制包括三个要素。

### （一）激励标准

激励标准是对图书馆员工进行鼓励的方向和力度的设定，主要包括激励强度和激励方向。

#### 1. 激励强度

激励强度是对激励量的设定，也就是说，对于哪种行为模式和价值观念给予较少的激励，对于哪种行为模式和价值观念给予较多的激励。

### 2.激励方向

激励方向是对激励质的设定,也就是指明了什么样的行为模式和价值观念给予激励,对于哪些行为模式和价值观念不予以鼓励。

## (二)激励手段

激励手段就是使用何种方法进行激励,通常可以分为两类基本形式,也就是功利型和符号型。

### 1.功利型激励手段

功利型激励手段属于实用型激励,主要是通过提供实物奖励,如物品、金钱和生活待遇等。这样的激励主要是为了满足被激励者的物质需求。

### 2.符号型激励手段

符号型激励手段属于象征型激励,就是通过赋予某些象征性的标志或对被激励者表示认同和赞扬等方式来进行激励,如奖状、荣誉头衔、尊敬、奖章、表扬等。因此,符号型激励策略主要用于满足被激励者的精神需求。

## (三)激励过程

动态的图书馆激励机制运作过程就是激励过程,主要涵盖以下四个部分。

### 1.导向环节

导向环节就是把激励准则具体化、实施并广泛传播的过程,这是根据图书馆制定的知识管理激励准则,利用所有可能的工具向图书馆成员进行广泛传播的过程。

### 2.检测环节

对图书馆员工参与知识管理的行为模式和价值观念进行评估和鉴别的过程就是检测,包括制度检测和公众检测。

### 3.分配环节

根据检测阶段的结果,将图书馆资源按照特定流程配置给图书馆成员就是分配。在实际操作中,通常会遵循劳动分配的准则。

### 4. 反馈环节

反馈环节包括了正向反馈和负向反馈两个过程,对激励标准、激励效果和激励过程进行有效的检查和验收。

## 四、基于知识管理的图书馆运行控制机制

### (一)基于知识管理的图书馆控制对象

在根本上,图书馆运行控制的主要对象是知识管理过程,这种方式不仅能覆盖图书馆所有的资源,同时也能掌握图书馆知识管理的核心。

### (二)基于知识管理的图书馆控制过程

基于知识管理的图书馆控制过程主要可以划分为四个阶段。

(1)对控制标准予以确定。

(2)对工作绩效进行衡量。

(3)比较实际绩效与标准。

(4)实施管理措施以纠正偏离或不适宜的规范。

### (三)基于知识管理的图书馆控制手段

美国社会学专家罗斯将控制手段划分为两大类。

(1)政治控制手段,涵盖了法律、信仰、礼节和教育。

(2)道德的控制手段,如公众舆论、暗示、个人追求、艺术创作以及社会评价,其产生作用都是依赖于情感的驱动力。

通过图书馆知识管理实际案例的总结,图书馆知识管理的控制手段有七种,包括定位控制、触点控制、策略控制、战略控制、方法控制、步骤控制和标准控制。

### (四)知识管理的图书馆控制系统的特征

知识管理的图书馆控制系统是为管理者提供图书馆知识管理的相关策略、架构及工具能否高效运作的信息,其主要目标是制定明确的标准、监控、

评价与回馈机制。一旦发现图书馆知识管理存在偏差失误,这个有效的管控系统会立即通知管理人员,给予做出应对的时间。

简而言之,基于知识管理的图书馆控制系统一般具有以下特征:

(1)与图书馆文化相匹配。

(2)与图书馆组织架构相适应。

(3)与图书馆负责人的个性相一致。

(4)强调例外。

(5)战略性。

(6)引导性。

(7)预见性。

(8)客观性。

(9)灵活性。

(10)经济性。

## 五、基于知识管理的图书馆运行保障机制

实际上,在任何图书馆实施知识管理的过程中,都会发现矛盾的存在,始终存在着威胁其知识管理运行安全的危害因素。由于图书馆运行的知识管理系统是一个整体,各部分以一定的组合方式有机耦合,构建成功能互补、结构协调的整体。然而,这种协调与耦合并不是绝对意义上的,都只能是相对的,绝对的耦合、非耦合、协调、非不协调是不存在的,这是一个关于"度"的问题,即表示图书馆以知识管理为核心的运行系统的协调度与耦合度是只能达到一定程度的,其普遍存在不协调和低度耦合(非耦合)的现象。

站在这一角度,可以看出图书馆中一直存在的知识的需求与供给之间的矛盾对图书馆发展的进程和方向都产生了一定的影响和制约。这一矛盾更是逐渐渗透到了图书馆知识管理活动中的方方面面,甚至还有一系列的矛盾由此衍生出来,而图书馆的这种以知识管理为基础核心的运行系统的各种不协调就是引发这些矛盾的根本原因。

随着以知识管理为基础核心的图书馆运行系统持续不断地发展和变化,图书馆运行系统内部的各个构成部分也跟随其不断地发生变化,其之间

存在的各种耦合方式和联结关系也因此不断改变。虽然图书馆运行系统从整体到部分都处于不断的变迁中,但各部分并不是以同一速度变化的,不同部分变迁速率不同,变化程度也不统一,这种差异也是导致图书馆运行系统存在不协调和低度耦合现象的重要原因,这一特征在图书馆的传统管理演变到知识管理的过程中尤为突出。

只有建立完善可靠的保障机制,才能够为知识管理型图书馆的运行消除不安全因素。以知识管理为基础架构的图书馆的运行保障,就是指以知识管理为基础的图书馆系统保卫和防护自身的运行安全。

构建于知识管理之上的图书馆运行保障机制主要包括三大部分:一是以知识管理为基础的图书馆运行保障制度;二是建立在知识管理理念下的图书馆运行保障理论;三是依托于知识管理的实际应用场景来实现的图书馆运行保障实践。这三大模块相互支持并协作,确保了图书馆知识管理的健康发展。

# 第三节　知识管理与数字图书馆优化

## 一、数字图书馆资源建设现状分析

依托于当代先进科技的支持,数字图书馆采用了数字化信息资料管理系统,旨在构建高质量且大规模的中文数据库群作为整体的发展方向。然而,当前我国数字图书馆存储和管理的信息资源仍显不足,远远不能满足巨大的需求,许多信息的收集与处理并未做到及时有效,导致用户难以利用;此外,各个信息资源机构通常追求全面而广泛的信息采集,这可能对独特数据库的开发创建造成阻碍。因此,图书馆应紧握机遇,以知识管理的指导理念建设庞大的信息资源库群。

## 二、知识管理在数字图书馆资源开发中的运用

### (一)知识创新和知识重组———改变传统的藏书建设理念

传统的藏书建设理念受知识重组和知识创新的影响逐渐发生了改变。传统图书馆在建设藏书的过程中更偏重于管理显性知识,对管理隐性知识向来比较忽略。隐性知识是人们在生活中、工作中获取和积累的经验性知识,只在人的习惯中、脑海中存在。知识重组指的就是将隐性知识有效地组织起来,将其集合重组,促进知识更好更快地转换,进而进行创新,最终实现知识的交流共享。

对显性知识进行更为充分有效的应用、研究和开发是现如今大多图书馆进行知识管理的重点。发展和实现知识创新,是数字图书馆时代背景下图书馆馆员的重要使命。为了达成这个任务,图书馆的员工必须充分运用现有的知识资源,进行全面的科学探索,发掘出知识间的相互联系并把握运用,以此实现新知识的生产和创造。

### (二)知识仓库——数字图书馆资源建设的核心内容

数字图书馆在进行资源建设时,将知识仓库作为核心内容。图书馆充分利用数字化领域的各种先进的现代化技术,对大量常用资源和特色资源进行了数字化处理,建设成知识仓库。宏观上看知识仓库,它不只是储存了大量的知识内容,还包含了各类相关信息。在这个知识库中,内容不断增加,也带来了新的活力,因此为用户提供了更精确、全面和广泛的信息资源。

### (三)人才培养中的知识管理开发和应用

一个核心的知识管理观念是,强调人在知识管理中的关键角色。数字图书馆需要设立新的职责来进行知识管理。其中,采用知识主管(CKO)制度是一种非常有效的策略。

设立知识主管的目标就是要掌握和管理持续发展的知识信息中心以及其他各种知识活动。数字图书馆知识主管一般承担以下几项职责。

（1）各类学术讨论和知识服务活动的主持人。

（2）树立数字图书馆知识中心的地位和形象。

（3）增强知识的整合和创新，推动知识共享。

（4）确保数字图书馆的知识产品技术服务设施能够正常运作。

（5）监督保证知识产品的内容质量。

（6）构建和塑造推动知识产生的技术环境体系。

（7）确定数字图书馆知识管理的方针和发展策略。

（8）了解图书馆的环境和社会知识需求状况。

图书馆的工作人员需要具备高度的信息开发和知识管理能力，通过制定知识地图、进行用户培训等手段，协助用户识别并找到自己所需的知识。因此，图书馆应该积极吸纳那些有特长和专业技能的人才。

## 三、知识管理工具和数字图书馆信息资源建设的优化

### （一）元数据的开发应用与数字图书信息资源建设的优化

最初源自计算机科学领域的元数据概念，旨在解决提高网络信息资源组织和整理效率与程度之间的矛盾，主要可分为以下两种类型。

（1）用户元数据。它起到协助用户查询信息、理解信息、认识数据仓库内数据和知识的作用。

（2）管理元数据。这涉及对元数据以及其相关内容、数据仓储主题、数据转换和各类操作信息的转化。

主要的功能定位在于对信息资源的著录和描述上，元数据已经在国外获得了深层次的研究及实践，并且已经取得令人满意的结果。此外，元数据也是 XML 设计的关键元素之一，它将会助力电子出版物和数字化图书馆资源的高效整合以及知识管理的提升。

### （二）智能 Agent 技术与数字图书馆信息资源建设的优化

智能 Agent 技术通过代理通信协议实现了信息的交换，从而达到问题自动解决的目标。智能 Agent 技术的核心特质之一是它具备解决问题的必要

知识、策略及关联数据；同时拥有交互性和协同性、代理性和主动性等特征。这种技术能给专业的图书馆工作人员提供强有力的设备来执行信息的查找、挑选、鉴定和过滤操作。当前，许多检索系统已经在某种程度上应用了智能 Agent 技术。

### （三）其他知识管理工具与数字信息资源建设的优化

#### 1. 数据采掘技术

数据采掘技术是一种新兴的开发信息资源的数据处理方法，也被称为数据挖掘。它可以从众多模糊、不完整和随机的原始数据中识别并提取出之前未知的独特信息和知识。

#### 2. 个人知识管理软件工具

个人知识管理软件工具能够用于储存和分析个人数据，以便更有效地利用图书馆和其他信息机构的优势，找到各方面的利益平衡点，充分并高效地发挥知识作为第一生产力的功能。

# 第四节　网络信息下图书馆的内容整合

## 一、信息时代图书馆的信息资源整合

在信息时代，信息社会快速发展，大大加速了信息时代图书馆的发展速度。信息资源不仅是当下信息时代图书馆获取各种知识文献信息资源的主要来源和重要的表现形式，更是数字图书馆发展和创新的第一要素。信息时代图书馆在迅猛发展的现代化科技的要求下紧跟时代的步伐，采用、研究和应用适合的现代化技术，不断增强自身利用和存取信息资源的能力。对信息资源进行更深入的开发及整合，在这种时代环境下，对图书馆馆藏的拓展及服务的延伸具有重要的开拓意义。

## （一）信息资源的含义及特点

在信息化时代，图书馆的信息资源涵盖了所有可供使用的信息，主要分为两大类。

（1）网络信息资源。它指的是存储在现代计算机网络系统中的静态文献数字化信息和动态社会信息，以在线方式向用户提供服务。

（2）图书馆的文献信息资源。有印刷型和电子型两种类型，指的是用来满足用户信息需求的各种资源。

随着信息环境下图书馆信息资源理论的进步，信息资源还出现了以下分类。

（1）虚拟资源。在广义上，这个资源库与网络信息资源是一样的，但在狭义上，它是指各个馆所根据其自身的类型、任务、特性等因素，经过精心挑选和组织而得到的网络信息资源库。

（2）现实馆藏。现实馆藏就是图书馆所拥有的本馆文献资源，与之前提到的馆藏文献信息资源相等。

简而言之，图书馆的信息资源有以下四个特点。

第一，信息的使用率高。

第二，信息的库存量大。

第三，信息的流动速度快。

第四，信息的附加值多。

建设信息库和信息网络是实现以上四个目标的关键因素。因此，整合信息资源、构建信息库和信息网络已经成为信息化时代图书馆发展的首要任务。

## （二）信息资源整合的重要性

整合信息资源的目的是保证资源的最优化配置，避免和减少重复建设，从而实现最大化的经济效益。随着人类社会的发展，信息资源与日俱增，用户在应用信息资源时常常因为各种信息之间相互交叉，且资源与资源之间互不关联，导致用户莫衷一是，因此提出了更高、更新的要求。

所以,图书管理员需要利用他们对于信息的专业优势来完成由信息服务向知识服务转型。通过信息融合,把自身的资料库转化为知识库、智力库,从而提高信息时代的图书馆社会地位并为自身的建设提供更广阔的发展空间。

### (三)网络信息资源整合

从前文中可以总结出,网络信息资源与各类文献信息资源都属于信息时代图书馆中存储的信息资源。整合文献信息资源的方式类似于传统图书馆整合实体信息资源的方式,而在新生于当下信息时代的丰富的网络信息资源,将逐渐成为信息时代数字化图书馆获取信息资源的主要源头,对于信息时代图书馆来说,如何完整网络信息资源的整合是当下的重点问题。

#### 1.网络信息资源的内涵

网络信息资源可以按照线性顺序查阅,也可以随机跳跃式的方式来检索阅读;并且它是由超文本信息与超媒体信息组成——这种组合是以非线性文本组织模式,每个部分都被存储在一个特定的点上,形成了复杂且交错的数据库架构。因此我们可以看出,网络信息资源是通过概念逻辑关系形成网络结构,其内容是包括文字、图片、声频、视频等多种类型的信息集于一体的多媒体信息。

#### 2.网络信息资源的特点

(1)无序性。传统的文献信息资源是独立的,呈现出线性结构。网络信息则以超文本形式建立起节点网络关系,表现为分散且无序,质量参差不齐,缺乏统一的控制,可以根据节点随意跳转。

(2)开放性。传统的文献信息资源相对封闭,而网络信息则是开放的,相关联的,可以通过链接来检索任意信息。

(3)多样性。传统的文献信息资源种类固定,仅限于普通的出版物。而网络信息资源则不仅包括网上出版物、书目数据库和在线数据库软件资源,还包括动态信息和其他形式的信息。它以多种表现形式呈现。

(4)动态性。相较于传统的文献信息资源的静态性,网络信息资源具备高速传输、跨地域分布、快速变化以及短暂的更新淘汰周期等特点,因此表现出极强的动态性,具有很强的时效性,读者和编辑可不受时空限制进行沟通。

(5)用户群体广泛。传统文献信息资源的用户范围较窄,主要是限于地域、单位和系统内的读者;而网络信息资源的用户非常广泛,他们的受教育程度差异很大,并且不同用户对网络信息资源的利用目的和类型也存在较大的差异。

(6)容量大。相较于传统的文献载体,网络信息资源载体以计算机为主要物理单位,其存储方便、数量庞大,且记录和输出的格式转换简单,能够充分展示信息内容。

(7)互动性强。网络信息资源具备了强大的交流能力,可以创造出广泛的论坛氛围。相比之下,传统的文献信息资源并不拥有这样的优点。

因此,将传统文献信息资源与网络信息资源相对比,后者表现出的广泛性和灵活性更为突出,用户可以利用其强大的信息获取能力和信息检索能力达成自己的目的。但实际上,由于网络信息良莠不齐、繁复杂乱,因此,信息检索工作有着相当大的难度。为了最大化地利用信息资源,系统地整合网络信息资源非常有必要。

### 3. 信息时代图书馆网络信息资源的整合

实现理想的图书馆网络信息资源整合通常可采取下面的步骤。

(1)网络信息资源的采集。图书馆对网络信息资源的收集,是指在浩如烟海的互联网信息中根据特定学科或领域需求,搜罗相关数据,然后将这些数据进行整理以供用户查阅和浏览。一般来说,有两种方法可选择。

一是人工搜集。主要的方式包括与他人沟通、查找相关书籍、报纸等资料以及浏览网络。然而,这种方法的缺点是效率较低,很难获取到相关的统一资源信息。相比之下,人工筛选链接站点的优势在于其高度相关性。

二是自动化搜集。这种方法主要依赖于搜索引擎来完成。通过搜索引擎,网站或者页面能够被收集、组织和整理,然后可以迅速找到相关信息。最终,它们会在互联网上以超文本的形式向用户展示检索结果。

尽管自动化采集的准确性不高,使得用户难以找到实际应用的相关资料。然而,自动化采集的优势在于数据生成简单且便捷,能够收集大量信息。

（2）网络信息资源整合。在进行具体的网络信息资源整合时，可以采用以下几种方法。

一是软件法。软件法是将某个学科或领域中所有获取的网络信息资源以特定的记录形式进行储存，并为用户提供一些搜索入口来寻找信息线索或者资料。

二是分类法。分类法是先对网络信息资源进行分类和层次化的组织，然后再由各级别进行整理。用户需要逐层筛选，找出所需的信息线索之后才能找到对应的网络资源。

三是专题法。专题法是设立检索窗口进行多样化的查找。只需在窗口中输入相关信息词汇，用户便能找到所需的信息线索。

（3）网络信息资源的系统管理。网络信息资源具备一定程度上的流动特性，它们能被复制和修改，并根据不同的方式进行再整合，从而供人研究、交流、扩散或多次利用。因而，若缺乏有效的控制手段，各部门及各地区可能会各自截取大量的数据资料形成独立的信息库，这可能导致严重的问题如资源碎片化、资源过剩、重复建设以及效率降低等，这是与互联网信息共享原则背道而驰的。换言之，在我国整合网络信息资源方面因受到相互不协调的严重制约，形成瓶颈。因此，应尽快确立系统、科学的资源共享管理办法。

### （四）系统信息资源共享

信息的分享与交换是基于自愿、公平和平等的原则，通过运用不同的科技手段、策略及路径来尽可能满足使用者的资讯资料需求的所有行为。系统信息资源共享管理的目标是整体提升各个图书馆系统的维护、运作和升级，进而有助于网络信息资源的整合。

系统信息资源共享的管理方式主要有两类：①以中心馆为主、成员馆为辅的集约化管理模式。这种管理方法维护简单，成本低廉，能充分利用系统资源共享的优点，适合于中心馆数据量和用户量不大的情况。②松散型的合作管理模式。这种模式相对较为灵活，对于软硬件、网络反应速度和带宽有着较高的需求,特别适用于数据量大且各馆之间差异不显著的场景。在实际操作中,这两种策略可以同时采用,并各自具有优势。

随着社会信息化的进步,图书馆内部业务机构设置将主要采用资源共享的整合模式,每个部门(分馆)都负责采集、保存、借阅和参考等各项业务,集收藏、借阅、参考等多元化服务于一体的整合模式,能够充分利用各自的优势,因此也将成为信息化时代图书馆资源建设的有益借鉴。

## 二、信息时代图书馆的数字信息资源整合

### (一)数字信息资源的特点

概括来说,数字信息资源的特点体现在以下几个方面。

(1)数字信息资源的种类包括一次文献到三次文献的各类文献资源。

(2)图书馆的数字信息资源囊括了各种各样的信息类别。

(3)数字信息资源无论何时何地都能被使用,因其具备普适性和开放性的特点,为众多用户提供了强大的信息检索和获取能力。

大部分信息时代图书馆以数据库为收录信息资源的主要源头,并且遵循着翔实、全面的原则收录数据库中的资源,因此,会有众多实用价值较低的信息在不经意间随之录入了信息资源系统,导致数据库内有很多重复或者交叉的内容和大量的冗余信息,知识之间缺乏关联,于是,读者在选择资源信息时所受影响较大,在获取信息的时候会受到干扰。

### (二)数字资源整合的原则

信息时代图书馆数字资源整合必须遵循以下原则。

#### 1.科学性原则

科学性原则强调在整合数字资源时不能随意拼凑或盲目组合,而应对其内容、目标对象和方式进行科学论证。

#### 2.连续性原则

连续性原则主要是指数字资源的整合过程需要持续不断,这样才能赋予数字资源更大的活力和生命力。

### 3. 整体性原则

保持数字资源对象学科完整性的原则是很重要的。整合后的资源系统应该展现出数据对象之间的内在联系,包括各子系统内部的功能。

### 4. 优化性原则

优化性原则是通过采用特定的技术策略和方式,实现最佳的组织架构和功能,使得数字资源能够被有效地配置,从而实现资源的最优配置。

### 5. 层次性原则

数字资源整合的结构应当具有多维性,即在整合数字资源时应该考虑到数字资源本身和读者需求的多样性特点,可以通过多种层次、多种类型、多种方式进行多方位整合。

### 6. 针对性原则

针对性原则意味着数字资源的整合需要有清晰的目标,以满足特定读者的特殊需求并且使用起来方便快捷。

## 三、信息时代图书馆面向未来的信息导航

### (一)知识导航实现的途径

#### 1. 调整服务内容与方式

从信息时代图书馆的功能建设上看,只要对服务读者的方式和内容进行不断调整,就可以有效实现图书馆知识导航功能。随着时间的推移,图书馆提供的服务范围已经超越了传统的知识获取方式,例如,书籍的查找和借阅、新的查询方法、翻译服务、专题资料搜索、复印服务、信息分析与声音图像处理等。现在,图书馆正在逐步扩大服务的范畴,涵盖了诸如电脑网络使用、商业情报调查、公司信息的提供、数据库管理、知识产权估值、科技中间人服务、科技创新评价等方面的新兴信息服务。而这些扩展的内容都指向了一个共同的目标:通过深度的信息加工来提升图书馆的服务质量。因此,信息时代图书馆不仅向读者提供信息资源,还需要承担信息导航员的作用,建设便捷可靠的信息导航系统,为读者提供合理的引导。

## 2.提高读者的信息意识

要想实现图书馆知识导航功能,首先要促进读者提高自身的信息意识。图书馆将有限的资源整理归纳充分利用,服务于有信息需求的读者,同时,为读者提供多条有效途径,以使读者的需求得到满足。图书馆不仅应向读者提供大量的文献资料帮助读者满足知识的需求,还应在馆员的管理和读者的配合下,营造出良好专注的文化氛围,达成学习愿望的共识。此外,图书馆还可以充分开展各类知识与技能相关的培训,帮助读者全面、系统地掌握相关的技能,从而对知识有更充分的领悟,促使图书馆自身的导航功能进一步提升。

## 3.用相关理论指导服务

提供良好的理论指导服务有助于更好地实现信息时代图书馆的知识导航功能。在信息技术不断发展的时代背景下,图书馆馆员传统的台前工作逐渐转向幕后,导致难以对读者有充分和深入的了解和分析,从而难以把握读者的需求。未来,图书馆将更突出信息资源提供者和知识导航员的身份。所以,重视对读者的分析和研究对于图书馆的知识导航功能的实现非常重要。

## (二)信息导航系统

图书馆在信息时代中的信息导航系统内容具有高度的专业性和学术性,主要服务于本学科的科研人员,因此其针对的对象更加具体。具体来说,信息导航系统包括以下内容。

### 1.导航系统的信息服务功能

以下几个方面展现了信息导航系统的主要功能。

(1)利用人类共同创造的文化成果,推动图书馆文献资源共享的进步。此外,通过理解读者需求,也能够进一步提高信息时代图书馆的信息导航和检索功能。

(2)信息导航系统可以充分利用虚拟馆藏为本馆信息用户提供网络服务功能,进而弥补现有馆藏资源的不足。

(3)信息导航能够减少网络用户搜索信息的时间和花费,使得用户能够迅速且精确地定位并获取所需的网络信息资源。

### 2. 导航系统的维护

在信息导航建设过程中,维护导航系统是至关重要的一环。由于网络资源不断变化,其中的域名和服务器 IP 地址可能会发生变动。因此,必须定期更新网站内容,以确保学科导航的实用性不减。

### 3. 网络信息导航服务技术

通过运用互联网上强大的信息传输和储存功能,网络信息导航能够实现高效且精确的知识搜索。然而,当面临大量网上的数据时,人们通常会感到无所适从,因此需要图书馆来实施知识服务的策略,并向公众提供网络信息导向的服务,以便对搜集到的信息进行有条理的整理,协助使用者更有效率地使用网络资料,提升检索的效果。

## (三)网络信息导航的基本形式

(1)网络信息导航可以根据设定的主题进行分类,包括常见网络资源导航、网络特色资源导航、学校重点课程和优质课程资源导航。

(2)根据搜索的信息内容,网络信息导航可被划分为电子文档、电子书籍检索、电子图书馆、网络数据库以及其他专业电子资源。

(3)网络信息导航可以根据导航页面展示的方式不同来分类,包括浏览式导航(例如网络目录)、基于查询的搜索引擎导航、基于图示的导航(例如应用菜单、标签可视化技术的导航)和超链式导航(通过节点和节点之间关系进行导航)。

(4)国外将网络信息导航方式概括为空间、语义和社会三种模式。

## (四)学科信息导航系统

学科导航在信息导航系统中所占比例更大,这归结于用户大多依靠学科分类来查找信息,在特定的学科中查找相关的文献资源更加便捷。另外,科研单位在建设图书馆的过程中也很重视学科信息导航功能。可见,学科导航对于信息时代图书馆建设导航系统的重要意义。

学科导航展示了如何对特定学科进行深入研究与评价,收集其相关知识内容,然后根据该学科的框架重新构建这些资料,形成一种新的资源管理结构或者对应的分类列表,进而创建导航工具,让使用者能够通过这个导航工具来搜索网络上的学科资讯资源。利用网络学科资讯来搭建导航系统有助于最大化地发挥图书馆的功能,提升各类信息的运用效果,这正是数字图书馆在提供信息服务时所必须具有的关键特性。

在信息化时代,图书馆对于文献资源的建设更加注重研究级别以上的馆藏,只需要每个馆藏都具备其独特的文献资源。在这其中,建立导航库平台是至关重要的一环,应当根据开放性、标准化、前沿性、易用性和扩展性等原则来进行挑选。

### 1.确定重点学科导航库的边界

应先在学科权威、专家的建议和指导下确立学科的边界,之后再分析学科的范围和特色,尤其在培养研究人员时应对学科知识有全面的掌握,才能对本学科未来的发展方向有更为精准的把握。

### 2.确定分类体系和结构

优秀的学科导航库必须具备一套科学且合理的知识分类架构,这个学科的知识结构是数据库存储文献的基础框架,对于文献的有效保存和提升用户使用体验都大有裨益。

### 3.重点学科导航库分类体系结构的划分

通常,学科导航资源可以被划分为三大类别。

(1)一般来说,学科专业的分类是根据国际和国内常见的学科专业种类进行划分。

(2)资源类信息涵盖了电子期刊、数据库、专栏和标准等。

(3)参考类信息主要包括一些辞典、名录、指南、参考工具和手册等。

这三个大类是基础类别,接下来还有二级和三级类目,依次进行。

### 4.确立重点学科导航库信息资源的范畴

数据品质是重点学科导航库的根基,学术资源导航库应该根据国内外该领域的发展状况和用户需求特性,挑选出新颖且能反映本领域研究最新动态的科研热点问题,以使得学科导航库具备实际应用价值。

为了满足上述需求,需要按照系统的、可信赖的、及时的、独特的、稳定的准则来管理数据收集过程。这可以通过在单篇文章中实施标签化,从而建立起该文章内的知识关系并形成分类。可以使用电脑自动化标签、人类手动标签或两者相结合的方式,以便于构建知识资源的关系及分类。

毫无疑问,在构建学科信息导航系统的过程中,应该借助搜索引擎这一便利工具,以便于快速找到学术性和高质量的信息。这也是提升信息导航功能、获取网络信息资源的有效方式之一。

### (五)信息导航彰显个性化服务

图书馆的信息导航功能更加具体地体现在个性化的服务上。具体的信息导航个性化服务,可以分为以下几种类型。

#### 1. 个性化信息引导

针对用户实际上的具体需求,为其提供系统化的、高质量的信息服务就是个性化信息服务。对用户提供个性化信息服务时应对用户的详细使用情况有持续的跟踪记录,对检索过程和结果不断进行优化,服务及功能不局限于辅助用户寻找信息,而是应将侧重点放在使信息主动找用户方面,大幅提高信息时代图书馆向用户服务的主动性。

#### 2. 主动型导航

专题资讯是在对某一特定的课题展开深入的调研后所提供的个性化知识支持形式之一。随着信息的普及与发展,图书管理员需要根据不同的用户需求来确定关注点并选择相应的专题以满足他们有针对性且独特的信息需求。

#### 3. 个性化网络资源建设

在信息时代,各个图书馆都在构建其网络资源。在这项任务中,个性化建设原则至关重要,需要实现"人无我有,人有我专"的目标,不然就失去了价值。选取特定主题的时候,应该根据读者的实际需求来决定,或者基于自身理解并评估过的读者所需的信息去确定,充分利用各类数据库及搜索工具,整理和标记网络上的信息,方便用户检索。这包括了收集、过滤、解析、提取与某个主题或领域相关联的专业知识信息,然后把它们组合成一个专门的信息资源集群,发布在网上供专业人士使用。专业用户以其为专业信息导航,从而获取丰富、全面的专业信息。以上都是信息时代图书馆为建设未来信息化服务应该重视和研究的方向。

# 第六章

# 思维转型下的新型图书馆服务

## 第一节　图书馆数字信息服务

### 一、数字图书馆概述

#### （一）数字图书馆的概念

对于数字图书馆（Digital Library, DL）这一概念，容易出现理解偏差，即将其视为是把现有图书馆的信息化处理，这种观点或许过于简化和片面了。实际上，"Digital Library"更注重的是"库"而非"图书馆"，这是一个涵盖范围广阔且深奥的概念，它的解读方式并非单一固定，包括数字信息馆、数字信息库、数字图书馆等多种形式都可被看作是对"DL"的一种诠释。

随着计算机技术、通信技术、网络技术、多媒体技术等的快速进步，将这些新技术广泛应用于现代图书馆各领域中所产生重大变革的影响力不容小觑。而探讨数字化图书库概念及其理论实践的研究已成为当前最为热门的话题。1993年，在德国埃森召开了首届国际电子图书馆会议；1994年，在美国得克萨斯举办了国际数字图书馆会议。此外，美国计算机协会（ACM）和美国信息科学学会（ASIS）及其他一些著名学会、协会的会刊都出版了与数字图书馆有关的专辑。

1996 年 3 月，在贝塞斯达(Bethesda)，首届 ACM 数字图书馆国际会议在美国计算机协会信息检索专业组、美国电气与电子工程师学会、美国信息科学学会等多个学术组织的共同举办下隆重举行。

数字图书馆采用了现代科技中的数字技术对各种图片格式和文本形式的文献信息库进行了处理和存储，其实质上是一种分布式信息系统，通过多媒体手段制作出来。数字图书馆覆盖了从加工、检索到存储、传输，再到最终利用的整个过程，用数字技术将各种地理位置不同、载体不同的信息资源存储起来，实现了信息资源跨区域的传播和查询。数字图书馆成功地将各类文献资料转化为计算机语言，生产出了一系列二进制的图像。这些变革逐步优化了其中包括记账服务、安全保护和访问许可等权限。随后，它们通过互联网发布已获得授权的信息，以实现全球性的信息资源共享。数字图书馆可以实现人们通过网络技术随时随地获取想要的信息，使资源的利用和共享更加充分。

数字图书馆不仅是一种创新的科技，也是一个全新的社会公共事业。简而言之，它是一个包含各类媒体信息的数字化资源，能够为用户提供便利、迅速和高质量的信息服务方式。

数字图书馆有别于传统实体图书馆，它与现实社会活动中的各种公众信息的传播与管理相对应，是一种当代社会中形成的新型的信息传播服务和信息资源组织，其创新之处在于融合了传统的图书馆资源管理方式，同时利用诸如计算机网络通信等多种先进科技工具，对于精确搜索技巧及知识分类方面展现出独特的创意，实现了对海量人类知识的高效存储和访问，并且成功地完成了信息的优化组合，使得用户在查找资料的过程中无需再受限于时间和地点因素。

## (二)数字图书馆的特征

虽然数字图书馆在基础的文献展示和信息传递方面与传统图书馆有着相似之处，但在展现形式、处理目标、工作流程等方面存在显著的差异。归纳起来，数字图书馆的特征主要有以下几个方面：

### 1.信息资源数字化与虚拟化

数字图书馆是一个以读者为中心的数字多媒体信息库，它的储存介质已经超越了纸质资源,包括文本、图片、音频、视频等各类媒介。通过整合多媒体、超文本、超媒体等技术,并利用智能化的信息处理方式,向读者展示了一个多元化和丰富的信息形态。中国国家数字图书馆的数字化资源包含了丰富多彩、多元丰富以及多层次的信息资源库,涵盖了数字方志资源库、敦煌文献、石刻拓片资源库、甲骨文献资源库、博士论文资源库、民国时期中文期刊资源库、音频视频资料资源库等。

美国国会图书馆在构建其国家的数字图书馆方面起到了关键性的影响。作为最先启动的数字图书馆方案之一,"数字图书馆首创计划"包含两个主要的信息资料数字化内容,其中一个是采用"示范计划"的方式首先开始实施"美国记忆(American Memory)"项目。该项目的目标是挑选出一些对于理解美国的历史与文化有重大贡献的收藏,并将这些收藏转化为数字格式在国内公布。目前,美国记忆数字图书馆的一些代表性数字资源已经成为美国青年学习爱国主义的教育素材,产生了积极的社会效果。此外,美国国会图书馆还推出了"国家数字图书馆计划",这个项目把数百万个拥有历史文献价值的藏品转化为了数字形态(图片扫描结合全文索引),并在互联网平台上公开供全世界使用,受到了教育界及大众的广泛支持和好评,实现了显著的社会收益。

数字图书馆所存储的信息资源是虚拟的。由此,数字图书馆馆藏所具备的一大亮点就是保存在各种载体上的信息的虚拟性和数字化的存取和转换。从实质上看,虚拟存储是一种逻辑存储,它能将物理设备转化成与之看似无关的逻辑镜像展示给用户,不仅使物理设备高可用、高性能的优势充分发挥出来,还将物理设备极强的局限性打破。使用虚拟化技术进行信息的存储工作,既降低了在这一方面投入的费用,又使数据的存储管理变得更加简单便捷,同时还能为用户打造异构环境实现其交互性操作,使操作系统使用时的连续性和灵活性保持了下来。

### 2.信息服务网络化与共享化

基于信息资源数字化的发展现状,数字图书馆与世界各国的无数台计算机和数不胜数的图书馆通过互联网相互衔接,联为一体,为广大读者提供网络化、跨时空性、开放性的信息服务。如果数字图书馆没有对使用者设定任何的限制,使用者就可以随心随意、随时随地地使用图书馆,接收其中的信息服务,而这一点传统图书馆无法做到。

互联网和数字化技术为建设数字图书馆提供了坚实的基础,因此,全球各地也将其信息资源管理单位或图书馆进行合并。设定统一的组织和管理标准,整理不同类型、不同地区的各类信息,再通过网络或其他便捷的方式向用户提供整理后的信息资源,突破时空的束缚,最大化地实现资源共享。

### 3. 信息传递的知识化与智能化

相较于传统图书馆提供的文献服务,数字化图书馆的服务正朝着更加注重使用者需求的知识型服务转变。这种新型的知识服务并非仅仅是单纯地提供文献信息,而是更高层次的知识供给,包括通过深度处理的数据和信息来构建、发掘及重新组合,并将之以集成的分布式网络形式传输出去。借助各类智能化信息技术,比如数据挖掘、个人订制等,数字图书馆服务系统会考虑到用户对于知识和经验的需求有限,从而采用更为用户理解的智能化信息服务方式去执行信息服务任务。此外,该系统还可以追踪用户的信息行为,主动搜寻有可能吸引用户注意力的内容并将其呈现出来。例如,CNKI(中国知网)在中国大陆地区的信息查询、知识展示等方面,可以根据用户需要提供多样的智能搜索工具和路径,不仅包含了常规的关键词、标题、作者、摘要等搜索选项,也引入了诸如模拟制匹配、词汇语义拓展等多样的检索技巧,使得数据库中的海量信息能够实现高效智能的检索功能。

### 4. 服务对象的社会化与个性化

各信息服务机构和传统图书馆将本地读者、本系统(本馆)读者、馆际互借的读者作为主要的服务对象,服务群体相对来说比较集中,且相对固定,处于同一服务群体中的用户通常会有比较相似的选择利用的方式、阅读倾向和信息需求,在对信息资源和图书馆的选择上相对确定和客观。随着数字图书馆在世界各地的不断建立,其用户遍布全球,时间与空间不再是人们获取信息的阻碍。数字化图书馆服务的覆盖面涉及各行各业的社会层面,其在线用户数远超过实际社会中的实体入馆人次。

此外,数字图书馆注重信息的知识属性及提供方式的独特性,依据使用者的需求特征和个人特性,利用有效的、快速的用户研究、交流与反馈系统来满足他们的特定知识需要和服务要求。

### (三)数字图书馆的功能

从数字图书馆本身的业务特点出发,数字图书馆的功能除了数字图书馆系统所提供的功能外,还应包括外部数字化资源的连接服务功能。

#### 1.数字图书馆系统的功能

依照传统的图书馆信息处理步骤,数字图书馆系统具备五个主要功能,包括各类文献资源的数字化及其获取,对数字化信息资源的储存和管理,对数字信息资源检索和查询,向公众发布数字化信息及其传播,访问控制和数字著作权保护。这一系列功能构成了数字图书馆的核心服务职责。

(1)内容获取与创建。内容的提取与生成主要涉及把原本存在于实体媒介的文字、图像、声音或影像的信息转变为数字格式。借助数字化图书馆系统,将书籍、图片、影片或音乐素材都转化成电子版本,从原始信息的产生到图像修整和调整、布局优化、颜色校对以及对于视频图像、压缩处理等特定内容创建,同时还包含着关于元数据的定义、输入修改以及数据转换等次级功能。

(2)信息存储与管理。其主要任务是处理与储存、管理数字化信息。这需要依赖于高科技的数据整理方式来分类这些文件并实现自动化检索、建立索引库、提取特性和语言转换的功能以有效控制信息内容。如今,数字图书馆已整合了多种尖端的技术,如关联式数据库系统、最前沿的目标导向架构设计理念及其多元化的音频视频集成应用程序等强大功能为一体,采用相关联的关系型数据库去操作表单从而获取或查找出相关的记录;与此同时还能够借助目标驱动式的机制结合层次性的存贮策略(包括磁盘、光盘)构建起一种综合的外存储器,以便捷的服务接口供用户直接检索所需资源而不必理会实际上的存储地点可能是在哪里。

(3)信息检索和访问。数字图书馆提供了全面而丰富的检索技术,可以检索文本信息、数字化音频信息、图像信息以及视频信息,检索功能十分强大,用户可以通过多媒体检索、全文检索和索引功能找到他们需要的信息。例如,用户可使用文本挖掘工具,以全文检索的方式搜寻信息,也可以借助图像内容分析查询工具从形状、颜色、纹理、灰度等方面搜集图像。数字图书馆的检索方法还包括布尔逻辑检索，能够进行单词和双语搜索、短语搜索以及多个检索词的检索。此外，它还支持自然语音与模糊语音的搜索，并且可以对所得结果进行分类排序。在内容存储和获取管理上，使用存取控制表来进行控制。

（4）信息发布与传播。数字图书馆在现有的计算机网络系统上进行信息的发布和传播，例如，通过已经存在的网络、客户服务器、商业联机服务及交互式电视进行信息的发布和传播。当下，互联网服务和交互式电视等已经成为数字图书馆的实际网络环境。数字图书馆信息的发布与传播主要依赖于网络技术的运用，特别是对图像、声音和视频的高品质多媒体作品的发布和传输。

（5）信息安全和权限管理。随着数字图书馆的建立，信息资源的知识产权问题和传播过程的信息安全问题变得尤为重要。因此，在通过网络对数字化信息进行存取和访问时，应设定一定的权限管理，对信息所有者的合法权益提供保障，使数字图书馆能同时兼顾服务用户和保护权利人的利益，从而对广大群众提供全面的利益保障，使信息资源能够以良好、合理的方式共享，充分刺激信息资源的传播，推进科学文化事业更加繁荣地发展。对此，数字图书馆采用了指征鉴别、版权保护、收费服务、水印技术和加密等解决方法。

## 2. 外部数字化资源的连接服务功能

（1）互联网链接能力是它的主要功能之一。作为一个大型在线数据库的基础设施，互联网上丰富的数据已经成为数字图书馆的主要资源。因此，数字图书馆必须具备与互联网信息的接入和访问的能力。比如，CSDL（中国科学院国家科学数字图书馆）已经在全球范围内搜集了大量的科学资料并提供了对外连通的服务。

（2）构建与在线信息查询平台和其他网络数据库系统的互连能力是数字化图书馆的关键功能。它需要能够接入 Dialog、CAS、DataStar、Orbit 等多种在线信息查询平台，同时还需要具备访问 CARL 公司提供的 UnCover 及其他中国国内的数据库资源的能力，例如，中国知网（CNKI）和万方数据等。

（3）联机书目查询功能。数字化图书馆的功能应该包括传统的图书馆在线书籍的所有相关功能,例如,OPAC(联机公共目录检索系统)内的业务管理查询展示及检索词的标准管控等。借助线上目录系统引导用户利用尚未数字化的传统藏书,比如纸质图书、缩影文件、音频视频材料等非电子信息资源。

（4）对于电子出版物的使用功能。在数字化图书馆里,电子出版物作为其主要的数据库资源之一,包括 CD-ROM(只读光盘存储器)的光碟。数据库类型如索引式、全文式及多媒体形式等,而这些类型的未来发展趋势将会成为主流的产品。因此,为了实现这种功能,数字化图书馆已经建立起对光盘数据库与自身的链接,或通过格式转化来完成,或是直接与 CDNet 相连。

**3. 网络服务功能**

网络环境下的数字图书馆运作依赖于其通信服务器和服务工作站连接其他网络,不仅提供通信服务,还提供访问相关网络数据库和因特网信息资源的服务。未来,数字图书馆的所有活动都将在线上展开,包括数字图书馆资源的制作、存储、查询、读者借阅、咨询、交流、传输和反馈等,因此网络服务将成为图书馆服务的主要形式。数字图书馆可提供各类电子出版物检索、各大数据库检索、多媒体资源、网络信息导航等多种信息。用户不仅能从数字图书馆获取二次文献,还能获取大量全文信息。信息检索服务正朝向全文检索方向发展,几乎所有词汇都可检索,同时还可进行逻辑组合检索和位置检索。数字图书馆中的数字化信息不仅包括文本,还包括图像、声音、视频等各种多媒体信息。

## （四）数字图书馆的发展趋势

### 1. 从依赖数字化资源转向以集成服务和用户信息活动为主的模式

经过三次重要的发展历程,数字图书馆已经形成了三种不同的模式。第一代数字图书馆的核心是以特定的文本资料转化为数字格式而创建的,这些数据被整合到现有的或传统的图书馆体系内,并作为单独的子系统存在。它的主要功能在于传输和跨越时间,搜索这些数字化资源。第二代数字图书馆的发展目标是在不同数字信息的系统之间实现互动协作,旨在促进信息的分享和服务,同时确保系统之间的无缝连接。这种方式下产生的数字图书馆更注重集成的信息服务,并且以这个理念为主导来构建整个图书馆。第三代数字图书馆的目标是把焦点放在使用者身上,通过整合、组织和融入他们的信息需求,为其提供更加高效、深度且直观的数据处理、查询与使用体验,以此解决问题。因此,今后,第三代数字图书馆将以用户的信息活动为发展方向。

### 2. 全息化数字信息存储

数字图书馆仍在持续建设,所涉及的资源数据总量日益增多,储存空间是否充足将对数字图书馆的应用造成重要影响。与日俱增的多媒体信息资源为数字图书馆的信息资源建设提供了充分的数据支持,却也使其在存储上承受很大的压力,将其压缩之后再存入数据库中能够大大减轻数据库的成本负担,以控制数据库的规模在一定范围内,由此,研发海量存储技术,以适应和实现快速访问是一项非常重要的内容。纵观世界范围内的"数字图书馆计划",都要求有海量规模的数据存储总量。新开发的压缩技术与广泛采用的全息数字化技术显著提升了数字化资料的空间使用效率,同时大幅度降低了储存设备的价格,这使得全息数据存储具备诸如高数据传输速率、大容量储存、快速反应时间等优点,能完全符合用户对网络服务的需求。进入21世纪后,数字图书馆的主导数字化技术将是全息数字化技术,而通过简易扫描产生的资源会被高质量全息化数字化资源替代,这种高质量的数字化资源可以完好保存文献信息,并可添加更多功能,比如检索等,有望成为未来的主要资源构成部分。

### 3. 多种资源的高度集成,易用性更强

深层整合各类资源构成了数字图书馆发展的重要特性之一,目前的大部分数字图书馆主要依赖于传统书籍、期刊及杂志等纸质资料的数字化处理。未来,这种趋势可能会扩大至声音与图像产品、多媒体内容等方面。并非仅仅把它们机械地组合在一起,而是在更高层次上实现集约化的深度整合。当用户搜索某个关键词时,所有类型的资源都可以被搜寻并呈现给他们,这使得电子阅读器成为一种能阅览和播放各式资源的高级设备。数字图书馆的人性化程度提升且使用更为便捷,如信息导航技术、知识管理技

术、全文检索技术、跨平台技术、智能检索代理技术以及推送技术的广泛应用都促使数字图书馆更加贴近用户。

### 4. 数字化技术进一步完善

构建数字化图书馆涵盖了多个领域的跨学科整合，包括电脑科技、互联网通信等快速发展的技术，同时不断涌现新的创新技术。为了实现这一目标，必须考虑网络通信、多媒体资讯的处理、资料的压缩及解压、分布式的资讯管理、资讯的安全保护、数据库的使用、内容驱动的智能化搜索、大数据运算以及用户界面的设计等方面的问题。当前亟须攻克的技术难题主要集中于软件重用技术、多种语言的处理方法、智能辨识能力、互联网的人工智能应用等。而作为数字图书馆的核心特点之一，数字化技术必须具备高效的数据传递通道，以便让使用者能够迅速获得所需数据。随着数字化技术的日益成熟和发展，这些问题正逐步得到有效解决。

### 5. 标准化建设取得的进展较大

数字图书馆为规范化和标准化实现其资源共享提供了根本保障与重要前提条件。数字图书馆在建设的过程中需要对各个学科、各种类型的知识进行管理，数目十分庞大，包括多种数字化表达的媒体信息资源，如图像、文字、音频、表格等，十分复杂；对于不同的管理对象需要使用规格、品牌不同的软件、硬件设备来管理，任务繁重。对其进行标准化的技术处理，有助于从庞杂中组织协调众多力量，实现各种资源共建共享，实现网络互通互联，使各单位得到井然有序的管理，进而以统一的格式将各单位整理开发的信息资源组织起来，接轨国际网络，通过网络共享信息资源，从而融合构建出整体性信息资源；如此，就可以建立起统一的检索标准，进而建成一个标准下的分布式检索系统和存储系统，更好地为广大用户提供便捷、全面、丰富、准确的信息服务。因此，标准化为数字图书馆的建立提供了有力的保障和支持。

### 6. 社会化和国际化趋势

随着科技的发展和社会的需求变化，数字化的趋势正在推动全球范围内的信息共享和服务升级。美国的许多科研单位和高校已经开始联合起来共同开展对数据资料及其相关技术的研发活动。同时也有一些知名的企业加入这个行列中来参与这项事业并提供支持服务。G7 集团是包括英国、德国、意大利、加拿大等多国顶级图书管理部门于 1995 年在美国组建的一个跨界协作网络平台,旨在推进世界各地的数据库建设进程以促进其持续进步。成立于 1997 年的环太平洋数字图书馆联盟是由来自太平洋地区的知名大学图书馆与国家图书馆所组成的一个合作组织,其成员包括北京大学图书馆和中山大学图书馆等。这个组织的主要目标是开展数字图书馆的合作研究计划,协同研发多语种在线图书存取系统和多语种文档传输系统,形成大型分布式多语种数字图书馆。

## 二、数字图书馆信息服务体系

### (一)数字图书馆信息服务的概念

数字图书馆的信息服务涵盖了使用各种技术手段来管理与处理信息的收集、整理、查询及传输等一系列任务。其主要内容包括向公众提供电子文献、数据库、互联网中的海量资讯。用户除了能获取参考资料外,还能获得原始文献及其相关多媒体素材。

### (二)数字图书馆信息服务的特点

#### 1.服务对象

数字图书馆的基础是数字化的信息资源。所谓数字化信息是指通过数字方式存储在各种介质上的文字、图片、声音、动态图像等信息资源,最终通过计算机输出设备和网络传送到用户的计算机终端上显示。随着智能手机和平板电脑的普及,人们更愿意通过移动设备获取信息。尤其是年轻人,他们主要通过移动设备来浏览和阅读信息。在这种情况下,数字图书馆的信息服务对象也有所改变。

#### 2.服务模式

随着数字图书馆的应用,用户不去图书馆,借助网络技术就可以轻松快捷地查到想要的信息,不再受地域、时空的限制。这一变革改写了信息服务的形态,数字图书馆构建起一条直接且有多种途径的选择路径,连接着使用者和资料库。数字图书馆把焦点放在对使用者的服务上,其服务观念已从以前的服务导向转变成以使用者为主导,并努力实现他们的各类资讯需要,同时提供了更优质的学科知识指引、量身定做的服务及个性化的服务方式。无论是传统图书馆,还是数字图书馆,新信息检索都是一项十分重要和必要的信息服务,数字图书馆信息服务模式的改变也在一定程度上提高了检索的效率。在传统图书馆中,用户通常利用书本目录、卡片以及索引来查询信息,不仅速度慢,效率也很低,并且,传统图书馆的实际物理存储空间十分有限。而数字图书馆利用了磁盘、服务器或者光盘保存时间长和容量大的优点,在其中可储存数目庞大的数字化信息,检索引擎全面且速度快,信息查找速度快,服务效率更高。此外,数字图书馆还可以在馆际之间共享信息资源、交换馆藏、实现智能化检索,进而有更多的信息资源和更高效的检索功能,为用户提供更为优质的信息服务。

### 3.服务技术

两类主要的服务技术构成了数字图书馆信息服务的技术基础:一是实际操作层面的技术和方法(如利用互联网把传统的资料转换成存在于虚拟空间的数字化信息);二是针对大量数字资源所采用的大型数据库管理系统等高级工具的使用能力与熟练程度。随着新型软件及设备被广泛使用以实现新的资讯提供方式,作为工作人员必须迅速适应并且学会运用这种新兴的专业知识来更好地理解客户的需求、深度挖掘客户的潜在要求以便更好地向客户供应所需的数据或其他相关内容。

### (三)数字图书馆信息服务的模式

随着科技进步和互联网的广泛应用,尤其是数字化信息资源的出现,传统的图书馆文献信息服务方式逐渐暴露出其不足之处:过于机械式的操作流程难以应对网络时代的即时需求;固定的服务形式无法提供个性化服务,也无法针对各种类型的用户需求做出精准响应;仅依赖于目录的管理方法无法实现信息的深入处理。因此,图书馆的信息服务方式正在遭受空前的考验。为了解决这些问题并推动发展,数字图书馆信息服务模式应运而生。下面从数字图书馆演进的过程出发,探讨其具体的服务模式。

### 1. 基于数字信息资源的产品中心服务模式

通过利用 MARC 书目管理系统的功能作为连接点，构建了一个针对特定数字化馆藏资源的、具有一定独立性的数字信息资源系统，这被称为第一代数字图书馆。在这个阶段，基本的数字图书馆信息服务的模式是以数字化信息资源为中心，提供信息服务的内容及产品，它是一个孤立且分割的服务体系。这个时期的数字图书馆服务活动的主要焦点在于其提供的服务内容是数字化信息资源。工作人员并未过多地关注信息使用者的需求和服务策略或方法的制定，主要还是延续了传统的信息服务的方式，缺乏新颖的策略和方法的应用，强调的是服务内容的优先级。在这项服务过程中，数字化信息资源被视为关键元素，占据主导位置。然而，用户则处于被动角色，一直依赖于图书馆来满足他们的需求，属于次要的位置。尽管存在着大量的数字化资源和机构，但它们之间的交流和合作却相对较少，每个单独的数据库都以自我为中心提供服务。这种方式下的信息服务仅在一个有限的环境中运作，其效果并不理想。因此，无法充分发挥数字图书馆系统的作用，也不能有效利用它的优点。

### 2. 基于信息集成的用户中心服务模式

第二代数字图书馆的主要特征是应用了因特网提供的大量的分布式数字信息资源，其核心不再是建设具体数字资源库和文献数字化，而是将异构化和分布式的数字信息资源作为主要的面对对象，并通过打造服务集成来实现统一信息服务系统的构建。第二代数字图书馆与第一代数字图书馆的根本区别是前者具有资源异构化和分布式的特征。第二代数字图书馆现已比较成熟，其应用了以用户为中心的、个性化分布式的、以信息集成为基础的服务模式。

信息服务的具体模式有：

（1）以需求为导向的服务模式。由于存在大量分散且异质性的数字化信息资料，如何有效地响应用户的需求成为驱动数字图书馆信息服务进步的关键驱动力，因此，需求被视为数字图书馆信息服务的起始点及结束点。为了达到这个目的，更精确地回应用户的需求，必然会引发对数字图书馆信息服务系统的要素和功能进行再度调整、整合，从而构建出一种高效率、个性化的基于需求的信息服务模式。在这个模式下,需求既作为开始也作为结尾,提供的服务不仅仅限于本馆内,还包括了散布在全球互联网上的各类数字化信息资料。经过网络传递给用户的是一种根据其需求定制的综合信息服务产品,其中包含了所有相关的数字化信息类型。

(2)以问题为导向的信息服务模式。这种模式源自信息用户当前需要解决的问题,以解决用户问题为核心,描绘了从用户问题产生到解决的信息服务流程。

### 3.基于用户信息活动的自助信息服务模式

第三代数字图书馆目前只在专家学者的实验研究和规划理论中存在,以现有研究成果对其进行描绘:计算机环境和分布式的网络无处不在,为其提供了强大的应用基础和可靠的技术支持。以信息资源为基础形成的服务形态,将用户的信息系统和信息活动作为中心,实现信息服务与信息资源在数字信息空间的集成、组织和嵌入,由此形成的数字信息资源体系可以根据用户群体各种不同的需求为其提供个性化、智能化和主动的终极信息服务,为用户对知识信息的自主、自助处理和提炼、与其他用户的协作交流以及对现实问题的解决提供强大的技术支持。

信息网络和数字资源正在快速发展,促成了一个全新的第三代数字图书馆信息服务环境。信息资源、信息整理工具和信息传递工具正不断汇聚到同一数字空间,信息资源系统、信息服务系统和用户信息系统日益趋向于在同一网络空间相连接。各种基于网络、知识和协作的信息处理机制也日益完善,它们之间的链接、交换、互操作、协作和集成也变得更有可能性。基于用户信息活动、问题和个性化、智能化的自助信息服务模式应运而生,重新审视信息服务系统的功能结构和服务模式,以支持用户自主信息活动。

这种模式的核心特性主要体现在以下几个方面:

(1)面向同用户信息活动。对于相同的用户数据行为来说,信息的内生机制需要强调的是从用户的数据活动中开始并建立起根基,这比单纯依赖信息资源更重要。这是因为面向用户数据活动的信息服务模型就是对这一内生机制的需求的一种反映,也是一种基于用户数据活动全流程追踪的个性化的信息服务方式。首先,大量的散布在全球范围内的数字化信息资源构成了面向用户数据活动的基础信息资源；其次，更加关键的是，互联网消除了信息资源的实体存在与其逻辑存在的界限，让它们之间不再互相限制或分离。所以，基于网络构建的第三代数字图书馆可以在理论层面上把所有这些元素（包括信息资源、信息服务、信息使用者以及他们的数据活动）整合到同一个虚拟空间里，这样就可以实现这三者的灵活调整和互动，避免因物理因素导致的隔离状态。相较于过去主要关注信息资源的服务模式，这个新的服务模式会消除信息系统和服务提供商与用户数据使用的间隔，直接针对用户的数据活动来满足其需求，并且能够根据情况变化实时更新和组合信息资源、信息服务以及用户的数据活动，旨在借助服务解决用户的问题。

该服务模式对用户利用信息的过程和信息服务进行了捆绑，用户的信息需求可以动态随机地得到满足，这种服务模式有机地融入了用户的活动和环境中；信息服务不再将信息知识资源体系作为基点，它们的结构体系的形态不再是一成不变的，而是发展成为可以变化和动态组合的有机体，使其能够适应为用户提供的随机聚合的信息服务。

（2）信息利用自主性。独立自主使用数字化馆藏服务的理念在于提升个人主观作用力并将其融入到日常工作中去。这避免了一般依赖于特定资料库的方式所产生的隔离效应，即信息系统的运作与其被使用的情境相分离的情况出现。这样可以使人们能够更加积极且自由自在地使用这些数据内容并且从中获取有用的见解或协同合作的机会。这种方式是根据人们的实际需求及他们正在执行的工作而构建出一种智能化的在线数据库及其相关功能模块的形式实现的，包括搜索引擎优化技术等一系列的技术手段都是为了满足这个目标而设计。此外，该体系还鼓励那些希望自己解决问题的人们尽可能多地投入其中并对他们的行为产生影响。所以当互联网成为主流时，以自助方式完全在网上寻找有关科技方面的情报将会变得越来越容易。

（3）服务手段智能化。智能化服务方式将在第三代数字图书馆中得到广泛运用。通过利用先进的智能化工具和方法，例如人工智能、智能推荐及发掘、智能词汇表、智能知识图谱以及专家智能系统等，可以有效地提升并优化数字图书馆的服务能力。这种对智能技术的深度整合将会成为推动数字化图书馆信息服务的持续进步和高效率运行的关键因素。

未来,数字化图书馆的信息服务模式应为"聚合""智能""自助"的有机结合,也就是向着在一个统一的信息领域内集合了资源和服务系统及用户信息的、操作界面更友好的、理解并满足人们需求的人工智能一站式的联合自助信息服务模式的趋势发展。

### (四)影响数字图书馆信息服务模式创新的因素与发展对策

#### 1.影响数字图书馆信息服务模式创新的因素

近几年,我国不断加强对各级图书馆的基础设施建设,大大提高了图书馆的网络化、现代化以及自动化水平,逐渐丰富了数字化管理,促使各个图书馆都形成了属于自己的特色馆藏。前文提到,数字图书馆将向用户提供信息服务作为核心组成部分,但实际上,馆内现行的服务模式及体系仍比较滞后,虽然大多数数字图书馆坐拥优渥全面的信息资源,却没有完善可行的配套服务平台充当媒介,因此,在资源建设方面,数字图书馆的发展表现出了显著不协调,对于真正向用户提供可靠有效的信息服务有很大制约。

(1)信息的获取过程缺乏透明度。传统的信息检索方式下,当需要查找特定内容时,用户需首先手动搜索各个独立的数据库以获得相关的一系列文档和信息,然后对这些信息进行整合并逐一"开启"或者"引入"来寻找所求的内容。由于大量信息分散于多个数据库且拥有不同级别的管理权限,这使得用户的使用体验变得相当不便。

(2)非一体化服务。在传统的数字图书馆中,使用了非一体化的信息应用服务并不能满足大规模面向和服务用户的需求。用户在接受信息服务时,耗时长、耗精力大,所得结果不一定尽如人意,而且单机的功能对于读者在每次接受信息服务时所采集信息数量有很大的影响和限制,用户对比并不十分满意。如果数字图书馆向用户提供的信息应用服务是一体化的,且信息中有详细的方案推介,做到了图文并茂,还能为从众多方案中为用户筛选出最优选项,就可以在信息资料的查找上为用户节约大量时间。数字图书馆的这种面向用户(用户中心)的信息服务模式正是其主流服务模式的基本要求。

（3）信息需求和资源共享的限制。用户对信息服务的期望是多样性、个性化和时效性强，数字图书馆必须提供更加全面的服务以满足读者的期望。尽管数字图书馆已经突破了传统图书馆的空间与时间的界限，使得其提供的服务得到了进一步的发展，但为了保护内部的数据资源并保证服务器的稳定运作，图书馆需要设定服务器的最高响应请求量和服务端口的最大连接数。所有这些都导致服务器访问的瓶颈问题。

## 2. 数字图书馆信息服务应采取的对策

若想在信息市场的激烈竞争中保持优势地位，数字图书馆的信息服务应根据其在数字化时代的特点来制定相关策略，以推动图书馆的信息服务质量不断提升。

（1）强化数字图书馆的数据库构建，以实现在线资源的电子化及数据存储。对于任何一家图书馆来说，其最为宝贵的就是丰富的馆藏资源，它是数字图书馆的核心特质，同时也是衡量一个图书馆办馆质量高低的关键指标。作为数字图书馆的基本构成部分，数字化信息资源则为高质量的专业信息服务提供了基础保障。故此，为了提升信息服务的品质，需要优先关注并优化信息资源管理。尽管我国已经在这方面取得显著进步，但在国际上还有很大的发展空间，例如，数据库资源的开发规模较小，没有明确的发展计划，且商业化程度较低，等等。因此，要持续地改进，解决这些问题，减少差异，逐渐改善数字图书馆的服务能力。

（2）加强图书馆馆员队伍建设，加强对信息服务人才的高水平、高素质培养。从某种角度来看，在数字图书馆时代，人才培养和团队建设是展现读者服务工作的水平和衡量服务水准的重要特征和指标，馆员的信息服务水平代表了图书馆的水平，因此应提高馆员的管理水平和服务水平，进一步共享和开放资源。图书馆馆员这一职业具有一定的服务性质，为了承担和实现数字图书馆发展的重要使命，图书馆馆员首先应具备较强的现代信息管理能力和学习能力，其次还应该具备敏锐发现和跟踪新成果、新技术的能力，具备了这些能力，就能够胜任数字图书馆的工作。

（3）进一步促进馆际合作，强化数字图书馆的服务职能。从这一方面看,数字图书馆应对资源充分利用,对资源管理和信息服务两个方面进行优化处理,进一步加大开放程度,深入探索、研发和发展文献传递、信息检索以及信息咨询等信息服务方面的功能,联合不同的图书馆,促进各馆之间互相合作和资源互借,为实现资源共享建立网络数据库,实现信息服务体系的自动化、数字化以及网络化建设。尤其是高校图书馆不仅要为在校师生提供高质量的服务,也应该为整个社会提供服务。

# 第二节　图书馆移动信息服务

## 一、图书馆移动信息服务概述

### (一)图书馆移动信息服务的内涵与特征

#### 1.图书馆移动信息服务的内涵

移动图书馆服务即为图书馆移动信息服务,源自"Mobile Library"一词,最初指的是利用汽车等交通工具为载体,将图书馆服务扩展至偏远地区,满足公民获取信息与知识的需求。这种 Mobile Library 即现在广为人知的"汽车图书馆"或"流动图书馆",是最早提供移动信息服务的方式。然而,这种"移动"过于狭隘,只是在物理空间上进行资源移动,以满足偏远地区或无法前往图书馆的用户的信息需求。随着移动设备的普及,尤其是智能手机和iPad 的普及,图书馆移动信息服务也逐渐从流动图书馆转变为用户可将数字馆藏资源下载到手持设备上随时随地访问的服务。随着无线网络的发展,利用 5G 或 Wi-Fi 等无线方式访问图书馆资源成为图书馆的新服务模式。图书馆移动信息服务使手机、iPad 等移动终端成为用户和图书馆之间交互信息和资源的工具。随着图书馆移动信息服务的实践和相关研究不断深入,对其内涵也有了更新和更准确的解释。现阶段图书馆移动信息服务所指的是一种新型的服务模式——基于无线的图书管理系统,利用各类便携式终端如智能电话和平面显示器等,来实现对读者的时间与地理位置约束不存在的情况下,远程获取文献资料的能力,并提供诸项功能包括在线阅览数字内容及个人信息的管理和个人事务咨询等方面一系列操作流程的新型图书馆服务模式。

利用无线网络,图书馆的移动信息服务将用户和数字图书馆资源连接在一起,通过便携设备展现数字资源。这种服务可以扩展和延伸图书馆的服务范围,让图书馆的移动信息服务融入到用户生活中。在日常生活中,人们可以利用智能手机或其他移动终端设备访问图书馆并搜索他们需要的资料,这使得信息的获取变得更加便捷且没有限制。基于"用户至上"的原则,我们提供个性化的账户创建与登陆方式、满足个人需求的检索功能以及量身定做的服务选项,这些都能够有效减少读者的等待时间和提高他们的阅读舒适度及满意度。

### 2. 图书馆移动信息服务的特征

整合了图书馆的信息资源丰富性和移动互联网设备的灵活性的图书馆移动信息服务,以两者各自的技术和资源优势作为基础。这种广泛应用的图书馆移动信息服务为拓展和深化图书馆的服务提供了新的视角,它与传统的实体图书馆服务有显著区别。

(1)实时性。借助互联网技术与设备实现的信息检索功能使得读者可以在任意时间和场所访问所需资料,无需离开家门即可利用手机等便携式电子产品接入网络空间搜索相关文献内容——这正是"3A"理念的具体体现,也就是无论何种身份的人都可以自由使用该项服务的所有权限,无论是何时还是身处哪里都能方便快捷地使用它来查找所需的内容。

(2)交互性。鉴于网络可以实时连接的特点,用户可以实现实时与图书馆馆员交流和交互,图书馆不限制用户所处的地点和使用时间,用户无须入馆,就可以借助相关软件或图书馆留言板获得来自图书馆的信息咨询服务,还可以在手持设备的操控下自助办理预借或者续借的相关手续,服务的交互性更能从中凸显出来,不仅图书馆的服务效率明显提高,也能为读者节省大量时间,实现馆员与用户的实时跨空间交流,使二者之间的距离更近。

(3)主动性。移动信息服务将用户从被动地走进图书馆学习和接收信息的局限中解放出来。图书馆可以利用移动设备平台主动向订阅相关资源的用户定时、定向发送信息。用户可以随时随地通过移动设备获取信息资源、浏览和存储,拥有更多主动性和自由度。

(4)个性化。用户可以按照自身的喜好趣味来选择相关的知识信息,制定专属自己的个性化服务,还可以将自己的职业发展需求投射到个性化服务的设置中,通过移动终端在服务平台上充分利用图书馆中丰富的资源和个性化的主动服务,完成检索、阅读、定制、下载资源等活动。

(5)延伸性。图书馆也可以向馆外环境延伸其移动信息服务功能,用户即使在距离图书馆很远的地方也可以满足信息需求。图书馆移动信息服务项目中拓展的多媒体服务功能可以帮助一些弱势群体获得精神上和求知欲上的满足。例如,视力不便的人可以通过移动客户端的"听书"功能满足信息需求;一些残障人士可以用手机短信实现上门借还图书;儿童青少年可以在游戏阅读中激发阅读兴趣。

(6)共享性。公共化是图书馆资源扩展并增加受众群的一个重要特性,它反映出图书馆的人文关怀,强调信息的公正和平等分配,使得人们能够突破地域限制与社会阶层的约束,每个人都能利用手机或其他移动终端获取到这些信息资源,实现真正的信息公开及平等享用,缩小数字鸿沟。

### 3.图书馆移动信息服务的内容

图书馆移动信息服务的主要内容包括移动目录检索服务、移动馆藏阅读服务、移动参考咨询服务、移动二维码的服务以及其他移动服务等,具体内容如下。

(1)移动目录检索服务。移动图书馆的目录检索服务是目前移动图书馆服务中的关键内容。各国的移动图书馆都在建设移动图书馆网站,其中最核心的部分是移动馆藏目录检索服务。美国目前应用较多的检索系统是Innovative 公司于 2001 年研发的移动 OPAC 系统,即 AirPAC 检索系统。AirPAC 不仅可以帮助用户快速检索馆藏书目,还可以提供借阅信息查询、图书馆通知查询等服务。移动图书馆的检索系统主要通过相关模块自动抽取图书馆的书目信息,检索界面通常分为简单检索和高级检索等。目录检索服务是目前国内外移动图书馆开展的最主要服务之一。

(2)移动馆藏阅读服务。提供流动式的馆藏书籍阅览体验。这包含了各种形式的内容如电子版书本、杂志、网络教育材料及音像制品等。这些都可以通过手机或其他便携式终端来获取并利用它们。相较于传统方式下的实体库房存储物料而言,这种新型模式可以更广地涵盖到各类信息来源。根据 Ellyssa Kroski 的观点,移动馆藏概念指的是一种由数字化媒介构成且能够被携带使用的虚拟化大型文献数据库,它能让读者们享受到来自远端服务的便利之处。美国莫瑞州立大学图书馆的 Lilia Murrav 将移动馆藏分为不同类别,包括音频资源、参考书籍、谷歌图书、Overdrivel 电子书和数据库资源等。

移动馆藏资源可划分为两类:一是由移动图书馆购买的馆藏资源,二是移动图书馆自行构建的馆藏资源。在这两者中,前者占据了较大的比重,涵盖各类移动数据库,例如 EBSCOhost Mobile、IEEE Xplore Mobile、WorldCat 等数据库;此外,也包含了一些期刊数据库,比如 *Nature*、*the Journal of Renewable and Sustainable Energy*、*the Journal of the American Chemical Society* 等。近年来,许多图书馆的国外在线数据库已经开始支持使用手机或其他移动设备来检索信息。例如,美国国家医学图书馆就是一个例子,PubMed Mobile 和 Drug Information Portal Mobile 等是美国国家医学图书馆为客户提供的数据库。国内的 CNKI 数据库、龙源期刊数据库也先后发布了各自的手机版数据集。另外,Amazon、Overdrive、Google Books 亦分别向用户推出他们的移动电子资源。另有一种形式则是由移动图书馆自行创建并维护的信息内容集合体——这些主要来源于他们独有特色的馆藏构建而成的内容,涵盖了各类珍贵图像、摄影作品、古代文献及音像制品等。比如美国北卡罗来纳州立大学在 Wolf Walk 这个应用数据库中包含有超过一千张有关校园重要历史角色人名地标及其相关事迹的老旧相片,这被视为是一个尝试利用新型互动方式对公众展示馆内宝贵文物的新颖实践案例;而德国巴伐利亚州立图书馆则把本机构最稀有的书籍典册在苹果 iTunes(一款数字媒体播放应用程序)上制作成了移动馆藏资源。现阶段,许多国内外的图书馆已经开始向公众展示其多媒体数字化资料库的移动版本。近年来,以音频形式聆听书籍逐渐成为一种新兴的读书方法,它是由专业的朗读者将纸张上的内容转化为可供收听的有声读本,特别适合那些因年龄或身体原因无法直接阅读的人群,如老年群体、残疾人及青少年等,他们可以通过手机等方式获取自己需要的信息,从而体验到移动阅读带来的快乐。

随着手机和网络的发展,人们的日常生活已经进入了一个以短文为主要内容的读物阶段。人们可以通过各种智能终端轻松获得图书馆的数字资源并享受到其提供的便利的服务体验。现在,这种基于电子书服务的数字化方式不仅大大方便了读者们使用书籍的方式方法,而且也成为一项创新型的、可供选择的新式信息服务手段。

(3)移动参考咨询服务。随着手机应用程序的大规模普及和推广,一项新型的服务模式即基于智能设备提供的文献信息查询与解答功能正在逐步崛起并已经成为现代图书馆的主要业务内容之一。然而到今天为止,对于这种新颖的信息检索方式尚未形成公认的标准或规范性的解释说明。扈志民在 2011 年曾提出,用户或者馆员或者双方共同通过移动设备咨询问题或解答问题,并且,平台会将相关信息内容推送给用户,这就是一种移动参考咨询服务。从另一个角度看,该服务就是将数字参考咨询服务与传统的参考咨询服务相结合,通过移动平台来实现和展示成果,由此可以为用户提供快捷的服务。移动参考咨询服务的特点有以下几点:第一,具有方便灵活的服务手段。用户的移动参考查询活动将不会再受到时间与地域的影响,只需要接入移动互联网中,用户就可自主选择和决定何时何地进行参考咨询。第二,有着多样化的服务信息资源。移动参考资源包括的资源不仅有报纸、图书、期刊等传统的纸质版本的文献资源,还有各种图像、视频、音频资料资源和网络信息资源与专业性更强的数据库资源,用户可以在多媒体、文本以及图片信息之间自由选择。第三,具有开放性的服务环境。这一特点在多选择性的移动服务终端中得以体现,用户可以随意选择自己便利的服务终端等内容。第四,服务成本有一定的经济性。安装和人工维护都属于服务成本,需要合理节约,移动终端是用户自行购买的,不需要成本,也不用安装任何需要花费成本的物力路线,因此,维护成本也大大缩减。在移动图书馆服务不断革新和发展的过程中,移动参考咨询服务成为其重要的服务内容。

除去传统的 FAQ 问答形式之外,移动图书馆也衍生出许多新型的参考咨询方式。这些新颖的方法可大致归为两类:一是以馆内收藏资料的使用指导为主体的音频与视频服务;二是依托于移动终端的查询支持。对于那些不太了解图书馆功能或未能参与到相关课程学习的人来说,这类服务非常有价值。这种便利性的提升使得用户体验得到极大改善。

在国际移动图书馆服务中,移动参考咨询服务扮演了至关重要的角色。目前,主流的移动参考咨询服务如图6-1所示。

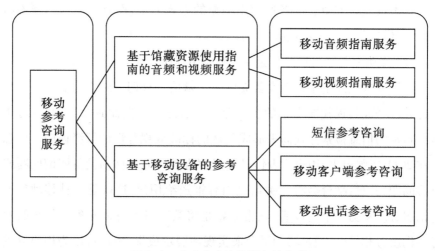

图6-1 移动参考咨询服务的分类

(4)移动二维码的服务。近年来,随着移动二维码技术的普及,它已成为全球范围内各种行业的重要工具之一,尤其在日本与韩国,其已被大量用于人们的生活中,例如食品标签、新闻期刊、广告传单及公共设施标示等。如今,这种技术也已经被引入图书馆系统中,以提供更方便的移动阅读体验。

图书馆的移动二维码(主要是QR码)在移动图书馆中的主要服务如下:

第一,迅速引导读者进入移动图书馆网站。使用者只需用手机读取图书馆提供的QR码,就能轻松地访问移动图书馆的网络页面,并且能够实现对书籍预订、延期归还和信息检索等相关动态资讯的即时互动。此外,大部分日本图书馆也专门设立了针对移动设备用户的服务站点。该站点的界面包含二维码标识,用户仅需利用手机扫一扫这个二维码便可以直接登录图书馆的官方网站,无须手动输入网址,这种便捷的方式大大提升了移动图书馆用户的使用体验。

第二,快速掌握各类文本的数据。借助智能设备扫描书籍底部 QR 码可立即获取相关数据,例如标题、作者姓名、编目号码及文章概述等;对于纸质版文档内的 QR 码,它能引导读者寻找到相应的数字版本或附加材料;当浏览图书馆内有声读物的时候,使用对应书架上的 QR 码即可获得与之关联的视频音频素材以及其他演讲活动等相关信息。同时,若需要查找某一本书,只需输入馆藏目录并查看结果页面就能看到 QR 码,能够获取图书的分类号和排列等相关数据,并将其存储在用户的手机上,以便于用户在图书馆内迅速且精确地查找到这本书。

第三,其他的相关服务。例如,读者可通过智能手机,扫一扫图书馆门口的 QR 码阅读设备,从而完成个人资料的认证过程。此外,他们也可以使用同样的方式查看自己的借书记录,避免了重复的手工操作。同时,读者还能利用自动借书机器扫一下 QR 码,以方便自己办理借书、退书等相关业务。

现今,利用手机上的二维条形码技术已经成为公共图书管理系统的重要组成部分,这大大提高了读者的阅读体验与便捷度。根据史蒂文·瑞恩达特的观点:"作为一种推广方式,QR 码对于提升读者对书籍的需求有很大贡献;通过扫描这些代码可以直接获得所需的信息内容。"伴随着科技的发展趋势,这种融合模式将会给智能化的数字书库带来全新的发展机遇。

(5)其他移动服务。除前面提到的手机阅读资源外,还存在着许多具有独特性的移动图书应用功能,如通过智能设备预约研究空间,使用电脑终端查找信息资料库的地址和位置坐标,借助 GPS 技术实现对馆藏书籍的位置追踪与管理等,这些都属于其独特的业务范畴内的一部分。此外,它还可以提供如基于互联网的信息交流平台(即所谓的"虚拟社区")这样的新型交互式体验方式供用户选择并享受其中所带来的便利性和乐趣。

1)利用移动图书馆预定研讨室服务。通过运用移动图书馆预约研究空间的服务方式已经成为一种趋势。根据对国际上一些图书馆移动服务的研究结果,许多国外的图书馆都可以借助智能终端来安排他们的阅读区域或者讨论区,尤其是在北美地区表现得更为明显。这种基于移动技术的会议场所管理系统可以让人们能够实时了解当前空闲的学习房间数目并且能提前做出相应的计划调整,这无疑为人们提供了极大的便利与舒适度。

2)利用计算机查询服务。借助移动图书馆,读者能够实时了解图书馆的电脑数量,从而决定是否前往图书馆进行资料搜索和学习。这种服务对于大学图书馆的读者来说非常有帮助。

3)图书馆定位导航服务。对读者来说,在图书馆寻找书籍时常常感到困惑和迷茫,尤其是在面对众多书架的时候。他们经常需要寻求工作人员的帮助,然而这种方式并不总是有效。此时,借助智能手机等移动设备就能实现精准的图书馆位置指引功能,从而协助读者快速寻得所需之书。

4)移动图书馆流通服务。目前,并非所有的移动图书馆服务都支持与用户直接互动,但有些移动图书馆服务可以在幕后为用户提供更好的服务。利用现代移动设备,图书馆工作人员可以向用户提供流通服务。比如,SirsiDynix2 公司研发的手持式借阅器(Pocketcirc)就是一个例子。只要使用 PDA 设备,图书馆员工就能连接到 Unicorn 图书管理系统,方便了图书馆人员在社区和学校等非工作场所协助顾客查找文献、更新书籍目录等工作。此外,移动图书馆流通服务对众多图书馆工作者来说也是一种便利的方式,既提升了图书馆服务的效率,又推动了图书馆自身发展。

5)移动社交网络服务。近年来,随着手机端社会化媒体服务受到用户日益青睐,这些相关的产品和服务在国内及国际上都得到了广泛的使用与推广。许多国外的移动图书馆已经开始引入并使用了诸如 Flickr、Twitter 和 Facebook 在内的各种社媒平台的服务功能。例如,在美国,迈阿密大学、宾厄姆顿大学都设置了图书馆,伊诺克普拉特也设置了免费的图书馆;加拿大麦吉尔大学和西班牙巴伦西亚政治大学也都设置了图书馆。在国内,已经建立了名为"书生移动图书馆"的服务,允许用户通过微博账户与之互动并参与到学术讨论之中,同时共享获取的文档资料及精辟见解。同样地,用户还可以选择跟踪感兴趣的人物或机构,并且能够无限制地发表或转发微博信息。除此之外,该系统也具备提供云笔记服务的特性,让用户可以通过涂色器和绘图工具来创作手写作品。总体而言,这个基于移动用户联系和文献传递而构建的社交网络服务平台为未来的发展提供了明确的路径。

### 4.图书馆移动信息服务的未来发展趋势

(1)馆藏结构多元化,服务资源数字化。数字图书馆的诞生已经超越了传统的图书馆资料载体局限,使得数据信息化得以运用。而图书馆的移动信息服务扩展则进一步跨越了图书馆的地域范围,让读者能够随时随地轻松获得信息资源,这是一种更广泛的服务模式。这种移动式信息服务不仅仅能让人们从图书馆中无限制地获取信息,还能促进图书馆之间的信息资源共享,甚至能让用户和服务接受者借助移动设备上的社交网络(SNS)和实时通信工具来分享和传递信息,从而构建了一个全面的信息共享环境。因此,满足这样的广覆盖性和泛在化应用需求,移动图书馆馆藏资源数字化是首要保障因素。随着馆藏信息资源被转化为数字形式以及在线访问利用的便捷性增加,用户关注点已经从馆藏信息资源的存储位置转移到如何能够快速获得有用的吸引人的内容上。这种转变使得传统图书馆的重要性逐渐减弱。如今互联网技术的飞速进步让各种信息资源遍布全球网络的各个角落,因此对用户来说,不再是必须去拥有(只要他们能上网),而是可以随时随地利用这些数字化资源。

(2)服务需求平等化、个性化。图书馆移动信息服务对用户的影响是最为显著的,因为图书馆的服务理念是"读者至上"和"以用户为中心",图书馆移动信息服务则是根据用户需求进行。传统的图书馆服务模式是读者有信息需求而来到图书馆,由馆员指导提供相应服务。虽然这种模式以用户为中心,但服务地点仍受限于图书馆地理位置,给偏远地区和无法到馆的弱势群体带来信息资源和服务不公平的问题。图书馆移动信息服务的推行彻底改变了这一限制,用户不再受制于图书馆地理位置,可以在任何时间、任何地点使用手持移动设备访问图书馆数字资源,实现资源的普遍利用。这不仅真正体现了"以用户为中心"的理念,也实现了"普遍均等"的服务准则。

移动信息服务在很多个方面影响着用户。用户大多习惯了利用电子资源,并且产生了较深的依赖性,这种现象在青少年读者群体中尤其明显,这是因为人们可以在工作、学习之余充分利用碎片化时间进行线上阅读;用户即便不去图书馆,也可以通过移动设备网络在图书馆的服务平台中借阅图书,获取资源;用户可以实时与图书馆馆员进行沟通,用户不仅能够节省查询目标信息的时间,还能提高获取知识信息的效率,十分便利;在对用户的培训方面,一改以往传统图书馆枯燥被动的课堂式的教育形式,对用户有针对性地制定数字图书馆一定信息服务培训,帮助用户轻松、灵活地掌握检索技巧,使其能够熟练运用移动信息服务功能,实现用户的自主自我学习,进而培养用户提高自身信息素养,促进终身学习意识的形成和提高。

(3)图书馆服务与管理路径深入改革。具体如下。

1)服务形态转型。现阶段,数字图书馆、阵地图书馆以及流动图书馆是主要的服务形态。这些形态的图书馆全部将服务的重点放在了信息资源上。由于图书馆在信息服务上遵循以人为本的理念,因此,这些服务形态也可以被视为实践及实施图书馆服务理念过程中产生的一种羁绊。这种现代化的移动信息服务是对传统服务形态彻头彻尾的更迭演变,其中的嵌入式服务和信息资源广泛渗透到了用户的生活与工作之中,用户在接受图书馆的信息服务时不再受时空的限制,图书馆的服务形态由传统"以文为本"变为了如今的"以人为本",从而用户的需求、图书馆的各项服务都围绕和跟随着用户,移动数字图书馆将用户作为服务阵地的中心,其服务形态不受空间、时间、资源、系统的限制,覆盖人们生活中的方方面面。未来图书馆将会以数字图书馆的这种移动信息服务模式作为重要形态,图书馆的服务和管理两个方面将会因其移动信息服务的发展产生深刻变革。

2)服务技术提升。在移动信息环境中,图书馆的服务技术需要持续提升以满足用户对高质量服务的需求。5G技术将成为未来图书馆移动信息服务的关键应用技术。在我国广泛推行5G服务之后,移动互联网服务才真正实现了从多媒体向自媒体、跨媒体的转变,真正做到了文字、图像、影音无空间限制的传播。5G服务的数据传输速度得到了显著提升,以此为基础,在图书馆环境内广泛使用此项技术,从而推动图书馆的服务模式迈入多媒体服务的新阶段。通过与5G网络的接入,用户可以随时随地获取或发送多种多样的多媒体内容。受此影响,各类技术的开发和创新不断涌现,同时,实体图书馆也不再局限于传统的场所服务方式,而是转向了智能化的自我服务方向。

3)服务流程重组。随着移动信息的普及与推广,图书馆需要调整其服务模式来满足发展的需求,可能还需要引入新的服务形式并对现有的服务流程进行优化或改造。在移动信息的环境中,用户对于图书馆的信息咨询服务的依赖程度更高,他们期望图书馆能快速解决他们的问题。为了更好地响应这种需求,图书馆的移动信息服务应该跳出传统的方式,不再仅仅局限于图书馆内的服务流程设计,而应该是从"用户生活"的角度出发,包括在图书馆内由工作人员提供的资源引导及信息参考咨询服务,同时也要坚持"以用户为中心"的原则去执行服务任务;而在图书馆外部,则需融入到用户日常生活中,更加注重的是如何根据"用户生活所需"来定制服务流程。所以,由于信息技术的高度运用使得图书馆的服务范围不仅扩大而且加深,即以用户生活实际需求作为导向。传统图书馆服务流程是线性的,主要通过垂直或者纵向的方式来满足读者的需要。如果从用户的需求出发,以用户生活实际需求作为导向的服务过程并不是一条单一的线性路径,而是包含了人与人(读者和工作人员)、人与科技(读者和系统,员工和系统)以及技术之间(系统对系统的互动)的多层次交流和紧密整合。基于这种双向互动的行为模式,图书馆势必要在此之上构建起以资源和服务协调及统筹为主导的新型服务体系。

4)馆员工作专业化、职能多样化。除了向公众提供的便利且贴心的阅读体验外,图书馆移动数字化方式也让馆员们受益匪浅——可以在任何地方通过智能设备访问并操作整个数据库以确保其稳定性和可靠度。当出现问题时,该程序能立即通知相关人员以便及时解决并在最短时间内恢复正常的运作状态。此外,借助此项功能还可以实现在线协作处理图书分类等工作内容,这使得不同地区的机构之间得以分享知识库并将这些资料整合在一起形成统一的数据中心来提升整体的服务水平及效果。在移动信息服务里,图书馆工作人员应从被动的角色转向积极参与,不仅需要满足到访读者的需求,还须关注那些在外部寻求信息的移动阅读者;馆员不仅仅只负责提供馆内的书籍资料,也应能依据客户的需求来供应各种形式的多媒体内容。因此,在这个新的环境下,对于图书馆工作人员的信息素质有了更高层次的要求,他们需要自我审查并确定自己的位置,全面且多元化地调整他们的角色。随着图书馆移动信息服务的开展,图书馆工作人员逐渐减弱其作为"中介"的功能,并且开始朝着成为"知识信息导航员、教育工作者和技术专家"的目标迈进。

# 二、大数据时代为图书馆传统的移动信息服务带来的变革

## (一)用户群的整合

在大数据时代,图书馆系统地整合了用户群体。对用户群体可用的各类型的设备进行了分析,发现移动设备终端较以往有了更加丰富的类型变化,以往用户所使用的是普通的移动设备,而到了如今,用户的选择丰富起来,智能手机、电子阅读器以及平板电脑等移动终端也有了更加强大的功能,用户群也因此拓展得更加复杂和庞大。图书馆需要整合使用不同移动终端的用户群,进而快速适应用户群的多元化。

## (二)检索方式的变化

随着大数据技术的进步,图书馆收集的信息数据变得愈发庞大且变化莫测,相较于传统 WA 网站获取移动信息资源及短信服务的模式,其灵活度和复杂程度都有所提升,这导致了用户对此种模式的需求逐渐减弱。因此,用户开始寻求更具创新性的服务模式,如移动图书馆联盟、定制化的信息推送服务以及移动流媒体服务等。同时,针对各类读者群体的特殊需要,为他们提供的移动服务应该具备多种检索途径,比如音频通道、文本通道以及视频通道等,以适应移动信息服务的不断丰富,检索路径的数目也在持续增长,这也给图书馆移动信息服务的发展带来了一系列新的问题。在此背景下,如何开发出一种全面的功能"一站式"的大数据搜索入口成为一项重要的任务,同时也给图书馆移动信息服务带来了全新的机会和挑战。

## (三)数据量化

传统的数字图书馆提供的是以二进制编码形式(0 与 1)来标识模拟数据,如文字、图形、音频及视频等内容的服务,并将其整合为图书馆的数据库。然而,在大数据环境中,构建图书馆数据库的过程已不再仅仅局限于过去的简单数字化转换,而更像是一个数据处理的过程。"数据化"这个词是由电子化、信息化、计算机化和网络化这些词汇衍生出来的,它是中文独有

且重要的一个概念。通常来说,"数据化"一词常常被误解为仅仅是数值或量的现象,然而事实上,数据化并不等同于单纯的数量值,它是指能够映射到各种信息的数字比特构成的组织化集群。不能忽略的是,数字化确实催生了数据化这一概念的诞生,而反过来,数据化是不会被数字化取代。大容量数据库具有其独特的价值,这正是小型数据库所缺乏的。大数据的关键在于发掘其独特之处。数据化代表着人类不再只是简单地描述数据,还包括记录、解析、重新排列乃至预判的能力。人可以解读由文字转译的数据,计算机也能对此类数据进行处理。由于大数据的形式多样且复杂,其中既包含有结构化的数据,又含有部分结构化及非结构性的数据类型。这就是大数据与图书馆移动信息服务之间的匹配关系所在。

### (四)数据创新

作为一种基础工具的数据能支持对各种类型的信息采集及管理过程中的决策制定,同时它的实用性和有效性的持续提升也使得它不易出现因为频繁被使用导致资源消耗的问题。在大数据环境中,大量的文献资料都有着巨大的潜力去创造出新颖且实用的解决方案来满足不同领域的需求。比如,通过深度解析读者们的行为模式以实现更精准的内容推送或个性化定制的服务等。此外,大量重复使用的数字化内容不仅可以在多个场景里发挥作用而且还可以进一步丰富我们的理解能力——这主要是因为它们会定期接受到来自各类机构的大量的输入,从而得以保持最新的状态并且继续为我们所需要的东西做出贡献。图书馆的海量数据都具有其潜在价值,检索数据、个人数据都有二级用途。除了数据再利用,数据创新还包括重组数据、可拓展数据、开放数据等。

### (五)移动服务可视化

互联网技术的发展日新月异。图书馆呈现检索结果的形式已经逐渐不能满足用户的需求,很多用户要求提高检索结果的可视化程度,图书馆应使用更为直观的方式为用户提供检索结果,满足用户的信息需求。为适应用户对于信息的不断增加的视觉化要求,图书馆移动信息服务不仅扩大了对信息视觉化的研究范围,还深入进行了相关领域的探索。大数据具有变化速度快、价值密度低、数据量大及数据类型多的特性,已被广泛认可并使用。图书馆内的数据虽然丰富但价值密度相对较小,并且数量巨大,所以需要利用大数据分析工具来深层次地解析与发掘这些大量的数据,从而筛选出其中的有价值信息。最后,图书馆利用相关技术手段对一些抽象的数据进行了处理,将其转化成用户可以直观获取的形式,来满足用户的需求。通过可视化技术有效解决图书馆检索结果与用户需求之间存在的矛盾,同时提高了检索结果的准确率,改善了用户对检索结果的评价。用户将反馈意见及时提供给图书馆,作为改善服务水平的依据,使用户可以更准确、更快捷地获取到满足需求的检索服务。

## 三、基于大数据的图书馆移动信息服务优化创新策略

### (一)智慧化的移动信息服务平台建设

构建智慧化移动信息服务平台是在图书馆移动咨询服务中的关键方式,同时它也代表了图书馆信息服务的革新。利用大数据分析和现代移动通信技术融合创建的图书馆智能移动信息服务平台,能方便用户轻松获取和运用数字图书馆信息资源。对于智慧化移动门户的设计应该遵循如下几个主要准则。

第一,智慧化的图书馆移动信息服务平台应该支持各种用户终端的访问,包括 WAP 网页、移动 App、微信扫码等方式。

第二,创新的移动信息服务应具有丰富多样性,界面应该简洁、美观、明了且易于使用。

第三,通过智能化的移动信息平台,用户可以与其进行互动,并获得智能化的在线咨询服务。

第四,利用大数据可视化技术为用户呈现个人全面的数据分析。

### (二)创新的移动服务内容

利用大数据构建的图书馆移动信息服务系统不但能向客户供应传统的

资讯服务项目,例如,图书借阅、图书续借、馆际图书互借等图书借阅业务,也包括个人信息修改、借阅历史查询、证件挂失等用户业务,并且借助大数据技术,能够有效地融合移动服务过程中的各类异质数据资源,并对其进行深度的数据解析和管理,进而可以推出诸如二维码应用、地理位置指引、语音搜寻等新型的移动资讯服务。

### 1. 将二维码功能融入到图书馆的服务中

通过使用移动设备创建每个用户专属的二维码数据,图书馆提供的二维码阅读器,可提供诸如进入图书馆验证、书籍借出、预约学习空间等身份确认功能。此外,图书馆的数字资源和实体物品也可以产生二维码标识,用户可通过手机扫码来获得书本位置或借阅情况的信息。

### 2. 图书馆移动导航服务

用户不只利用手机应用程序查询自身在图书馆的位置,还可以通过导航服务找到图书的具体位置。

### 3. 智能语音信息搜索

借助智能手机的音视频功能进行图书资源搜索,减轻用户手动输入信息的烦琐步骤。高级的语音识别技术使得用户能够更迅速、便利地获取所需的资源信息。

### (三)创新的移动检索方式

作为图书馆信息服务的核心环节之一,信息检索服务主要是通过在线公共目录搜索系统(OPAC)来实现对馆内收藏资料的检索。而利用大数据技术构建的图书馆移动信息检索服务则是在此基础上实现了新的突破和创新,涵盖检索内容、搜索方式及检索结果等方面。

### 1. 检索内容

图书馆数据资源种类繁多、数量庞大,且数据格式不一致,链接更具深度与广度。面对用户多元化的需求及个性化的偏好,传统的图书馆通常采用多种数据库系统来回应他们的查询请求,但这也带来了一些问题:当他们输入关键词时,可能会被要求访问多套数据库并获取各种格式的资料,然后还需要安装相应的阅读软件才能够阅览这些内容。这样一来，就给用户的使用体验带来了一点儿困扰。然而，利用大数据技术的图书馆信息搜寻服务可以解决这个问题。它能把所有相关的数据库集合在一起，并在一个统一的架构下实现信息的查找、查看、下载、更新和反馈等多种功能。从用户的角度来看，所有的数字化信息资源都是一体化的，虽然它们是由来自各个数据库、各类别、各源头的、各部门的信息构成的一个大体量集群。因此，在这样的背景下将大数据分析技术运用于图书馆的移动信息服务，从而提升其服务的品质。

## 2. 检索方式

基于搜索内容全面拓展检索方式和设备支持，实现对各类资源的一体化检索，并且提供高阶的检索功能。使用统一的检索技巧和词汇，可以完成跨越多个数据库、网络平台以及地域范围内的建设任务，从而达到有效的资源整合和分享。特别是对于图像、音频等多种形式的多媒体资源的整体检索，是移动图书馆的信息查询服务的核心优点之一。此外，检索方式还包括语音检索、条形码阅读以及多属性的高级搜索，如自然语言的语义检索、依据用户自定义的个性化检索等多元化的检索方式。

## 3. 检索结果

对智能化信息检索结果呈现，已不再采用单一的方式向全体用户展现，而是在经过系统对用户最新的检索记录和访问行为数据的解析之后，利用人工智能技术对检索结果进行有序化排名，并把与用户契合程度高的选项置于前列，以便更好地响应用户的需求。

## (四)用户喜好推荐

采用大数据技术的图书馆移动信息服务，颠覆了传统的信息服务模式。借助大数据，从读者的个人信息(如姓名、年龄、职业)到他们的检索偏好、浏览习惯及过往的历史查询记录等方面入手，全面掌握读者关注领域的相关数据。结合对用户检索动因与行为模式的研究，能够识别并主动推送满足读者需求的个性化信息。

运用大数据的技术手段能迅速筛选并分类处理动态繁杂的信息资源，

从中提取具有实用性的数据。经过深入研究数据间的关联后,向客户精准地推荐个性化的信息内容,从而提升用户对智能化推送服务的体验感与满意度。

### (五)情景感知移动信息服务

情景感知移动信息服务是创新信息服务项目的一种,它结合了移动信息服务和大数据分析技术,实现了用户身处物理空间与图书馆数据环境的有机融合,在用户的日常生活中贯穿着图书馆提供的个性化信息服务。情景感知移动信息服务通过对用户的实时物理位置、情景信息等的分析,判断用户的需求变化,从而实现个性化信息功能的自适应推荐。尤其需要深入了解和分析用户使用网络的习惯,当用户所处环境、行为习惯发生变化时,其在信息需求方面也会随之改变。因此,图书馆在为用户提供移动信息服务的过程中,需要扩大收集用户情景信息的范围,借助移动终端传感器实时对用户的情景信息进行收集,再将对情景信息的分析结果与大数据推演计算出的用户数据库相结合,从而对用户身处的工作或学习环境做出判断,深度挖掘用户的真实需求,为用户提供更好的个性化信息推荐服务。情景感知移动信息服务在大数据技术的支持下,不断向用户的生活、工作和学习中渗透个性化的信息服务,实现真正思用户所思,急用户所急,为其提供更加合适的服务。

### (六)用户隐私保护

在处理和解决用户隐私安全问题方面,图书馆在应对时可采取以下措施。第一,利用大数据技术的适当方式来收集并整理数据库中的用户资料,以识别他们的需求并对他们进行分组。依据相似的需求把用户归为同一类别,从而提供针对性的信息推荐服务,使用户在获取更多知识的同时享受到更好的体验,既符合图书馆服务的核心理念,也确保了用户的信息及个人隐私的安全。第二,在图书馆采集用户信息时,与用户服务相关的信息是采集的重点,而与个人身份与用户隐私相关的数据信息应尽可能减少采集。第三,在个性化服务的准确性与用户的隐私安全之间,图书馆应尽量寻求使二者平衡的点,在采集用户信息的时候,应确保尊重用户的使用权和知情权,采用公开进行数据信息采集的形式,将采集行为和所采集信息的管理方式与用途等明确告知用户。第四,如果需要使用大数据技术对用户信息进行采集,应使用相关安全技术先隐藏好用户重要的隐私数据。

目前,图书馆运用云计算技术为用户提供了更优质、更及时的个性化信息服务,虽然用户的满意度因此得到很大的提升,但同时也出现了一些用户信息泄露的问题,用户的隐私安全无法完全保障。为此,图书馆应提高对云服务商的选择标准,从技术、信誉以及能力等多个方面进行筛选,同时使用一些科学可靠的技术指标来分析和评价他们的能力和安全级别。之后,图书馆应联合云服务商共同对用户隐私安全的防护方面明确各方的责任与义务。当资金条件与技术条件都满足时,双方应联合搭建私有云存储系统,用以存储全部的用户隐私数据,再制定相应的数据存储、数据管理和数据备份策略管理这些数据,保证用户的隐私安全。

当收集到与服务决策无直接关联的信息时,图书馆应当删除它们,同时对涉及用户私隐的相关资料实施加密保护措施,以防止不法分子盗用此种特性数据获取用户隐私信息。此外,图书馆也需对相关的私人信息采取加密处理,确保其不易被轻易破解或泄露,并且要清楚界定此类信息的用途及其与拥有者之间的关系,在保持数据价值的同时保障用户的隐私权。最后,强化图书馆用户的身份验证机制,使用户能够查看、修改或者删除他们的个人信息,从而增强了对这类敏感信息的掌控能力。

# 第三节　图书馆个性化信息服务

## 一、图书馆个性化信息服务模式及策略

### (一)图书馆个性化服务的概念和特点

具体来说,图书馆个性化服务就是图书馆根据收集的用户信息确定用

户的需求,再根据其需求通过各种渠道搜集用户想要了解的信息资源,将搜集的信息资源进行分类和整理,再推荐给用户,满足其需求的过程就是个性化服务。对于公共图书馆来说,其个性化服务指的就是基于数字信息环境的图书馆使用各种现代化技术,如网络技术、信息技术以及传统技术结合用户的信息需求并尽可能使其得到满足的集成性信息服务。个性化的服务对象、内容、方式以及时空都是图书馆个性化服务的组成部分。传统的定向查询服务和这种新型的定制服务存在着明显的差异:前者所提供的个性化的服务并不是完整的,而是一种早期的经典模式,由于服务条件的限制和服务场景的不完善,导致服务的范围和深度受到了很大程度的影响,因此,个性化的服务并未得到全面体现。所谓的个性化服务是指能够快速查找出主题相似的内容,同时针对不同用户的需求,给出相应的搜索结果。

### 1. 需求个性化

根据用户的阅读与科学研究需要,图书馆提供大量的纸质及电子资源,涵盖了政府公布的信息、学科发展的趋势预测等。这类阅读需求既有固定的部分也有未知的部分,因此,对于图书馆来说,不仅需要满足用户群体清晰表达出的需求,还需要关注那些还未被阐明或处于边界领域的需求,以此来给他们提供智慧支持。此外,作为图书馆的服务人员,必须充分准备,除了理解每个用户的知识体系外,还需对他们的研究方向所在的大致学科进展有所掌握,以便能提供全面符合其需要的信息资源。

### 2. 内容个性化

尽管图书馆提供的信息内容丰富多样,集成度高,但个性化信息服务提供和选择的内容更具个性化特点,双向互动,利用技术手段能够实时准确地传递和交流。

### 3. 形式个性化

由于现代化的信息技术被大量运用到图书情报行业中,所以对用户的服务已经超越了仅依赖人力和非数字信息的阶段(即传统的纸张媒体),转而更倾向于采用自动化的网络化和数字化方式来提供服务。这样一来,用户能够以交互的方式获得高效且快速的信息和服务,在形式上以个性化方式实现资源的共享。

### (二)图书馆开展个性化服务的必要性

#### 1. 用户信息需求的复杂性和差异性增加

鉴于用户涵盖各个领域,他们的学识程度、人生经历、价值观都有着显著的差别,所以他们对信息的需要非常多元化。这意味着图书馆在协助用户克服难题时,必须避免采取单一的标准或草率处理的方式,而应根据每个用户的具体情况提供定制化的支持并朝着更加人性化的方向前进。

#### 2. 网络资源的激增是图书馆开展个性化服务的客观要求

互联网技术的发展给人们的交流方式带来了一场空前的革命。这个数字化与非实体的空间提供了丰富的网络资源供人们选择使用,并且这些数据正以指数级的方式快速增加。然而要从这海量的信息中准确找出用户所需要的并不简单。因此,为了能有效率且精准的服务于用户需求,图书管理员们不得不实施定制式的解决方案来针对用户的阅读习惯做出相应的调整,从而向其推荐或提供适合的内容,过滤掉无关紧要的部分或者消除可能影响到搜索结果的相关因素,以此确保能够给予用户匹配度最高的需求响应方案。

### (三)拓展图书馆个性化服务的限制因素

实际上,向用户提供个人化的图书馆服务就是为他们构建完整的信息及知识体系,并有效地完成知识传递过程。这种个性化的服务模式无疑将会引领图书馆的发展方向。为了更深入地推广这一服务,需要不断提高图书馆的软件和硬件设施,同时也需要财政资源的支持、员工的专业知识水平、系统的技术研发及其运用等方面作为关键因素来确保其顺利实施。

#### 1. 馆员的个性化服务意识和能力仍需提升。

虽然一些图书馆已经具备了较为全面的信息服务系统,但是这些系统的实际效用并没有完全发挥出来,也没有达到信息的有效分享和利用。同时,很多图书馆工作人员对于电脑技术及互联网应用的熟练程度、对特定领域的专业理解以及信息管理方法等方面的技能还不足以满足他们为用户提供的个性化服务的需要。

### 2. 信息资源保障体系不够丰富和完备

图书馆信息服务的物质基础和源泉是信息资源,同时也是确保个性化服务的质量和水平至关重要的因素。随着传统图书馆向网络化图书馆、数字化图书馆转变,无论是印刷型文献还是数字文献都需要进行书目整理,建立统一的书目数据库,不断完善图书馆的书目报道体系。

## (四)图书馆个性化服务模式

当前图书馆的个性化服务模式主要包括以下几个类型:

### 1. 个性化定制服务

此种服务涵盖了如交互界面设定、信息筛选设置、检索选项调整、服务项目配置和提示型定制等多种元素。这是最直观且简易的个人化服务方式,即用户可以挑选他们所需的任何一种已由图书馆提供的各类服务。这就需要图书馆尽力广泛并深入地创建更多以满足用户的自定义需求的选择项。

### 2. 信息推送服务

目前,通常使用的推送服务可以划分为两大类别:一类是依赖于电子邮箱的人工方式来进行信息推送;另一类则是由智能软件自动完成的信息推送。

### 3. 互动式信息服务

互动式信息服务提供的服务内容主要包括在网络上进行的定题服务、文献购置申请、参考咨询、馆际互借及文献传递等。其中,网上参考咨询服务的需求是图书馆馆员面对广大用户的普遍需求提供的服务,具有针对性,是图书馆馆员对用户咨询问题的解答服务;定题服务指的是用户在查询某种信息时先要明确检索主题,再由服务商来进行和完成其余部分工作;馆际互借指的是当用户在本馆中遍寻不到所需文献时,需要求助工作人员借用其他馆中的文献资源,满足自身的信息需求。

### 4. 词表导航服务

词表导航是为了满足用户的各种搜索需求而设计的一种检索辅助工

具。该系统能够依据在线用户输入的搜索词,自动呈现出与输入词相关的词语。

## (五)拓展个性化服务领域的创新思路

拓展个性化服务领域需要满足以下几点:提供互动式的服务,用户体验良好;图书馆必须拥有满足个性化服务需求的服务提供能力,并且要有丰富的信息资源。此外,图书馆还需拥有支持个性需求的服务技术,如用户建模技术和个性化推荐技术等。

### 1. 坚持以满足用户需求为出发点

针对用户的需求特性,应因其个人偏好的不同而采用不同的定制式服务。所以,构建并优化用户资料库以奠定稳步推动图书馆个性化信息服务的基石是至关重要的。借助此种方式,识别出用户的检索模式,为他们提供更丰富的与之关联的专业信息,从而在检索所需信息时能更加顺利地找到它们。当数字图书馆更新数据时,基于已建的用户个人资料库,能够及时推送与之专长相匹配的相关信息给用户,满足相关用户的信息需求。

### 2. 坚持技术优先原则

随着信息的持续创新与进步,数字图书馆的信息服务体系得以优化升级,充分利用了其技术上的优势,以更优质的服务满足用户的需求。首先,积极吸收国外的领先管理方式和技术,特别是对于国际上图书馆个性化的信息服务的发展趋势及最新动向,为我们国家的图书馆建设积累经验。其次,构建全面的信息数据资源整合共享机制,运用我国在信息科学领域的研究成果,提升信息技术在数字图书馆个性化信息服务中的科技应用效率,致力于提升数字化图书馆个性化信息服务智能化水平。

### 3. 重视人的因素

对于数字图书馆来说,人类的技术发展和观念上的变化是其个性化信息服务发展的关键。因此,数字图书馆在发展自身个性化信息服务时需要坚持两点:第一,提升图书馆馆员的综合素质。传统图书馆中,馆员只需坐在资料室做好借阅记录和整理图书,如今,图书馆馆员需要积极了解用户需求和服务用户,为了更好地向用户提供多种信息服务,还应在某一领域中有一定造诣,尤其是在信息技术方面,这样图书馆馆员不仅能够凭借自身的知识能力在体验数字图书馆的个性化信息服务中找出不足加以改进,还能促进其个性化信息服务水平的提高。第二,图书馆应不断改进服务模式,作为人类重要的信息交流平台,图书馆在操作方面应尽量做到模式化、简洁化和标准化,避免管理混乱,做好与个性化信息服务相配套的服务模式,以更好地实现个性化信息服务管理。

### 4. 加强用户推广

大部分群众并不十分了解数字图书馆中所发展的个性化信息服务,这一问题导致我国各大图书馆在发展个性化信息服务的过程中出现瓶颈。因此,在用户推广方面加强工作力度十分有必要。一方面,图书馆应进一步加强宣传其个性化信息服务,在宣传过程中对于用户对此产生的质疑应在第一时间做出相关回应,将数字图书馆的资源共享优势充分发挥出来,在广大用户群体中树立起良好、正向的信息服务形象,向用户做出精准细致的介绍,促使其对数字图书馆个性化信息服务的内容和使用有正面的了解。另一方面,数字图书馆需要引导用户正确使用其个性化服务功能。对广大用户群体来说,数字图书馆的个性化服务是一种新兴的事物,需要经历一定的过程才能够替代他们生活、工作、学习中旧事物的作用和地位,所以,数字图书馆需要在对实际情况有所了解后采取多种相应的方法,向用户群体推广其个性化信息服务。

### 5. 加强读者的隐私安全与保护

对于图书馆的个性化定制服务应让用户确信他们的个人信息仅用以满足他们自身的信息需求,而非用作他途。这需要图书馆先制定一套完整的隐私保密制度体系,并在公众面前展示出来,以便用户能够全面理解和利用最前沿且可依赖的数据安全技术。此外,所提供的定制化服务不可以强制推销用户并不需要的信息,相反,应当深入研究用户需求,为用户提供实际所需的资料与资源。

### 6. 加强对知识产权的保护

现阶段,我们的国家对知识产权的法制建设仍存在不足之处,一些涉及侵犯知识产权的现象可能存在。图书馆个性化信息服务需要严格遵循法规,绝不可为迎合用户的信息需求而公然公开传播仍在受知识产权法律法规保护的信息,而是主动告知相关的规定和政策。

### 7. 提升服务效率与反馈质量

与其他服务满意度相似,服务反馈是对个性化服务质量进行优化和提升的必要环节。服务反馈体现了用户的满意程度,是能够针对性地修正相关服务的重要依据。用户的反馈能有效促进图书馆个性化信息服务效率的提升。

### 8. 提高图书馆工作人员的业务素质

对图书馆工作人员实施的教育应旨在彻底改观他们的思维方式,向他们传授个性化的服务理念,激发他们积极投入工作的热情,真正地以用户的需求为中心。只有具备了高质量的人才才能实现优质的服务质量,因此,提升员工的专业素养和责任心,让他们认同并且持续执行这项任务。此外,招聘有强烈个性化服务意识的学生来充实我们的团队,以此激活组织的活力。

### 9. 促进技术与理论方面的研究

关于图书馆个性化服务的研究仍在探讨和发展的阶段,相关技术的应用也尚不完善。首先,需要在理论层面上投入更多精力,寻求突破与创新,避免盲目模仿外国的相关研究结果;其次,要关注国际上最先进的图书馆管理系统,努力研发出适合中文语言环境下的类似工具。

### 10. 实现图书馆之间的资源共享

通过强化图书馆之间的资源协作与分享,可以实现多元化的合作关系,从而达到资源互补的效果,降低读取多种信息的困难程度,并最大限度地为用户提供丰富的文献及服务。现代信息科技的迅速发展,图书馆获得了全新的增长潜力与可能性,而网络技术和移动设备的持续改进则为图书馆扩展更丰富的内容和服务创造了更为坚实的基础。只要始终跟随时代的步伐,并且坚守"以用户为中心"的原则,图书馆在新形势下的个性化服务将会获得进一步提升,同时也会推动图书馆服务的全新升级。

## 二、企业个性化服务的主要内容

### （一）个性化服务的产生

就国际形势与服务理论来看,企业在发展的过程中往往会经历三个竞争阶段。第一阶段的竞争主要为产品本身的竞争,早期时候,一些较为先进的技术大多由少数企业或个人掌握,这些企业或个人凭借自身产品更高的质量,占据更大的市场份额;第二阶段的竞争大多为价格上的竞争,经过科技的发展,新技术层出不穷,原本掌握在某企业手中的新技术随着人才的频繁流动,快速汇入市场洪流,导致企业之间所生产的产品在质量上难辨高下,难以再凭借质量优势抢占市场,由此,各个企业开始了价格上的竞争,试图通过低价抢占市场,打败对手;第三阶段的竞争为服务方面的竞争,随着市场竞争日益激烈,各大企业尽可能提升自身售前、售中、售后服务方面的服务质量,以保留老顾客和吸引新顾客,争取优势,企业秉持着"顾客永远是对的""顾客至上"的服务理念力争与每一位顾客建立和维护良好的交易关系,在现代市场中,个性化服务的趋势愈演愈烈。因此,个性化服务在国际形势和服务理论的刺激下正在快速发展。

科技进步使得新技术被广泛应用,这导致社会的产品供应量超过了需求,消费者可以从众多相似的产品中任意选择。这种情况下,企业的存活及成长必须优先考虑到销售渠道的问题。由于个性化的服务只有在收集了大量的用户数据和购买记录之后才能生产,因此其销售并不存在问题。此外,过去的消费行为往往侧重于产品的内部属性及其价格,对产品的外观变化和质量的要求也较为一般。然而,随着人们生活水平的提高,消费者的心理和消费行为模式发生了改变,人们对于产品的态度逐渐转向追求外表美观、独特性和自然性;他们不再仅仅满足于基本的生活所需,而是寻求更多的发展和生活享受,尤其渴望获得内心的满足感和幸福感;同时,他们的需求已经超越了个体家庭的感情联系,开始关注公司之间的（企业间的）、人和人的关系以及人类与自然的"和谐"合作等更高层次的精神需求。

## （二）企业个性化服务应注意的问题

### 1. 客户范围

公司需要依据预估出的消费者终生价值及其获取并维持消费群体所需费用来做利益与投入的平衡分析，从而决定出哪些是"金牌"客户，哪些是"银牌"客户以及一般客户。当开始实施个人化的服务时，公司会优先为那些能够给自身带来大量利润的"金牌"客户和"银牌"客户提供定制的服务。在条件满足的情况下，逐步扩展服务领域。

### 2. 健全信息

若无有效的交流方式，则难以提供定制化的服务。当前，公司可以在互联网上与客户一对一地互动，并运用包括高速互联网通道、卫星通信、音频视频整合通话等各种科技手段来全面呈现新型商品、阐述其实用性和示范操作方法，构建咨询体系，甚至邀请客户共同参与产品的研发过程。另外，还可以通过现有的销售渠道强化与客户的联系。经销商作为一个链接制造商和消费者的纽带，也能够在个性化服务领域发挥重要作用。

### 3. 客户档案

公司应当以对待财产的态度去经营顾客关系，对于公司的每一个消费者都需要设立专门的管理人员，每位管理员需要创建他们各自的客户记录。首先，这个文件的内容需能详尽地展示消费者的基本情况，这不仅仅包含他们的姓名、住址、联系方式、出生日期等，更重要的是还要有关于他们的偏好、兴趣、购买力、消费层次等方面的情况。其次，这个文件应该是动态文档，每次跟消费者互动之后，公司就应该立即更新相关数据到档案里，这样即使消费者没有明确表达需求，也能提供恰如其分的服务及意见。最后，客户信息的分享也应在公司内部各个部门间得以广泛应用，如此才能够达成真正的个性化的服务，进而提升公司的运营效益和消费者的满意度。

### 4. 个性化生产

为适应客户多样化的需要，公司须具备灵活调适其生产线的能力。因此，应推行以个性化生产为主导的模块式规划与制作方式。尽可能地使商品趋向模块化,这包括两个方面:一方面是对所有商品共享的基础结构;另一方面则是展示出独特性的定制元素。如此一来,公司可预先组合好基础构件,当消费者有特殊的需求时,只需把符合条件的零件迅速拼接上即可,进而提升工作速率及效能。

### 5. 制度创新

对于以顾客为中心的市场反应需要企业具有灵活性和快速性,因此必须改革原本严格等级制度的高层组织结构。这样可以建立一个扁平化的组织架构,减少公司内部的层次,推动信息传递与交流,激发员工的创造力并提升公司的敏捷性。为了提升公司的职能与职责,必须将其由"成本中心"转变为"利润中心"并最终达到"投资中心"的目标。伴随着公司责任等级的持续进步,公司部门的独立化是无法回避的现象。所谓的独立化指的是一部分部门可能变成外部机构或新设立的子公司,这被称为外包。这种独立化的形式可以分为两种:一是横向独立,即将具有潜力的项目拆分出去,形成新的公司;二是纵向独立,对某个项目的上下游环节进行拆分。

互联网机构是针对智力社会的需要和信息化商业环境及组织的革新所形成的一种新的管理方式,能够让公司更加灵活地应对日益繁杂且充满变数的生态环境转变并有效实施公司的敏锐生产能力。首先,该种形式由各个独立的企业共同构建而成而不是遵循严密的管理层次划分体系,这使得它们提供了传统体制难以提供的元素,即跨部门协作的可能性;其次,每个参与者在这个平台上的职责并非一成不变,相反会根据情况发生变动;再次,他们的权力和影响力并不依赖于他们岗位的高低来决定,反而来自他们掌握的专业技能数量的多寡,以及对人们的需求产生影响的能力大小;最后,这个系统以特定的目的为中心展开工作并且实现了信息的互通性和交流畅通性的最大化,同时还具备自我复制(self-similarity)、自身调节(self-organization)和自主学习的特性及其持续发展的潜力。

# 三、大数据环境下图书馆提升个性化服务质量的方式及途径

## (一)图书馆个性化信息服务动因分析

图书馆在 Web3.0 时代推动个性化的信息服务已成必然。为了实现这一目标,图书馆必须获取用户的详细个人信息,包括性别、年龄、教育背景、家庭情况、兴趣爱好、经济状况等,建立个人数据档案库。通过系统自动采集和智能分析这些信息,从而为用户提供满足其个性需求的服务,减少信息获取成本,实现经济和社会价值的最大化。

### 1. 图书馆服务理念和管理思想的转变

在各个历史阶段,图书馆的功能和形态都有着独特的价值表达和展示,精神体现与行为表现受到意识形态的影响而产生不同于以往的历史路径,这反映了时代的印记。一段时间内,图书馆常被视为纯粹的"知识仓库"甚至只是藏书阁楼,且其专属特性明显。随着时间的推移,图书馆的含义发生了根本性的转变:由最初的国家独占、个人私有,逐渐发展成为全人类共享的文化宝库。同时,图书馆的功能也随之演变——从仅供少部分人的场所,转变成面向大众服务的机构。这一过程中,图书馆的管理思维经历了一系列的发展:首先是从单一的收藏管理向资源管理过渡,再到组织的建立和服务功能提升的过程。在这个早期阶段,图书馆主要关注收集、整理、鉴定和校对等事务,基本未超出图书馆实体的范围。所以,在此时期,难以察觉到任何以人民为中心的服务观念及其影响。然而,随后的资源管理阶段则把图书馆的馆藏书籍、资料视为一种具备经济效益的市场商品,强调其商业价值。此外,还开始重视市场化策略,积极开发馆藏资源,体现了图书馆的管理思路。在这个时期,图书馆已经具备了商业服务的观念;当进入组织管理的阶段时,图书馆意识到组织的有效性和功能对于其市场的服务是至关重要的,所以在此期间,他们会强化组织的构建并提高服务的效果,以展示出高效率和人文关怀的服务精神;而在服务或者说是图书馆效果管理的过程中,他们的主要目标就是单纯地追求"服务",通过不断地拓展、深化和优化

服务的业务领域,重视用户的需求,并且能够站在用户的角度去考虑图书馆的管理与发展,使得图书馆在满足个人定制化的图书服务方面有着非常强烈的理念。由此可见,图书馆的管理焦点已从"物"转向"人",从"内"转向"外";也经历了一个从"可获取""方便获取"到"我的获取"的过程,展现了一种持续创新的图书馆管理和服务理念。

**2. 图书馆解决自身发展困境的必需选择**

作为一个提供服务的机构,图书馆的主要任务是把积累的社会资源转变为社会效益,提升公众的科技和文化的水平;同时也应该为经济发展做出贡献,持续地从社会收益中创造出经济价值。尤其是在进入了市场化时代后,图书馆无法也不能忽视自身的角色,必须根据市场的需求拓展自身的业务范围。此外,随着人类对知识的需求日益增长,图书馆作为储存人类智慧的重要场所的重要性也在逐渐减小。一方面,持续面临外部环境中如何有效利用图书馆资源的问题;另一方面,随着信息社会的快速发展,各种新型信息的提供者正在挑战图书馆传统的知识服务观念,这使得图书馆工作人员不得不积极探索并深入理解如何更好地满足读者的需求,包括他们所需要的领域、方法和思想。这种情况下,个性化图书目录服务应运而生。该服务不仅拓宽了图书馆的目标受众范围,还提供了更符合信息时代的读者对于书籍资料的需求的方式与工具;此外,通过推广这一独特的图书目录服务项目,可以逐步构建起图书馆领域的情报链条,从而缓解其财务危机,甚至创造出国家经济的新增长点。

## (二)Web3.0环境下图书馆个性化信息服务管理模式

### 1. 构建全面的信息资源数据库管理方式

构建一种针对个人偏好的数据存储模式,这是Web3.0环境下图书馆的基本功能保证,以满足个性化的信息资源需求并实现其专属性与特定需求之间的匹配。这可能是一家专注于为图书馆客户提供个性化服务的知名大数据企业,或者是一家拥有强大科技、财务及管理实力的主要文献机构,通过整合其现有资源优势,创建了仅供用户使用且具有独特要求的专门数据库,负责执行面向地区或全球范围内用户个性化服务任务。

数据库存储管理的个性化服务特性使其具有优势,例如更清晰的目标、精确的需求导向以及针对特定属性的单一服务对象等,这有助于充分发挥专业的服务能力,以满足专业用户的严格要求。同时,相较于其他类型的信息存储管理方式,该种方法较为简便且成本较低。然而,此种管理策略也存在一些挑战,如前期构建阶段的高难度与高额投资,特别是维持数据库的实时更新非常复杂。就商业视角来看,它可能导致市场独占,因为没有足够的竞争来推动行业的健康发展和图书情报链条的健康运作。

### 2. 建立以个性化信息资源服务网为基础的区域联盟管理模式

借助联盟形式的个性化信息资源服务网络,服务对象变得更为精细。通过整合与优化专业方向,可以深入了解客户的需求,从而有针对性地构建定制的数据库,并在不同地区之间实时进行数据交换。这能有效缓解因单纯将图书馆或者资源网结合而产生的收益困境。此外,创建个性化的信息资源服务平台不会出现信息传输堵塞的情况,原因在于每个网络结点实际上就是个客户端,客户端转变为各种规模的服务器。从这些客户端收集到的用户自定义的信息会被自动化整理、分类和处理,最终形成可以在全网内共享的公共信息资源。

此种网络管理的缺陷主要体现在以用户为基础的信息服务器的构建上,同时也会针对客户端接口做出精心的设计。在这个实时的互联网连接分享过程中,需要客户掌握并理解高度先进的信息通信技术及技能,对用户的知识水平和科技素养有着明显的高标准要求,然而这个条件显然无法满足大众普遍参与图书馆信息的个性化需求。因此,其应用场景会受到严格的使用者约束和限定。

### 3. 与用户合作,共同组建、管理和维护信息资源

伴随着社会的进步和人对知识渴求的增强,图书馆与用户的联系日益密切,两者逐渐融合成一整体的现象愈发显著。因而,图书馆应积极寻求用户参与并整合其资源和服务以满足用户的需求,共建共享信息资源的管理方式。此种策略具有诸多优势,如能在资金不足的环境下快速构建实用方案,同时缓解了图书资源利用率高及读者需求多样化间的冲突。然而,该方法并未充分深入了解个人用户的深层需求,且图书馆在馆藏资源和服务技

术方面仍存有一定局限。故而在实际服务的实施过程中,图书馆提供的个性化图书情报服务可能难以胜任,服务范围受限。

### (三)基于云平台的图书馆个性化服务系统模式

#### 1. 基于云平台的个性化服务流程

图书馆基于云平台的个性化服务流程首先是用户在云平台上输入自己的个性化申请信息并完成注册登记,一旦注册通过验证,系统将根据用户的需求进行相应的操作。根据客户提供的数据来满足个人偏好,接着借助云端图书馆访问网络上的资料库以检索相关资讯。一旦找到与特定需求相符的数据,系统会按照个人的标准对其进行挑选、删除、过滤或归类,这展现了人性的关怀。同时,还提供了线上编辑的服务,扩大了使用者的控制范围。当用户在获取及应用这些资源时,若对结果不满意或有新需求或意见,可以通过云平台向系统提出,有助于图书馆迅速调整优化。

#### 2. 基于云平台的个性化服务系统模式

首先要注重图书馆基础设施的建设,包括软硬件资源和网络资源的建设。只有具备了这些基础设施,才能够更好地建立云平台个性化服务系统模式,开发、应用和管理云服务系统和云存储系统。

云平台个性化服务系统模式结构如下:

(1)云计算平台包含了基础设施、网络云以及网络终端。其中,基础设施的构成是由实体设施及虚拟设施共同完成,它们构成并支持着云计算的基础框架,二者都是必不可少的。而网络云则负责连结基础设施和网络终端的功能,即让图书馆的服务能够直接抵达使用者。网络终端则是图书馆工作人员或用户访问云计算平台的个人化的服务系统的软件和硬件设备,通过这些设备进入云计算平台以获得所需的信息资源,同时,图书馆的管理人员也可以通过这个设备来对云计算平台实施管理和服务保障。

(2)云服务系统的构建基于个性化定制,为用户提供云平台个性化服务。此外,该系统还具备资源查找的功能,根据个性化设定来搜寻云储存系统的数字化内容。而后者则涉及知识梳理的过程,允许用户在线编辑并分类或删除他们所获取的数据,将其有用且必要的部分保存至个人的文件库中。这个过程也包含了信息的交互环节，即让用户能够借助电子邮件等工具实时地与管理层保持联系，或者直接与其他用户进行互动。这有助于用户迅速提问，方便管理团队解决相关问题。

（3）云储存系统包含用户资源库、信息知识库和计算资源库等。用户资源库是用户收集他们已获取的知识数据至其私人存放的空间，以便日后进一步处理、应用或清理；信息知识库则作为整个系统的核心数据仓库，为所有用户提供搜索信息的枢纽；计算资源库则是云储存体系的关键构成元素之一，也是云服务平台定制服务的基石。

### （四）基于微信的图书馆个性化信息服务

信息的供给和服务涉及使用先进科技（如计算机和网络通信技术等）方式生成、收集、整理、储存、传输、检索并利用的过程，这些过程都依赖于以某种信息产品为载体支撑着专业化服务的运行。这种类型的服务被认为图书馆重要的功能之一。微信作为一种新的即时性通信产品，从出现开始就受到图书馆界关注。基于微信的图书馆信息服务具备以下优势：首先，符合图书馆信息服务需求多元化、个性化及服务方式移动化的发展趋势；其次，图书馆可随时随地为用户提供信息和服务，通过微信公众平台的一对多传播方式，图书馆可直接将消息推送到用户手机；再次，图书馆可通过微信公众平台对用户进行分组，采集用户信息需求、信息使用、行为模式相关大数据，获知用户特性，从而开展更为精准的服务营销和推送；最后，借助微信，图书馆可以实现和用户群体及个体以文字、图片、语音为内容的全方位沟通与互动。

国际图联在2015年举办的世界图书馆和信息大会上发表《关于图书馆与信息获取的声明》，其中重要观点是，对于持续发展的必要条件来说，掌握如何有效地检索和应用相关信息是非常关键的部分，而这正是所有人都必须具备的基本能力。这个理念强调着优质且全面性的阅读材料的重要性及其能带来的影响力。除了可以促进个人和社会的发展之外，它们还可以保证公众有同等的机会接触相关的消息来源从而达到教育的公正和平等的目的。然而，当人们进入数字化时代的门槛时，这样的情况发生了变化。首要的变化就是多样化的内容承载体取代了一直以来只有纸张的形式的存在，比如电子版文本（包括图像）、数据库和其他类型的数码档案已经成为主流趋势的一部分，这也给一直专注于实体出版物的相关工作带来了巨大的压力。另外一种转变则是关于多样的传递渠道的使用率不断提高的现象也同样值得关注。伴随着互联网和移动设备等信息科技的快速进步，人们可以在任何时间、任何地点方便迅速地获取他们所需要的各种信息。这些信息科技引发了人类对于信息获取和使用方式的转变，而这种用户信息模式的改变也给图书馆的信息服务带来了新的挑战。

# 第七章
## 思维转型下的图书馆服务创新

## 第一节　大数据时代"互联网+图书馆"式服务

### 一、大数据与"互联网+"概述

#### （一）大数据与图书馆

尽管许多图书馆依然坚守传统的业务方式，但他们同样注重利用现代科技手段来提升其服务的质量和服务范围。长时间里，这些机构一直在收集大量的数字资料，例如，各类在线数据库和其他数字化工具的使用率不断攀升；此外，还有诸如 iPad、Kindle 阅读器或其他便携式设备的大规模使用情况也日益普遍化了。这使得大量有价值的信息得以被存储下来并在网络上共享传播开去。随着新兴技术的发展进步，云计算、射频识别技术等已经成为人们获取更多相关知识的主要途径之一。而现在大热的大数据的出现对我们来说既是威胁也是机会：它要求我们的思想观念必须有所转变以适应新的环境变化并且要敢于尝试改革旧有的工作方法以便更好地应对这个新时代所带来的问题。因此对于现今所有的图书馆而言，"互联网+图书馆"是必不可少的关键策略。

### （二）"互联网+图书馆"

人类通信技术经历了一次革命，互联网的兴起改变了信息文化的传播和交流方式。虽然没有明确的"互联网+"名号，但电子商务、互联网金融、在线影视等行业实际上就是"互联网+"的成功范例。在各行各业中，互联网技术逐渐渗透和普及，易观第五届移动互联网博览会上，于扬首次提出了"互联网+"的理念。他认为，所有传统图书馆的服务应当被互联网所改变。2015年，《政府工作报告》中提及了"互联网+"，国务院发布了《关于积极推进"互联网+"行动的指导意见》，详细阐述了利用互联网的创新成果，推动经济社会各领域的发展，提高实体经济的创新和生产力，为经济社会发展开拓新方向。"互联网+"即是将互联网与传统行业相结合，被提升为国家战略层面，对传统行业产生了深远影响。"互联网+图书馆"则是传统图书馆服务行业与互联网技术的融合，为图书馆服务带来了新的发展模式。

## 二、大数据时代"互联网+图书馆"新服务

### （一）树立"以人为本"的全新服务理念

在新兴的"互联网+图书馆"概念里，读者获得文献资料的方式变得多元化，不再仅限于图书馆或者数据库内，传统的服务形式需要改革，融合使用者视角，完成由被动的服务向积极服务的思想及行为上的转换，主动地去适应并且大胆创新"以人为主导"的服务理念。首先，通过运用网络科技，学习Amazon根据消费者购买记录来提高销量的方法，依据读者的借书、翻阅的历史纪录实施精准推荐书籍的服务，以此激起他们的读书热情。其次，采取O2O（Online to Offline）模式，实行线上借阅配送服务，部分公立图书馆已经开始了这样的实践。再次，增强图书馆的专业领域馆员服务，主动参与学校教育研究工作，借助图书馆与互联网图书馆的大量数据，对相关资讯做深入的数据分析，从而为教育教学研究提供专业的支持。最后，图书馆要综合现有的资源，构建通畅的信息传递路径，满足各种类型的读者需求，达到全方位的专业水平，使每个读者都感到满意是我们图书馆工作人员最终的目标。

## （二）构建以用户为主导的资源开发方式

大数据时代，图书馆要借助互联网技术，变革传统图书馆资源建设模式。在合理规划馆藏的前提下，确立用户意识，尽可能满足他们的需求。各图书馆基本已开通了线上线下读者荐购模式，电子图书馆书商如超星图书系统亦有推荐功能。对于书籍的采买，除了常规的图书馆读者的建议外，还可以借鉴绍兴图书馆的方式，即与书商及大中型书店建立协作关系并运用"图书馆+书店"的方法，让读者可以直接挑选所需的书籍，然后将其纳入采购程序。针对电子书的情况，可以采取"由用户驱动的采买方式"，也就是图书馆需要事先设定一些标准，当读者的行为满足这些标准时，就会自动启动订单。此外，专业的图书馆工作人员还需要主动收集用户的阅读资料，研究他们的借阅习惯，以便做出合理的收藏决策。例如，近年来，甘肃省农科院图书馆就通过全面评估专业领域来计算其整体库存数量，并且结合前几年的图书馆进货情况和借阅记录，听取了读者的建议后，决定下一年的各种书籍采购数量，以此达到读者需求与馆内存量的平衡，从而获得了不错的成效。

## （三）打造高素质创新管理服务团队

人才对于图书馆服务的质量有着深远的影响，尤其是在"互联网+图书馆"的新趋势下，需要推动服务系统的改良和创新，这离不开创新型的图书馆服务和管理人员的打造。首先，要转变思维，使得每位员工都理解到大数据时代的图书馆服务创新的重要性。其次，要加强现有的工作人员的专业系统训练，让他们能熟练运用网络技术，并能在新的"互联网+图书馆"的环境里提供优质服务。同时，他们也需不断积累经验，完善自己的知识结构，全方位提高自身的图书馆职业素质和专业技术能力。图书馆和教育机构应该为员工提供更多的机会去参加系统性的图书馆培训活动，建立良好的发展氛围，扩大同行的互动平台。此外，也应当引入相关的优秀人才，形成有效的管理和服务层级，作为图书馆的管理人员，不仅要考虑到其专业的领域，还要保证一定的连续性和稳定性。最后，还须关注学术建馆的工作，通过研究型图书馆来提升专业理论水平和实际操作技能,以此推进学术团队的建设,塑造出一支具备高水准的数据素养和互联网技术的图书馆精英团队。

### (四)加大基础投入实现跨界多元服务

在大数据时代,"互联网+图书馆"模式的发展首先是对技术的投资和设备的提升。为了进一步优化图书馆的管理流程,需要增加更多的储存设备和服务器的更新换代,同时也要确保相关技术的完善与配合。例如,RFID图书馆智能化系统的应用可以让我们实现书籍的自动化整理、自主借阅、区域位置识别及自动分类等工作,这不仅能大幅度改善书本管理的手段,还能释放人力资源并提升图书馆的工作效能,进而推动工作人员把注意力转移到其他的技术领域上去。此外,"互联网+"新思维方式正在塑造着未来图书馆空间环境管理工作的理解:图书馆不再仅仅是一个存储信息的场所,而是一种跨越多个领域的多功能服务中心,比如,教育研究中心(包括老师们的讨论会)、阅读俱乐部或者融合书籍销售和服务于一体的空间等。这些新颖的功能都应该被纳入考虑范围之内,因为它们都是为了更好地适应人们的需求并提供更优质的人文关怀服务的具体表现形式。

### (五)完善数字图书馆建设实现资源共享

作为没有边界的图书馆,数字图书馆对传统的图书馆进行了彻底改革:无论何时何地,只需连上网线就能获取信息资源——这大大提升了用户能够充分有效利用零散时间的便捷度。如今,各大机构正以自我建设、购置和共享的方式累积大量的在线内容;同时,各类新兴媒体服务的使用也为线上数字阅读提供了强大的助力。如同阮可所述的那样,若能采用互联网思维来处理现有馆藏并将之转化为数字化形态,那么图书馆便有可能将其信息服务转变为动感十足且交互式的体验,由二维升级成三维的形式。借助"Internet Plus"的机会,融合所有的出版物及科技设备供人们取阅,从而共同探索可持续发展的道路。然而当前的情况是,许多图书馆并未达到理想中的合作水平,对馆藏资源管理和使用的理解仍停留在旧有的框架内,因此亟须更新思想认识以便于更好地推动图书馆间的交流协作。除了需要提供电子版文档和服务外,还需要进一步促进成功的实践案例之间的沟通学习,例如 FULink(福建省高校数字图书馆)这样的例子就值得参考模仿,以此建立起一整套有效的跨校的大学图书馆数据共享机制平台,确保任何人都能轻松获得所需的内容而不受地点限制。

### (六)开展"数字记忆"存档挖掘服务

在大数据时代,图书馆间的竞争力主要体现在其存储的数据规模及其对于这些数据的深度解析和运用能力上。所以,大学图书馆作为一个重要的知识资源管理机构,必须注重发掘和梳理那些可能具有重要价值的资料,并且妥善地对其进行分类和储存。例如,2013 年 4 月,大英图书馆宣布了一个档案项目,由它带领的其他五家图书馆将会收集所有的英国互联网站点、在线新闻、博客文章和电子书籍等内容,以便完整地保留下这个国家的"数字化历史",其中就包含了 Twitter 和 Facebook 的内容,目的是防止它们被遗失或损坏,让未来的图书馆能够真实地了解到 21 世纪的情况。

# 第二节　新技术与图书馆服务

## 一、网络挖掘技术的应用

在新一轮转变改革阶段,尽管图书馆的服务方式及路径有所调整,但其实质并未产生重大变动——即提供基于互联网提供信息化知识化的服务来支持社会整体的发展进步。网络已然成为图书管理员们主要的工作场所,必须通过建立更先进的技术设施并实现信息的无缝连接等方式去适应这个新时代的需求。信息数据量大(如大型文档)是现代图书馆的馆藏关键特征之一。图书馆应积极运用大数据、云计算和数据挖掘技术等分析工具梳理分析这些庞大的知识库以便为我们所用并在新领域寻求服务创新的突破点。

数据挖掘技术是信息市场竞争发展和信息经济竞争的产物。随着信息市场竞争的深入发展，数据挖掘技术与图书馆相联系是必然的。数据挖掘技术在图书馆中的应用可有以下几个方面。

### 1. 为图书馆的发展战略定位服务

确定图书馆未来的走向不但要建立在已有的特色和规模基础上，而且要清楚自身拥有的潜在资源和面对的服务群。利用数据挖掘技术可以科学地评价自身和做出确实可行的规划结果，以确保图书馆的和谐可持续发展。

### 2. 为人力资源管理服务

人力资源管理的核心是人力资源的开发，培养人才资源，为图书馆事业发展提供坚实的后盾。怎么培养人才，培养什么样的人才，都是值得我们去研究和规划的。目前就图书馆馆员如何提高自身价值有着各种各样的意见和看法，但组成这一问题的因素不外乎思想道德素质、专业水平、外语水平、现代化信息技术水平等几个方面，可以搜集有关这方面专家学者们发表的文献，从中挖掘相关数据并结合现代化图书馆发展要求，建立可预测、可调整、可执行的模型，为开发、发展、管理优秀人才提供规范化、科学化的依据。

### 3. 为文献信息管理提供支持

摒弃文献的载体差别，文献信息管理说到底就是知识的管理。在文献信息管理中就其中某一具体问题，可以运用数据挖掘技术来建立算法或模型，来发现、预测和解决问题。当前形势下，资金紧张是每个图书馆都面临的问题，各学科之间如何分配，各种文献载体形式如何均衡才能使这些经费最好地发挥效益，解决的方法很多，最佳的解决途径是对文献信息资源进行整合、优化，构建合理的、有特色的信息资源。运用分类和关联分析技术，对流通记录、检索请求、文献利用情况进行分析，给整合优化决策过程提供科学合理的数据。

### 4. 为读者导读服务

读者导读工作一直以来是图书馆服务工作的重点。在数字化时代，信息资源数量庞大、更新迅速、来源广泛，往往使得读者既感觉到信息过剩又感觉到无从下手。为此，导读工作就显得尤为重要。我们可以运用分类分析技术把庞大的信息资源进行分类,或运用聚类分析技术把无序的、杂乱的信息资源归类,给予相应的标引或建立相应的数据库,以方便不同信息读者群的信息需求。例如,我们可以从读者的角度,了解读者在哪种情况下需要哪些信息来解决什么样的问题,即全面了解读者信息需求,从而确定其信息需求及信息使用的模式,设计出一套有效的信息服务系统。

### 5. 为竞争情报服务

图书馆服务越来越重视社会效益和经济效益,逐渐走向市场化。不管是为企业公司服务还是为高校科研教育服务都讲究竞争性。数据挖掘就是信息市场竞争和信息经济竞争的产物。所以,数据挖掘技术在情报服务领域得到广泛的应用。这方面研究成果很多,例如,面向集成竞争情报系统的数据挖掘,专题情报价值识别中的数据挖掘,等等。

### 6. 为提供 Web 个性化服务

Web 个性化就是利用 Web 数据来调节网站提供的信息和服务,以便满足特殊读者需求的过程。其过程是通过收集服务器保存的读者的访问日志、引用日志、代理日志数据,经过各种模型化算法和其他信息处理技术手段进行分析加工得到的决策信息,并在此基础上开展特色数字资源建设和网络虚拟资源建设,从而达到 Web 个性化服务。

## 二、Beacon 技术的应用

图书馆信息服务发展趋势显示出智能型将是未来图书馆主流,自动化和智能化被视为转变的关键因素之一,同时也是构建智慧图书馆的重要基础即基于位置服务(Location Based Services,LBS)来实现精确识别并获取到个人对信息的需要,为他们提供的定制式解决方案和服务方式。为了成功实施,需要移动终端设备的广泛普及和移动网络的全面覆盖;还需要对读者地理大数据进行挖掘和推动服务创新。比如,Beacon 技术就是一种有效的LBS 地理位置服务技术,通过使用低功耗蓝牙(BLE)通信功能的设备来发送特定的 ID,当周围的应用软件接收到这个 ID 时,会做出相应的动作,比如,用于室内定位、导航以及个性化位置推送等。图书馆服务中应用 Beacon 技术能够带来显著的变化,例如,利用读者的地理位置提供个性化的信息服务,比如基于空间的智能检索和推荐、定制化信息推送以及与附近的馆员联系寻求帮助。

## 三、AR 技术的应用

随着计算机图形图像技术和空间定位技术的不断进步,以及移动终端上全球定位系统、重力加速计和电子罗盘等功能模块的不断应用,增强现实技术已经逐渐成熟。在图书馆领域,AR 技术的应用越来越广泛,读者可以通过移动终端体验到图书馆空间和资源,这是图书馆强调读者体验和服务的一个典型案例。AR 技术可以被用于图书馆阅读体验、图书推荐以及体验游戏等方面,将枯燥的知识变得更加生动有趣。同时,AR 技术在图书馆展示厅中展示,可以激发读者的好奇心,提升读者的阅读体验。此外,AR 技术还可以支持读者实时查阅评论,帮助读者更全面地了解图书内容,促进读者之间的知识交流和理解。游戏服务受到越来越多人的关注,利用 AR 技术可以使图书馆的游戏服务更加生动逼真,通过游戏引导读者了解图书馆、关注相关资源并接受信息素养培训。

## 四、3D 打印技术的应用

3D 打印技术作为新工业革命的标志性技术近期取得了快速进步,并且被广泛应用。3D 打印技术的视觉效果有力推进创造力的实现,其模型制造能力有助于科技进步。在学校里,因为它能使学生独立创作并发展新颖思想及技巧,因此备受青睐并在教学活动中被大量使用。如今,创客教育已经把 3D 打印作为基本的技术工具来推广普及。鉴于整个社会的对于发明的重视程度不断提高,许多公共设施如学校都开始积极参与到这种新型的学习方式当中去——创建实验室或者工作室提供给人们体验动手实践的机会。这不仅能够激发人们的想象力和探索精神,还能让人们亲身体验发明的过程并且享受其中的乐趣。此外,利用这个先进的三维建模系统可以更有效地完成一些工作任务,比如重新规划图书馆的空间布局等,这样的事情都可以用这项高效率且精确度高的机器轻松搞定。借助 3D 打印技术,方便馆员和图书馆志愿者开展图书馆服务设计、空间再造等工作,充分挖掘隐藏在个体中的隐性知识、促进隐性知识的社会化与显性化,从而让图书馆更有力地承担起知识服务的责任与使命。

# 第三节  大数据时代图书馆安全管理服务创新

## 一、大数据时代图书馆集成管理系统安全管理及维护

### (一)图书馆集成管理系统运行安全措施

#### 1.用户口令识别系统与权限设置

当前,登录密码技术被广泛应用于系统安全防护中,对图书馆网络系统来说,需要设立以下三个层次的用户登录口令。

(1)开机口令。通过计算机主板上的 CMOS 设定一个开机口令,只有在正确地回答口令后,才能完成系统引导,确认该用户拥有使用权。

(2)网络用户登录口令。网络管理员可以依据网络运行的需求,创建或撤销业务用户的登录口令,并通过 WindowsNT 提供的对注册口令的限制,设定账户使用的有效期限。

(3)应用系统用户登录口令。对各业务工作站的用户设置用户账户和口令,以加密状态存储于文件服务器中。只有注册了正确的用户名和口令后,才能有效地使用系统。

为了保护信息安全和避免失误,系统管理者可以通过设定应用系统的用户权限来限制其对各个功能模块的访问能力。对于那些不太常用或可能导致错误或危险的行为,应该将其禁用并仅在需要的时候重新启用。此外,当系统管理者在外部存储设备上执行读取或写入操作之前,他们必须仔细审查并确认无误之后才可以继续。

#### 2.系统的维护日志和技术资料的管理

无论图书馆所采用的检查管理系统多么完善,在实际应用过程中总会出现一些缺陷,系统管理员的一项工作内容就是不断地对系统的不足进行

分析、弥补和克服,因此,系统管理员必须在遵守相关操作规范的基础上管理和维护系统。作为系统的主管人员需要详细且完整记述所有与操作相关的事项:设定值调整、信息传输流程变更、授权修改情况下的日程安排更新;此外还要定期检查每日的工作日记以识别潜在的风险点并在早期采取行动来解决问题或优化现有状况——这不仅有助于尽早在可能的地方找到漏洞并且迅速修复它们,还能根据图书馆的具体环境制定出最适合的方法应对挑战。

### (二)数据备份策略

为了保障系统文件和数据文件的安全,最有效且简便的方式是对数据进行定期备份,在系统受损时可快速使用备份文件进行恢复,使系统能够正常运行。

#### 1. 服务器的备份

对服务器的备份通常通过创建系统的完整副本并将其储存在其他的电脑或者写入光碟来实现。一般来说,操作系统与相关软件都安装在 C 盘里。然而,当我们需要还原这些数据的时候,可能会遇到一些麻烦:因为某些软件会自动把产生的文件保存在其所属的目录下面,这可能导致原始文件被新的文件所替换。为了避免这种情况的发生,可以更改那些软件默认的储存路径,从 C 盘移至另一个磁盘上的某个特定目录。此外,注册表的备份也同样是一个关键的部分。它是一种用于 Windows 系统的大型数据库,其中包含了诸如启动设置、配置参数及基于 Windows 的应用程序的相关信息等等。注册表问题发生的频率最高,一旦出现问题,轻则会导致性能下降,严重时可能导致系统死机。所以,备份注册表非常关键。

#### 2. 备份的工具

现有的所有数据库平台均配备了各自的备份工具,例如 SQL. Server 便具备出色的备份能力。专门的应用软件包含 Veritas Backup Exec 9.0 for NT/W2K,其主要组件包括数据库附加选项、自动备份附加选项、智能化灾害恢复附加选项、远程智能化灾害恢复附加选项和远程代理加速包,可提供全年、每月、每日、每小时的全面备份与设备支持。

### 3. 备份的策略

因为电子阅览室的上机读者众多,数据变化迅速,需要有有效的备份计划。常见的数据库备份方式包括设置备份日志自动进行完全备份、差异备份、事务日志备份,以及数据库文件和文件组备份。

(1)完全备份。是对所有数据库操作和事务日志中的事务进行备份,需要耗费大量时间和空间,最好不要频繁实施。通常可按照月度备份、周度备份、日常备份进行详尽备份,可作为系统故障时恢复数据库的基础。

(2)差异备份。这种方式是指针对自上次数据库备份后所产生的数据变动来做备份。当频繁执行数据处理任务时,通常会在全量备份的基础之上实施差别备份。这种备份方法的主要优势在于其快速性和较低的空间与时间需求,通常设定为每隔30分钟至1小时进行一次。

(3)事务日志备份。与差异备份相同,事务日志备份是对数据库中发生的事务进行备份,速度快,时间和空间占用较少,可以备份自上次备份以来对数据库做出的所有修改,而差异备份则只能恢复到最后一次修改。

(4)数据库文件和文件组备份。在数据库规模庞大且文件组涵盖了一个或多个数据库的情况下,进行了数据库文件和文件组的备份。

### 4. 备份的方式

(1)多种备份互补。为了避免系统误差和操作错误,我们应该采用两种或更多的备份方法。首先,利用数据库和操作系统自身的备份功能,其次,使用专业的备份软件来进行数据的备份。

(2)本地备份和异地备份。为了避免因物理损坏和灾难而丢失数据,应该在本地设备以及其他存储设备进行备份的基础上,同时在非图书馆位置建立远程备份数据。

### 5. 备份的检查

构建规则体系以保证信息的保密性和完好性。制定了备份信息日记审查表格,每日定时执行备份数据的核查工作,确认系统的备份任务是否已完成,一旦发现异常立即处理。每过一定时间周期,会把备份的信息在其他的服务器上做一次复原操作,验证其内容的完整性。

### 6. 建立应急机制

因为图书馆内的电子阅读区域持续提供无休止的服务,因此不可能存在永不过时的设备。倘若系统软件或硬件发生问题,将会导致服务的暂停。为确保能在最短时间内重新启动服务,需要构建一种应对突发情况的策略,并针对潜在的风险制定相应的解决措施。对于重要服务器来说,应该配备备份机器,这些备份机器可以使用性能更高的个人电脑作为后备服务器,以便在遇到问题时能够迅速恢复其功能。

### (三)明确岗位职责,细化安全管理目标

实施岗位目标责任制是强化图书馆管理系统运作和管理的核心策略。对系统管理者来说,这意味着要按照不同的工作领域如硬件管理、软件运用、维修、监测、数据管控、读者的训练等方面来细分安全目标。比如,硬件管理职位主要关注设备的匹配度、兼容性和日常保养。而软件应用职位更注重于数据传输过程的管理,特别是在发送数据、设定参数和授权、备份数据等工作方面的安全保护。针对读者和用户的教育或者管理工作,必须清晰地指出正确的操作指南以确保他们的安全使用。至于那些负责日常巡查和监督的人,他们需要有强烈的责任感并且执行严格的管理规定,重视全面的监控,预防意外事件的发生并制定应对方案和方法。唯有把安全目标逐级分配至相应工作位置,将其转化为具体的位置任务目标,才能使图书馆管理系统的安全管理真正落地生根。

## 二、大数据时代图书馆安全管理创新策略

### (一)培养大数据思维,树立数据意识

大数据不只是一个实用性极强的工具,更是一种关键的思维方式。对于大数据的关注也代表了思考模式的一种转变。通过理解和把握大数据的关键点,可以发现并遵循其内在的工作法则,从而提高用户的自主性和积极性。用户需求有时候并非总能被直接感知或触及,所以在这个大数据的时代里,图书馆若要保持竞争力并在激烈的市场竞争中屹立不动,首先就需要

培育出一种大数据式的思维方式。建立起数据观念,意识到数据的重要性和它的精确表达力,并且能够利用数据去解释事件、展示关联、梳理思路、证实论述,以适应变化的环境,跟随时代的脚步。以下是大数据思维的四种视角。

**1. 定量思维:一切皆可测**

对于图书管理行业而言,其数据库的主要来源不仅仅局限于 RFID 技术追踪与解析的数据库(包含了书籍等相关资料),还涵盖了一系列由各种类型的传感器收集的环境监测结果及其生成的长期累积的大型数值集群——这部分内容是通过部署到各处的各类检测仪器来完成采集任务并持续产生新的信息。此外,来自社会媒体平台的信息交换也是重要的组成成分:随着社会化传媒工具的使用逐渐普及,它们的产出数量已经超越所有其他资讯传递方式所能达到的水准,不容置疑,它们将在未来相当长一段时期里继续作为大数据的重要源头存在其中。特别是在利用无线通信科技提升效率的过程中,更方便快捷的方式从手机和其他便携式数字终端获得有关人流动态、物品存放情况等方面的详细记录,并且能够及时处理这类基于移动通信技术带来的大量有价值的数据以协助做出明智的选择判断。

**2. 跨界思维:一切或可联**

跨界的形式包括不同媒体和渠道之间的交互,以及信息服务模型和数据应用领域的跨越。例如,与公司客户的竞争情报系统、公共图书馆、社交媒体、其他信息咨询机构或者掌握相关技术的企业进行跨领域合作。

**3. 操作思维:一切要可行**

首先,使用大数据并不意味着必须有高级或昂贵的设备及硬件投资。其次,我们需要把数据和用户心理融合在一起,以实现精确的营销而不触犯用户的敏感点。最后,大数据的管理应与关键业绩衡量标准(Key Performance Indicator,KPI)相结合,以便平衡各部门的权益,避免他们因缺乏动力或者不愿意配合而导致的数据收集问题。

**4. 实验思维:一切应可试**

例如,若想了解推荐的效果,可以进行一项试验。有一半的用户会进行推荐。虽然大部分情况下,推荐的效果并不能立即显现出来,但是其长远的影响却相当显著。这是因为推荐是读者的阅读体验中不可或缺的一环。尽管在短暂的时期内,读者或许对于被推荐的内容和服务并没有实际的需求,然而一旦他们需要这些信息或者服务的时候,往往会立刻回想起曾经被推荐过的内容。尤其是在推荐的服务与他们的个人喜好和特定需求相匹配的情况之下。

### (二)重视队伍建设,强化人才储备

随着大数据时代的到来及信息化进程的推进,人才在行业竞争中所发挥的基础地位、关键角色以及主导效应愈发显著。唯有具有相应领域知识与技能的人员,才有能力承担起大数据解析的责任。为了实现长期发展的愿景,图书馆应确立以战略眼光、全面视角和全局思维为核心的人才构建观念,并强化对图书馆人力资源管理的重视程度。

我们需要高度重视人才团队的发展,将其视为重要战略目标,并在图书馆的工作安排中予以重视。我们要深刻理解人才的重要性,不仅要珍惜他们的存在,还要有效运用他们,让他们不断增值。目前,工作机制对于人才资源的开发具有重大影响力。因此,应该突破传统观念,如按资历排队或平均分配等限制,采用更高效且公正的方式,例如聘用制、竞选制及裁减制等。图书馆应当通过人性化制度来管理员工,激发他们的热情,同时也要善于应用奖励制度。此外,在评估培训成果时,既要注意其成效,也需关注如何培育和使用人才的方法。明确奖惩标准,鼓励员工发挥潜力,并且要有目的性和规划性地培养潜在的有发展前景的员工。为员工提供展示自己能力的平台,加速技术的革新,提高现有人员的技能水平,推动人才教育的持续开展,以此吸引、保持并扩大我们的优秀人才群体,并针对需求引入新的专家。

从图书馆在大数据时代下的发展来看,其馆员应具备基本素养,还应具备大数据环境中的价值分析与预测数据两种重要素养。因此,图书馆应结合时代发展制定新的用人标准,在用人的选择上,不再以具有图书情报学专业背景的条件作为唯一标准,还应该考虑在管理学、数学、心理学、统计学及计算机等专业领域中表现优异的人才。汇聚多个学科的知识和智慧为自身

的发展集思广益、排忧解难,还有助于对学科背景不同的智慧群体进行大数据分析与研究;还可以与专业的信息数据处理公司达成合作,租用或外包其专业技术人员,促进自身的全面发展。

## (三)健全保障机制,确保数据安全

大数据的研究为改进图书馆的服务品质提供了巨大的潜力,并使其成为图书馆的关键财富。通过运用数据管理、数据探索与分析等技能来发掘隐藏在大数据中的高价值,同时以创新的方式优化服务流程,增强服务的质量,我们需要注意到一些关键问题:涉及国家经济和社会发展的核心数据,包括有专利权限的信息和个人隐私的读者的资料都需要被妥善保存。为了达到双方利益最大化的目的,图书馆应特别关注以下几个方面的安全性和保密性:①保证各种类型的数据储存安全,预防网络攻击的风险,避免个人信息的外泄;②构建一系列有效的安全和保密机制,例如强化技术的应用以维护数据储存的安全,提升网络安全的防御能力;③创建数据库监控系统,监督重要数据、敏感数据及私人信息的流动情况;④进一步深化图书馆的信息安全政策制定,形成全面且完备的防护体系,并且需对数据的公开度、范畴等方面做出明晰的规定,实施严密的监察和处罚手段也是必不可少的环节。只有如此,才能够有效地平衡大数据的使用效益和服务对象隐私之间的关系,最终达成一种既有利发挥大数据优点又不会损害使用者权益的目标。

# 参考文献

[1]陈怡君,杜文龙,徐光辉.图书馆参考咨询服务工作研究[J].办公室业务,2020(7):172-174.

[2]陈渝,许亮.数据库系统原理实践教学探讨[J].信息技术与信息化,2007(2):59-60.

[3]程华.现代图书馆参考咨询服务评价工作解析[J].科技资讯,2021,19(1):211-213.

[4]程焕文,王蕾.21世纪高校图书馆管理的新理念[J].大学图书馆学报,2003(2):15-21.

[5]程焕文.跨越时空的图书馆精神:"三位一体"与"三维一体"的韦棣华女士、沈祖荣先生和裘开明先生[J].中国图书馆学报,2002(5):60-64.

[6]程莉.公共图书馆核心竞争力提升路径研究[J].图书馆研究,2020,50(4):32-37.

[7]迪丽努尔·阿不都拉.基层公共图书馆数字化阅读推广研究[J].发明与创新(职业教育),2021(6):219,211.

[8]杜俊彪.论大数据背景下图书管理创新研究[J].山西青年,2021(11):87-88.

[9]范并思,邱五芳,韩继章.新世纪新视点三人谈之追寻20世纪的图书馆精神[J].图书馆,2002(3):1-8.

[10]房光宏.现代图书馆期刊管理与应用[M].沈阳:沈阳出版社,2014.

[11]费孝通.乡土中国[M].长沙:湖南人民出版社,2022.

[12]高登文.大数据在图书管理与服务中的应用[J].文化产业,2021(15):94-95.

[13]高杰.大数据在图书管理中的运用实践[J].发明与创新(职业教育),2021(7):245-246.

[14]黄美.论5G时代图书馆数字人文大数据服务平台建设[J].中国中医

药图书情报杂志,2021,45(3):34-36.

[15]黄务主,张涛,蒋博.信息生态视域下图书馆新型智库知识服务模式研究[J].西南民族大学学报(人文社会科学版),2021,42(6):221-228.

[16]黄晓斌.杜定友先生的图书馆学教育思想及其现实意义[J].图书情报工作,2001(4):89-92.

[17]江涛,穆颖丽.现代图书馆服务理论与实践[M].郑州:河南人民出版社,2014.

[18]金江军,郭英楼.互联网时代的国家治理[J].学习月刊,2016(19):56.

[19]李晋.关于优化公共图书馆读者咨询服务工作的思考[J].科技风,2019(29):196-197.

[20]李静,乔菊英,江秋菊.现代图书馆管理体系与服务研究[M].长春:吉林人民出版社,2019.

[21]李良艳,陈俊霖,孙杏花.现代图书馆管理理论研究[M].北京:中国商务出版社,2019.

[22]李清,张馨.二十一世纪我国图书馆职业伦理研究综述[J].高校图书馆工作,2015,35(4):7-11.

[23]李通.基于情境大数据的数字图书馆智慧化服务模式探讨[J].中国中医药图书情报杂志,2021,45(3):31-33.

[24]刘峰.大数据环境下图书馆数据库建设[J].电脑编程技巧与维护,2021(5):105-106.

[25]刘海鸥,李凯,姜波.移动图书馆推荐系统中的用户画像与资源画像情境化融合研究[J].图书馆,2021(6):66-71,93.

[26]刘乃嘉.浅析大数据时代背景下图书馆的未来发展[J].发明与创新(职业教育),2021(6):224,233.

[27]刘胜男.大数据环境下的图书馆管理与服务探究[J].经济管理文摘,2021(11):179-180.

[28]龙渠.现代图书馆服务与管理工作研究[M].北京:原子能出版社,2019.

[29]吕建楠.图书馆学的基本理论与国内外图书馆学理论研究:评《图书馆

学概论(第 4 版)》[J].林产工业,2020,57(11):117.

[30]马雨佳,于霏,高玉清.现代图书馆信息管理及服务研究[M].北京:九州出版社,2018.

[31]钱矗."互联网+"与图书馆融合发展研究[J].新闻研究导刊,2021,12(10):236-238.

[32]饶权.中国图书馆事业发展报告[M].北京:中央编译出版社,2019.

[33]任闽华.美国公共图书馆健康信息服务的调查分析及启示[J].图书馆,2021(6):51-59.

[34]孙莉.新媒体时代背景下图书馆阅读推广探究[J].老区建设,2021(10):57-61.

[35]孙雯.图书馆咨询服务存在的问题与对策[J].文化产业,2020(5):121-122.

[36]汤尚,柳菁."5G+"时代图书馆智慧阅读服务新生态研究[J].图书馆工作与研究,2021(6):17-23.

[37]田小俊.论智慧图书馆开放存取资源的安全管理[J].中国中医药图书情报杂志,2021,45(3):37-39.

[38]田长斌.现代图书馆移动阅读服务研究[M].北京:现代出版社,2019.

[39]王飞,陈娜,瞿冬霞,等.用户需求驱动的智慧图书馆服务体系研究[J].新世纪图书馆,2021(5):67-72.

[40]王世伟.图书馆精神文化的整合与创新[J].图书馆,2004(5):28-30.

[41]王玮.新媒体对公共图书馆参考咨询服务的影响分析[J].现代信息科技,2019,3(12):121-123.

[42]王雅.提升公共图书馆综合咨询服务能力的若干思考[J].办公室业务,2020(17):160-161,174.

[43]魏宇辰.大数据时代对图书馆服务影响的思考[J].发明与创新(职业教育),2021(6):228-229.

[44]吾热亚提·玉素甫.浅析图书馆参考咨询工作中的定题跟踪服务[J].佳木斯职业学院学报,2021,37(5):31-32.

[45]吴瑞芹.移动互联网时代社交电商发展研究[J].中国市场,2021(13):

192－194.

[46]徐进.新媒体对公共图书馆参考咨询服务的影响分析[J].传媒论坛,
2021,4(9):141－142.

[47]徐向华.论法律和道德的作用关系[J].政治与法律,1997(5):20－23.

[48]徐忆农.汪长炳先生与公共图书馆精神[J].新世纪图书馆,2004(1):
20－23.

[49]杨国凤.人工智能技术与图书馆服务变革探析[J].图书馆学刊,2021,
43(5):1－5.

[50]杨杰清.现代图书馆管理实务[M].北京:现代出版社,2019.

[51]杨敏.20世纪西方和中国的图书馆学[J].山东图书馆学刊,2011(3):
118,120.

[52]杨文祥,付鹏.图书馆精神研究综论与若干基本问题的思考:"图书馆精
神跨学科历史思考"系列论文之一[J].图书馆,2005(3):31－37.

[53]杨晓东.大数据环境下图书馆用户隐私保护策略[J].合作经济与科技,
2021(12):182－183.

[54]于漫瀛.公共图书馆阅读推广策略的创新思考[J].发明与创新(职业教
育),2021(5):235－236.

[55]张丽.图书馆智慧服务体系中的人文智慧解析[J].兰台内外,2021
(16):54－56.

[56]张秀锋.信息化背景下图书资料管理方法与措施研究[J].参花(上),
2021(6):100－101.

[57]张翼.试论图书馆工作中的即时参考咨询服务[J].科技资讯,2019,17
(21):169,171.

[58]赵皖喆.网络环境下图书馆读者服务工作的转变[J].科技创新导报,
2019,16(35):271－272.

[59]郑金玲.大数据在图书馆管理与服务中的应用及研究[J].传媒论坛,
2021,4(12):151－152.

[60]朱金涛.面向未来的智慧图书馆[J].文化月刊,2021(5):86－88.

[61]朱维乔.大数据环境下基于深度学习的移动视觉搜索机制研究[J].图

书馆学刊,2021,43(5):68-71.

[62]祝婷.基于深度学习的图书馆资源个性化推荐研究[J].科技经济导刊,
    2021,29(19):134-135,142.